STEPHEN KING
TRENTE ANS DE TERREUR

STEPHEN KING
TRENTE ANS DE TERREUR

HUGUES MORIN

ET
ALAIN BERGERON
DANIEL CONRAD
GUY SIROIS
LAURINE SPEHNER
NORBERT SPEHNER

ALIRE

Données de catalogage avant publication (Canada)

Vedette principale au titre :

Stephen King : trente ans de terreur

(Essais ; 001)
Comprend des réf. bibliogr. et un index.

ISBN 2-922145-08-5

I. King, Stephen, 1947-   - Critique et interprétation. 2. Récits d'horreur américains - Histoire et critique. I. Morin, Hugues, 1966-   . II. Collection: Essais (Beauport, Québec) ; 001.

PS3561.I538Z86 1997   813'.54   C97-941359-1

Maquette de couverture
CHRISTIAN TIFFET

Illustration de couverture
PORTE FOLIO : JACQUES LAMONTAGNE

Photographie de l'auteur
LUCE MORIN

Diffusion et distribution pour le Canada
Québec Livres

Pour toute information supplémentaire
LES ÉDITIONS ALIRE INC.
C. P. 67, Succ. B, Québec (Qc) Canada G1K 7A1
Télécopieur : 418-667-5348
Courrier électronique : alire@alire.com
Internet : www.alire.com

Dépôt légal : 4ᵉ trimestre 1997
Bibliothèque nationale du Québec
Bibliothèque nationale du Canada

Les Éditions Alire inc. bénéficient des programmes d'aide à l'édition
de la Société de développement des entreprises culturelles du Québec (SODEC)
et du Conseil des arts du Canada (CAC)

*À Betty, qui m'a fait découvrir Stephen King,
et à Sophie, fidèle lectrice qui partage mon admiration
pour les histoires racontées par King.*

Remerciements

Une entreprise telle que le livre que vous avez entre les mains ne peut se réaliser sans l'aide de plusieurs collaborateurs. Je voudrais donc remercier chaleureusement ceux et celles qui ont participé de près ou de loin à ce projet.

En premier lieu, je remercie Élisabeth St-Pierre, ma conjointe, qui, en plus de m'encourager (et de me prouver qu'il était possible de réaliser ses rêves), a supporté mes humeurs et l'encombrement de livres, revues et notes pendant deux ans.

En second lieu, merci à Norbert Spehner, qui a eu l'idée de ce livre et qui m'a mis sur les rails, puis qui m'a donné de précieux conseils par la suite.

Merci à Alain Bergeron, Daniel Conrad, Guy Sirois, Laurine Spehner et Norbert Spehner, mes complices pour la rédaction des articles de ce livre. Celui-ci leur doit beaucoup, comme vous le constaterez à sa lecture.

Merci aussi à Jean, Louise et Lorraine, de la maison Alire. D'abord pour l'enthousiasme dont ils ont fait preuve envers ce projet dès mes premiers contacts avec eux. Ensuite pour l'incroyable boulot qu'ils ont accompli avec ce manuscrit. Et enfin pour leurs encouragements incessants ! Merci également à Diane Martin pour ses excellents conseils lors de la révision finale.

Sincères remerciements aux membres de la « communauté » internationale de spécialistes de King qui me sont venus en aide à plusieurs reprises, en répondant à mes questions désespérées concernant une référence rare, un détail ou encore une histoire introuvable : George Beahm, Stephen J. Spignesi, Michael R. Collings, Tyson Blue, Douglas Winter, Beverly Vincent, Stuart Tinker, Lori Zuccaro, Jim Lawrence, Christophe Hayot, Dario Coccia, Michael McAlcin, Dirk Rensmann et Nicole Fischer.

Merci en outre à Élisabeth St-Pierre, Laurine Spehner, Sophie Morin, Andrée Fortin, Claude Bolduc et Alain Bergeron pour leurs conseils aussi divers qu'éclairés, sans oublier France DesRoches pour sa précieuse collaboration à l'ensemble de mes projets, reliés ou non au présent livre.

Enfin, merci à Stephen King, pour les nombreuses heures de plaisir que m'ont procurées la lecture de ses œuvres et la préparation de ce livre, qui n'aurait pu exister sans lui.

Merci à tous.

Hugues Morin

TABLE DES MATIÈRES

DEUXIÈME PARTIE

INTRODUCTION

L'année 1997 marque le trentième anniversaire de la première publication professionnelle de Stephen King (une nouvelle intitulée « The Glass Floor », publiée dans *Startling Mystery Stories*, en 1967). L'auteur du Maine a publié pendant ces trente années plus de 175 histoires (romans, nouvelles, novelettes, novellas et poèmes confondus). Ces chiffres font de lui un auteur relativement prolifique. S'ajoutent à ses publications cinquante et quelques productions télévisuelles et cinématographiques adaptées ou inspirées de ses œuvres. Bref, Stephen King rejoint énormément de gens et il est certainement l'une des personnalités littéraires les plus populaires du monde. De plus, sa popularité auprès des lecteurs représente un phénomène assez rare dans le monde de l'édition (même en littérature de genre).

Personnellement, je lis Stephen King et m'intéresse à son œuvre depuis de nombreuses années. Au fil des ans, j'ai découvert plusieurs livres de référence sur King. Il s'agissait évidemment de livres américains, donc écrits en anglais. Depuis un certain temps, je rêve d'un livre de référence en français sur cet auteur. J'ai déniché plusieurs numéros spéciaux de revues, plusieurs magazines amateurs consacrés à King, mais pas de livres à l'horizon. De fait, avant 1996, la seule référence notable que le lecteur francophone pouvait se mettre sous la dent, c'était le numéro que la revue Phénix a consacré à King il y a six ans (réédité en 1995). Depuis, le même éditeur a publié la traduction de l'excellent livre de l'Américain George Beahm, **The Stephen King Companion**. Mais ce livre étant américain, aucune information sur les éditions françaises n'y apparaît.

En novembre 1995, lorsque Norbert Spehner a lancé l'idée que je puisse diriger un livre de référence sur King adapté au lectorat francophone, j'ai pris une minute pour y réfléchir et j'ai accepté le projet sur une poignée de main. Après tout, me suis-je dit, s'il n'y a pas de livre sur King écrit en français, pourquoi ne pas en faire un ?

C'est donc ainsi qu'est né ce projet de livre. Et bien que son sommaire ait été souvent modifié au fil de son évolution – et au fil des publications de King –, j'ai toujours visé deux buts principaux avec cet ouvrage : premièrement, faire un livre intéressant à lire dès l'achat. Et, deuxièmement, faire un livre utile à consulter par la suite. En réalité, ces deux buts se résument à une seule et simple idée, qui a chapeauté toutes mes décisions concernant la conception, l'organisation et la rédaction de ce livre : offrir au lectorat francophone le livre de référence sur Stephen King et son œuvre que je rêvais de découvrir en librairie depuis des années. Chaque décision est donc passée par cette considération : « Comme lecteur, qu'est-ce que j'aimerais trouver dans ce livre ? »

Bien sûr, à force d'y travailler, je me suis rendu compte que le livre idéal que j'avais en tête était impossible à réaliser, à moins d'en faire une brique de plus de 2000 pages ! Des choix difficiles ont dû être effectués.

Ainsi, l'ouvrage que nous vous proposons n'a pas la prétention de regrouper toute l'information disponible sur l'œuvre de King, ni d'offrir un éventail exhaustif des détails de la vie de l'auteur. Par contre, nous avons voulu que ce livre traite de la gamme la plus vaste possible d'éléments touchant l'œuvre de

King, en nous attardant plus longuement sur leurs aspects significatifs. Le tout, bien entendu, adapté pour des lecteurs francophones.

J'espère que **Stephen King : Trente ans de terreur** vous fera passer des heures tout aussi intéressantes qu'instructives. Et que vous y trouverez un document de référence de première main, facile et pratique à consulter.

Je vous souhaite donc une bonne lecture.

Hugues Morin
Saint-Hyacinthe, Québec, novembre 1995
Roberval, Québec, juin 1997

NOTES SUR L'ORGANISATION DE CE LIVRE

Comme mentionné dans l'introduction, **Stephen King : Trente ans de terreur** a été conçu en fonction d'un lectorat francophone. C'est pourquoi les titres cités dans les articles le sont en version française. La seule exception à cette règle sera la chrono-biographie de l'auteur. Nous utiliserons les titres en version originale ou en version française pour indiquer de quelle édition nous parlons (originale ou traduction).

Le lecteur pourra facilement trouver les correspondances entre les titres français et les titres originaux anglais en consultant les documents bibliographiques détaillés. Les titres français sont en caractères gras, et les titres anglais en gras et en italique.

Ce livre est structuré de la manière suivante :

La première partie est constituée d'articles. Les premiers présentent le cheminement de Stephen King comme auteur, examinent sa manière très personnelle de pratiquer son genre de prédilection, la " littérature de la peur " et analysent la nouvelle selon King, genre littéraire que l'auteur a pratiqué avec un succès certain. Les articles suivants portent sur des points particuliers de l'œuvre : la série **La Tour sombre**, le feuilleton **La Ligne verte** et les romans publiés sous le pseudonyme de Richard Bachman. Cette première partie comprend également des textes plus courts qui proposent des informations diverses sur les facettes de Stephen King moins connues du public francophone, telles sa maison de microédition ou sa participation à un groupe de musique rock.

La seconde partie du livre présente trois sections. La première est composée de commentaires sur les livres de King traduits en français. La deuxième section propose des remarques (souvent des informations ou des anecdotes) sur les œuvres non traduites de l'auteur. Enfin, la troisième et dernière section contient la documentation bibliographique. Chaque référence est identifiée par un code dont la première lettre indique le document en question. Quatre documents majeurs sont présentés :

Code A — Bibliographie complète (œuvres en version originales et en traduction française) de Stephen King ;

Code B — Filmographie des adaptations ;

Code C — Écrits sur King ;

Code D — Documents divers (qui contiennent des références de natures variées).

Enfin, un index détaillé, comprenant les titres en anglais et en français, complète le tout.

J'ajouterai que chaque fois qu'une œuvre référencée est mentionnée à l'intérieur d'un article, elle est suivie de son code entre crochets. Par exemple : « *... dans le roman* **La Part des ténèbres** [A132]*, l'auteur... »*. Ainsi, le lecteur peut immédiatement retrouver la référence détaillée de l'œuvre mentionnée dans la section bibliographique correspondante. Dans notre exemple, le roman **La Part des ténèbres**, référence [A132], fait partie de la bibliographie des œuvres de King (Code A). En consultant cette entrée, le lecteur trouvera également le titre original correspondant, c'est-à-dire ***The Dark Half***, ainsi que les informations concernant les éditions américaines et françaises de ce roman.

Hugues Morin

PREMIÈRE PARTIE

Photo : Hugues Morin

1. ÉLÉMENTS CHRONO-BIOGRAPHIQUES SUR STEPHEN KING, L'AUTEUR

par
Hugues Morin

Stephen Edwin King naît le 21 septembre 1947, à Portland, dans le Maine. Il est le fils de Nellie Ruth Pillsbury et de Donald Edwin King. Il a un frère aîné, David Victor, qui a été adopté en 1945. En 1949, Donald King quitte sa famille, qui n'en entendra plus jamais parler par la suite. Mᵐᵉ King et ses enfants déménagent de Scarborough, dans le Maine, à Fort Wayne, en Indiana. Peu de temps après, ils quittent l'Indiana pour Stratford, au Connecticut, et reviennent dans le Maine, à Durham, en 1958. Quatre ans plus tôt, Stephen, alors âgé de sept ans, écrit déjà ses premières histoires, inspirées des livres de science-fiction et d'aventures qu'il dévore.

En 1959, le jeune King découvre une boîte de vieux livres de fantastique et d'horreur ayant appartenu à son père. Il apprend que celui-ci voulait devenir écrivain de fantastique. Il se voit offrir sa première machine à écrire et commence à soumettre des nouvelles à des magazines de SF. Il publie, avec son frère David, un journal amateur, *Dave's Rag*. Il profite du matériel de son frère pour faire des tirages privés de ses écrits. Anecdote amusante, la machine à écrire en question est défectueuse : il lui manque la lettre " n ", lettre que les frères King doivent ajouter à la main. Cette idée sera reprise par King dans son roman *Misery*, vingt ans plus tard.

DAVE'S RAG (cheap)

☆ SUMMER SPECIAL 1959 With reports on the Summer vacation news of West Durham. ☆

Special Photo Section, Illustrations, Jokes, and the Regular dpts.

BIBLE SCHOOL HAS RECORD 50 ENROLLMENT THIS YEAR; SETS NEW RECORD

This year the West Durham Methodist Church sponsored its annual Vacation Bible school. It was u der the directio of Mr. & Mrs. A. Centihao, and the other teachers were; Mrs. G.O. Flaws, & Mrs. H. Herling. Helpers were Joline Brown and Beverly Bowser. The average daily attendence was about 45. The boys and girls put on a closing night service, and all the participants did a good job. The largest class was the Beginner class, directed by Mrs. Herling. On the last day, everyone had ice cream, as sort of a party.

Ready for morning worship

MAINE.. HAS VERY WET JUNE; HINDERS GROWING SEASON

This year, most of New England was under the spell of a rainy spell. It occured during June, a crucial part of the growing season. Without sunshine, of which there was very little, most of the crops didn't fare too well, except for a few wet-weather types, such as strawberries, and other types of berries.

During part of the summer, the young people of West Durham organized a game club, which met in the Methodist Church parish house. They all enjoyed it, and it lasted for a good part of the month.

Partie supérieure de la première page du numéro « Summer 1959 » du fanzine édité par Stephen King et son frère Dave. On remarquera les «n» inscrits à la main !

Source : *The Complete Stephen King Encyclopedia*, de Stephen J. Spignesi, Contemporary Books, 1991, p. 42.

En 1960, il auto-publie ***People, Places and Things, Volume I***, un fanzine regroupant 18 nouvelles de sa plume et de celle de son ami Chris Chesley. En 1961, après avoir vu le film *The Pit and the Pendulum*, Stephen King en écrit la *novelization* en douze pages dactylographiées. Il en imprime 250 copies, qu'il vend à ses copains d'école. En trois jours, il en écoule 70 ! La direction de l'école lui demande de cesser cette activité. King se souviendra de ces ventes comme de sa première expérience avec la popularité (son premier best-seller vendu à 70 exemplaires !)

En 1962, il entre au High School de Lisbon Falls, dans le Maine. En 1963, il réédite *People, Places and Things, Volume I*. Quelques décennies plus tard, alors que des essayistes sont en train de produire un livre sur son œuvre, King retrouvera un exemplaire incomplet de cette première publication, certaines nouvelles du lot s'étant perdues entre-temps. En 1964, il auto-publie une nouvelle de 17 pages en fanzine, *The Stars Invaders*.

C'est en 1965 que Stephen King publie pour la première fois dans un support qu'il ne produit pas lui-même. *Comics Reviews*, un fanzine, publie sa nouvelle *I Was a Teenage Grave Robber*. Il rédige ensuite son premier roman, *The Aftermath*, une histoire post-apocalyptique qui ne sera jamais publiée. Il entreprend l'écriture d'un autre roman, *Getting It On*.

En 1966, il s'inscrit à l'Université du Maine, à Orono, d'où il sortira en 1970 avec un baccalauréat ès sciences (B.Sc.) en anglais. En 1966, *I Was a Teenage Grave Robber* est rééditée dans un autre fanzine, *Stories of Suspense*, sous le titre *In a Half-World of Terror*. Puis, en 1967, il publie sa première nouvelle profession-nelle : *The Glass Floor*, *dans Startling Mystery Stories*. Cette année 1967 marque donc le début de la carrière d'écrivain professionnel de Stephen King.

Il écrit un autre roman, *The Long Walk*, et le soumet en vain à un concours d'écriture. En 1968, il en écrit encore un, *Sword in the Darkness*, qui ne sera jamais publié non plus, ayant été refusé par une douzaine d'éditeurs. À partir de 1968, Stephen King publiera au moins une nouvelle par année en tant que profes-sionnel. En réalité, avant la publication de son premier roman (1974), il publiera 18 nouvelles à la pièce. Dans la décennie suivante, 40 nouvelles seront publiées dans des revues.

Il écrit en 1969 une pièce de théâtre intitulée *The Accident* qui remporte un prix universitaire. Elle ne sera jamais publiée et deviendra une sorte de mythe dans la communauté des spécia-listes qui étudieront King des décennies plus tard ; en effet, moins d'une dizaine de personnes auraient lu cette histoire. En 1969 et 1970, l'auteur publie quelques poèmes, généralement sous le nom de *Steve* King.

En 1970, après avoir vu un western de Sergio Leone, Stephen King entreprend l'écriture d'un roman qu'il prévoit très long, roman dans lequel il veut mélanger les genres *fantasy* et western. Il intitule le premier segment ***The Dark Tower : A Cautionary Tale***. Le manuscrit de 1970 demeurera inédit, mais King n'abandonnera jamais cette idée.

Il marie Tabitha Jane Spruce (qu'il a rencontrée à la bibliothèque de l'université en 1969) en 1971. Il complète son roman ***Getting It On*** et décroche un poste d'enseignant à la Hampden Academy, dans le Maine. Avec Tabitha, il habite une maison mobile, à Hermon. Toujours en 1971, il publie un poème dans *Contraband* et l'éditeur fait une erreur dans le nom de l'auteur, attribuant le texte à *Stephan* King. Cette erreur sera cause de l'absence de ce poème des bibliographies de l'auteur pendant de nombreuses années. En 1972, il écrit le roman ***The Running Man***, qui est refusé successivement par Doubleday et Ace Books. Il commence une nouvelle intitulée ***Carrie***, mais, jugeant le début mauvais, il jette le manuscrit. Ce dernier est heureusement récupéré par Tabitha qui l'encourage à poursuivre. Il publie une nouvelle intitulée ***The Fifth Quarter*** sous le pseudonyme de John Swithen. Il s'agit de la première utilisation d'un pseudonyme par King, qui n'en emploiera que quatre dans sa carrière (dont un qui ne publiera rien !).

En 1973, il termine ***Carrie***, qui est à ce moment une longue nouvelle. L'éditeur chez Doubleday accepte de publier l'histoire si King l'allonge en roman, ce que l'auteur fait en ajoutant à son récit des "documents". New American Library (NAL) en achète les droits en format de poche et King quitte son travail pour se consacrer à l'écriture. En six ans, il est passé du statut d'auteur amateur à celui d'écrivain à plein temps.

Il écrit un roman intitulé ***Blaze***, qui ne sera jamais publié. Il déménage à North Windham, toujours dans le Maine, et écrit un roman intitulé ***Second Coming***, inspiré de Dracula, qui deviendra ***Salem's Lot*** plus tard. Cette année-là, sa mère, Nellie Ruth Pillsbury, meurt d'un cancer.

Les King déménagent à Boulder, au Colorado, en 1974. Stephen King écrit le roman **Roadwork** et commence le roman **The House on Value Street**. Il écrit également le premier jet de **The Shining**, alors titré **Darkshine**, inspiré par un séjour dans un hôtel du Colorado. King retournera dans cet hôtel vingt-trois ans plus tard lors du tournage de la minisérie adaptée de son roman. Le roman **Carrie** est publié par Doubleday. En 1975, Stephen et Tabitha King reviennent dans le Maine et achètent une maison à Bridgton. King complète le premier jet de **The Stand**. Il termine **Salem's Lot**, qui est publié par Doubleday.

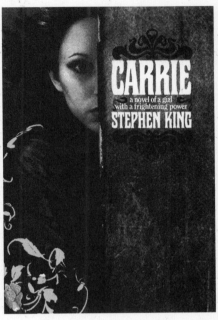

Couverture de la première édition du premier roman de Stephen King.

L'écrivain entreprend deux romans en 1976 : **Welcome to Clearwater** et **The Corner**. Ces deux romans demeureront inachevés. L'année 1976 n'est donc pas une bonne année pour King sur le plan de l'écriture, mais **Carrie** est adapté au cinéma par Brian De Palma. Le succès phénoménal du film fait exploser la popularité de Stephen King. C'est aussi en 1976 que le lecteur francophone peut découvrir King avec la publication de **Carrie** chez Gallimard.

En 1977, King complète les premiers jets des romans **The Dead Zone** et **Firestarter**. Les King déménagent en Angleterre pour un an, mais n'y restent que trois mois. King y rencontre Peter Straub avec qui il collaborera pour écrire le roman **The Talisman** quelques années plus tard. Il écrit le premier jet de **Cujo**. De retour dans le Maine, il achète une maison à Center Lovell, qu'il possède toujours à titre de résidence d'été. Il adopte le pseudonyme de Richard Bachman et publie sous ce nom le roman *Getting It On*, devenu *Rage*, chez NAL. Avant cette seconde utilisation d'un pseudonyme, King envisage d'employer comme nom d'emprunt Guy Pillsbury, mais une fuite se produit chez l'éditeur et tout est à refaire. Il publie (sous son nom) le roman *The Shining* chez Doubleday, roman qui est mis en nomination pour un prix *Nebula*. **Salem** (*Salem's Lot*) est publié en français par les Éditions Williams-Alta.

En 1978, il déménage de nouveau, à Orrington, dans le Maine, et devient " écrivain en résidence " à l'Université du Maine à Orono. Il publie son premier recueil de nouvelles, *Night Shift*, et le roman *The Stand*. Ce dernier doit d'abord être amputé de près de 400 pages par l'auteur, car il est jugé trop long pour être rentable par l'éditeur de King. *The Shining* est mis en nomination pour un prix *Hugo*.

En 1979, il termine les premiers jets de *Christine* et *Pet Sematary*. Il écrit son essai *Danse Macabre* et le scénario du film à sketches *Creepshow*, en collaboration avec le réalisateur George A. Romero. Puis la famille revient s'installer à Center Lovell. Il publie *The Dead Zone* chez un nouvel éditeur, Viking, et *The Long Walk* est publié sous le pseudonyme de Richard Bachman. Cette année-là, *The Stand* et *Night Shift* obtiennent une seconde place au *World Fantasy Award* (catégorie roman et catégorie recueil). *The Stand* est aussi en nomination pour un prix *Hugo*. King est reçu à titre d'invité d'honneur à la cinquième *World Fantasy Convention*, qui se déroule à Providence. Pendant le congrès, King se voit proposer un projet de calendrier : publier une histoire en douze vignettes, une par mois de l'année. King aime l'idée et en tire une histoire de loup-garou, dont il entreprend l'écriture qu'il espère terminer en douze jours.

Les King achètent une maison victorienne à Bangor, dans le Maine, en 1980. C'est toujours leur résidence principale à ce jour. King tient aussi un petit rôle dans le film de George A. Romero, *Knightriders*. Il publie le roman *Firestarter*. La nouvelle *The Gunslinger* est également publiée cette année-là. Elle marque le début de la série *The Dark Tower*, toujours incomplète à ce jour. Cette fresque, dont l'origine remonte à 1970, doit comprendre sept livres, dont le quatrième sera publié en 1997.

En 1981, King tient le rôle principal d'un des sketches de *Creepshow*, où il interprète un fermier sur la terre duquel s'écrase une météorite... Il commence ensuite le roman *IT*. Puis, il publie son essai *Danse Macabre* chez Everest House. Il termine et publie *Cujo* et, sous le pseudonyme de Bachman, publie le roman *Roadwork*. " Bachman " entreprend l'écriture d'un roman, *Pretty Pony*, qu'il n'achèvera jamais (King récupérera l'idée principale pour l'écriture d'une novella). **Le Fléau** (*The Stand*) est offert au lecteur francophone par les éditions Jean-Claude Lattès dans une version qui comporte des coupures de près de 300 pages par rapport à l'édition américaine (elle-même amputée avant publication !). Tabitha King publie son premier roman en 1981, *Small World*.

King commence l'écriture du roman *The Talisman* en collaboration avec Peter Straub en 1982. Il commence aussi le roman *The Cannibals*, qu'il ne terminera jamais. Il s'engage également dans l'écriture du roman *The Tommyknockers* et termine *Pet Sematary*. Il reçoit un *World Fantasy Award* pour la nouvelle *Do the Dead Sing ?*, un prix *Hugo* pour *Danse Macabre* et un *British Fantasy Award* pour *Cujo*. Toujours en 1982, il publie le recueil de novellas *Different Seasons*, la BD *Creepshow* dont il signe le texte, le livre *The Dark Tower : The Gunslinger* et le roman *The Running Man* (sous le pseudonyme de Bachman). *The Gunslinger* marque une autre étape dans l'avancement de la fresque de King, car il s'agit du regroupement des cinq premières novellas du cycle, lesquelles ont été écrites sur une période de douze ans. Les lecteurs devront attendre cinq ans avant de pouvoir lire la suite de cette série. Il publie également *The Plant*, en tirage limité, chez Philtrum Press, sa maison de micro-édition, qu'il distribue gratuitement à titre de cadeau de Noël à des amis. Cette histoire ne sera jamais rééditée par la suite.

Le lecteur francophone voit paraître le roman **Cujo** chez Albin Michel. C'est à ce moment-là qu'un lectorat important se crée autour des romans de King en français. Il semble qu'aucun des éditeurs français précédents n'ait vu le potentiel commercial de l'auteur. Jusqu'à ce jour, Albin Michel demeure l'éditeur officiel des œuvres de King en grand format en français.

King termine *The Talisman* avec Straub en 1983. La même année, il termine aussi l'écriture du premier jet de *The Tommyknockers* et celui d'un roman intitulé *The Napkins*. Il écrit le scénario du film *Cat's Eye*, publie *The Plant, part II*, toujours en édition limitée (et distribuée gratuitement pour Noël), *Christine*, et *Pet Sematary. Pet Sematary* sera le dernier roman publié chez Doubleday. King affirmera qu'il ne l'aurait pas publié mais qu'il s'y est vu obligé par son contrat avec cet éditeur. King publie aussi en 1983 une édition illustrée de la novelette *Cycle of the Werewolf*, cette dernière en microédition. Cette histoire est l'aboutissement du projet de calendrier proposé à King en 1979. L'auteur avait espéré finir l'histoire en douze jours ; son écriture s'est étalée sur près de quatre ans. Entre-temps, elle a pris trop de volume pour être publiée en calendrier et l'éditeur en fait donc un livre de collection dans lequel il incorpore les illustrations de Berni Wrightson prévues pour le calendrier.

En 1984, il tourne un message publicitaire d'*American Express* pour la télévision américaine. Il écrit le roman *Thinner* et "Bachman" commence l'écriture de *Misery*. Il écrit également le scénario de *Silver Bullet*. Il publie les romans *The Talisman* (avec Straub), *Thinner* (sous le nom de Bachman) et *The Napkins*, sous le titre *The Eyes of the Dragon*, ce dernier en édition limitée, chez Philtrum Press. C'est en 1985 qu'il admet publiquement que c'est bien lui qui se cache derrière le pseudonyme de Richard Bachman. Il termine l'écriture de *IT*. Il réalise le film *Maximum Overdrive*, dont il signe également le scénario, une première tentative de l'auteur derrière la caméra, première qui demeurera la dernière (jusqu'à ce jour du moins), le résultat se soldant par une "erreur instructive", d'après l'écrivain. Toujours en 1985, il publie *The Plant, part III*, en édition limitée qu'il distribue toujours en cadeau de Noël. Il s'agira non seulement de l'unique édition de cette histoire, mais, en plus, le récit demeurera inachevé par la suite.

Le journal *Castle Rock*, consacré à King et publié par sa secrétaire Stephanie Leonard, voit le jour. King y publie en feuilleton la novella *Dolan's Cadillac*. Le journal publie aussi divers articles de King, dont certaines listes des meilleurs et pires films (laissant aux critiques le loisir de dire que King publiera bientôt sa liste d'épicerie ou de buanderie). C'est au milieu de 1985 que *Castle Rock* démentit deux rumeurs : la première prétendait que King avait publié un recueil de poésie (*Another Quarter Mile*), alors qu'en réalité, l'auteur de ce livre était *un autre* Stephen King. La seconde attribuait à King le pseudonyme de John Wilson sous le nom duquel avait été publié un roman pornographique. King publie également en 1985 le recueil de nouvelles *Skeleton Crew* et l'omnibus *The Bachman Books*, regroupant tous les romans de son pseudonyme, sauf *Thinner*. Également en 1985, la novelette *Cycle of the Werewolf* est rééditée, accompagnée du scénario de King qui en est tiré, *Silver Bullet*. Deux romans sont mis en nomination pour un *World Fantasy Award* : *Pet Sematary* et *The Talisman*.

En 1986, les éditions J'ai lu offrent un inédit en français, **Peur bleue** (*Silver Bullet*). Les éditions Robert Laffont proposent **Le Talisman des territoires** (*The Talisman*). King participe à une lecture à Virginia Beach où il s'oppose fermement à la censure. Il termine la rédaction de *Misery*, puis de *The Tommyknockers*. Aux États-Unis, *IT* est publié en 1986, puis *Misery* (sous le nom de King, maintenant que Richard Bachman est "découvert") et *The Tommyknockers* en 1987.

King écrit le scénario du court métrage *Sorry, Right Number* qui est tourné pour la télévision américaine. Le second volume de la série *The Dark Tower : The Drawing of the Three* est également publié en 1987, de même qu'une version révisée du roman *The Eyes of the Dragon*, offerte en grand tirage. King commence à écrire *The Dark Half*, à partir de six chapitres d'un roman que "Bachman" avait entrepris précédemment, *Machine's*

Way. Albin Michel propose en 1987 deux romans de Richard Bachman : **La Peau sur les os** (*Thinner*) et **Chantier** (*Roadwork*). Ce seront les seuls "Bachman" à être publiés en français sans le nom de King venant "appuyer" celui du pseudonyme.

L'année 1988 voit paraître un essai sur les gargouilles : *Nightmares in the Sky*, accompagné de nombreuses photos (de f-stop Fitzgerald), chez Viking. Un recueil collectif, *Night Vision 5* est publié par Douglas E. Winter et propose trois nouvelles de King ; *Dedication*, *The Reploids* et *Sneakers*. Deux des nouvelles seront reprises plus tard dans le recueil *Nightmares and Dreamscapes*, mais *The Reploids* ne sera pas rééditée, elle demeurera donc non traduite par la même occasion. Stephen King écrit le scénario de *Pet Sematary* et commence le roman *Needful Things*. Il participe au vidéo *Land of Confusion* du groupe rock Genesis.

Running Man sort en français chez Albin Michel, mais avec le seul nom de King comme auteur et non celui de Bachman. Le roman *Misery* obtient le *Bram Stoker Award* (meilleur roman) ex-aequo avec *Swan Song* de Robert McCammon. En 1989, Stephen King devient assistant-entraîneur pour une équipe de baseball locale dans la West Bangor Little league. Il termine et publie le roman *The Dark Half* et deux nouvelles en édition de collection : *Dolan's Cadillac* et *My Pretty Pony*. Il s'engage dans l'écriture de *Gerald's Game* et *Dolores Claiborne*. Albin Michel poursuit la publication des romans de Bachman avec **Rage**, publication où le nom de King n'est mentionné que sur la quatrième de couverture (et sans le prénom). L'amateur francophone découvre donc ce roman dont l'écriture remonte à plus de 20 ans.

Le roman *The Stand* est réédité, dans sa version intégrale, en 1990. Suit la publication du recueil de novellas *Four Past Midnight*. Stephen King écrit le scénario de *The Cat from Hell* pour la série *Tales from the Dark Side* et entreprend d'écrire le roman *Insomnia*. **Marche ou crève** (*The Long Walk*), le dernier Bachman, est publié en français, avec le nom de Stephen King entre parenthèses sur la couverture. En 1991, King termine et publie le roman *Needful Things*. Il signe aussi le scénario original de la série télévisée *The Golden Years*. Enfin, il publie le très attendu troisième volet du cycle *The Dark Tower : The Waste Lands.*

Jusque-là, le lecteur francophone qui désirait lire ce cycle devait tenter de se procurer les vieux numéros de la revue *Fiction*, laquelle avait publié en traduction française les cinq récits constituant le premier volume (*The Gunslinger*), lors de leur publication originale. La revue *Fiction* ayant entre-temps cessé ses activités, ces cinq numéros étaient à peu près introuvables. C'est seulement en 1991 que le lecteur francophone se voit offrir en grand tirage la traduction de *The Gunslinger*, ce premier volet de la série de **La Tour sombre**. Les éditions J'ai lu démarrent donc la série avec **Le Pistolero,** offrant le volet suivant la même année et la traduction du troisième volume en 1992. Toujours en 1991, King termine les romans *Needful Things* et *Gerald's Game*. Le recueil *Four Past Midnight* obtient un *Bram Stoker Award* (meilleur recueil).

En 1992, Stephen King fait construire un terrain de baseball " municipal " derrière sa maison : le *Shawn Trevor Mansfield Complex*. Il devient membre du groupe musical *The Rock Bottom Remainders* à titre de chanteur et guitariste, groupe qui est composé exclusivement d'auteurs. Il publie le roman *Gerald's Game* et termine *Dolores Claiborne*.

En 1993, il publie le recueil de nouvelles *Nightmares and Dreamscapes* et le roman *Dolores Claiborne*. Il termine le roman *Insomnia* et effectue une tournée avec le groupe *The Rock Bottom Remainders*.

Il écrit le scénario de la série télévisée *The Stand*, où il tient un petit rôle, en 1994. Il publie le roman *Insomnia* la même année, qui voit aussi paraître le premier roman en version française de Tabitha King : **Traquée** (*The Trap*), chez Flammarion.

Stephen King fait ensuite une tournée de promotion pour *Insomnia*, tournée qu'il effectue seul sur sa moto, à travers les

États-Unis, parcourant plus de 7000 kilomètres pour visiter une dizaine de libraires indépendants. Son périple (principalement son passage dans le Nevada) lui inspirera le sujet de deux de ses romans suivants : **Desperation** et **The Regulators**. Sa nouvelle **The Man in the Black Suit** remporte un *World Fantasy Award* et un *O. Henry Award* (meilleure nouvelle américaine).

Son roman suivant, **Rose Madder,** est publié en 1995. C'est la même année que l'essai **Danse Macabre** est enfin offert en traduction. **Anatomie de l'horreur**, publié par les éditions du Rocher, en constitue la première partie. La seconde sortira en 1996 sous le titre **Pages noires**. À ce moment, peu de livres de King demeurent inaccessibles au lectorat francophone. Ainsi, treize ans après sa première publication en version originale, Albin Michel propose en traduction le roman **Les Yeux du dragon** (***The Eyes of the Dragon***), un premier roman en *hardcover* de King chez un éditeur français conventionnel.

Tabitha King publie en 1995 son septième livre, **Playing Like a Girl**. Les éditions Flammarion poursuivent leur publication des romans de Tabitha King en français avec un quatrième titre en deux ans. Fin 1995, King participe à une soirée dont les fonds serviront à bâtir une nouvelle aile à la bibliothèque municipale de Bangor. À cette occasion, il parle de ses projets futurs et offre la lecture du premier chapitre de son prochain roman : **Desperation**. Il annonce aussi qu'il se consacrera désormais à l'écriture des quatre derniers volets de la série **The Dark Tower**.

L'année 1996 est assez faste pour l'auteur, qui publie son premier feuilleton, simultanément en plusieurs langues. **The Green Mile** voit le jour en six longs chapitres, publiés de mars à août. La collection Librio publie la version française, **La Ligne verte**. Puis, en septembre de la même année, King frappe un grand coup avec deux romans " jumeaux ", publiés simultanément : **Desperation** et **The Regulators**, ce dernier sous le nom de Richard Bachman. Bachman est bien " décédé " en 1985, mais il semble que sa femme ait retrouvé quelques manuscrits inédits... Albin Michel décide de publier aussi les deux romans en même temps et sort

Désolation et **Les Régulateurs** en novembre de la même année. La novella *Lunch at the Gotham Café* remporte un *Bram Stoker Award*.

Toujours en 1996, King s'implique aussi dans une nouvelle adaptation de son roman *The Shining* (une mini-série pour la télévision) en signant le scénario. Il n'avait pas du tout aimé le traitement fait par Stanley Kubrick qui avait adapté ce roman pour le cinéma en 1980. Cette année 1996 a d'ailleurs été l'année " King " du fait qu'il est devenu le premier auteur de l'histoire à placer six titres simultanément parmi les différentes listes de best-sellers aux États Unis.

Fin 1996, King déclare qu'il a terminé l'écriture de *Wizard and Glass*, le quatrième roman de la série *The Dark Tower*, roman dont la publication est annoncée pour l'été 1997. Question de faire patienter ses lecteurs qui sont de plus en plus nombreux à attendre la suite de cette série, King publie en édition limitée les deux premiers chapitres du cycle dans un petit livre. La popularité de la série est confirmée ; malgré le fait qu'il ne s'agit pas d'une " histoire de peur ", le livret devient rapidement une pièce de collection recherchée.

Une rumeur fait rage dans le monde des fans de King lorsqu'on annonce qu'un roman intitulé *The Pretenders* a été remis à l'éditeur de King, roman dont personne n'avait entendu parler jusqu'alors. Après vérification auprès du bureau de King, il s'avère que ce roman n'existe pas et que l'information (de source non identifiée) avait circulé d'un amateur à l'autre sans que personne en vérifie la véracité.

Stephen King publie un autre recueil en 1997. *Six Stories* regroupe quatre nouvelles publiée en revues et deux nouvelles inédites. Le recueil est publié par Philtrum Press, sa maison de microédition qui propose une édition de collection à tirage unique et dont on n'annonce aucune publication à grand tirage avant l'an 2000.

Au printemps 1997, on annonce aussi la publication de deux nouvelles inédites de King ; *Everything's Eventual*, qui paraîtrait dans la revue *Fantasy and Science Fiction*, ainsi que **The Little Sisters of Eluria : A Dark Tower Novella**, qui paraîtrait dans l'anthologie *Legends : The Book of Fantasy*, que prépare Robert Silverberg. Les fans sont sur les dents concernant cette dernière novella puisqu'elle fait partie du cycle de **La Tour sombre** et qu'elle sera publiée après le quatrième roman de la série.

Enfin, après plusieurs reports, les divers éditeurs (collection et grand tirage) de **Wizard and Glass** confirment la publication de ce quatrième volet de **The Dark Tower** pour l'automne 1997.

Actuellement, aucun nouveau livre de Stephen King n'est annoncé pour 1998. L'auteur est censé se consacrer à la suite de son cycle, mais parions qu'il publiera aussi plusieurs autres histoires d'ici la fin de sa série-culte.

2. STEPHEN KING ET LES ROCK BOTTOM REMAINDERS

par
Hugues Morin

La plupart des lecteurs francophones de Stephen King ignorent que l'écrivain fait partie d'un groupe de musique, *The Rock Bottom Remainders*. Stephen King y joue de la guitare et il est également un des chanteurs du groupe.

Les *Rock Bottom Remainders* sont nés de l'idée de l'écrivaine Kathi Kamen Goldmark de fonder un groupe de rock composé uniquement d'écrivains, un groupe qui se produirait en spectacle lors de congrès.

Kathi Goldmark en parle à quelques amis dès l'automne 1991. Parmi les écrivains invités, Amy Tan, Barbara Kingsolver, Dave Barry, Dave Marsh, Ridley Pearson et plusieurs autres. Kathi Goldmark ne pense pas à Stephen King ; elle ne le connaît pas personnellement.

En janvier 1992, Barbara Call, l'épouse de Dave Marsh, la convainc de tenter le coup auprès de Stephen King. Celui-ci accepte l'invitation et se retrouve membre du groupe, qui doit alors s'appeler *The Remainders*. Plusieurs noms (tous plus idiots les uns que les autres) sont envisagés : *The Blurbs, Cheap Trade Edition, Finally in Paperback, Hard Cover*, etc. Malheureusement, *The Remainders* était déjà utilisé par un "vrai" groupe de rock ! Les écrivains baptisent alors leur groupe *The Rock Bottom Remainders*.

Le groupe décide aussi de se trouver un slogan. Après plusieurs propositions, on retient celle de Dave Barry : *" This band plays music as well as Metallica writes novels. "*

Les membres conviennent d'engager Al Kooper comme directeur musical. Kooper réussit un miracle : en seulement trois jours de répétition, ses musiciens amateurs arrivent à monter un spectacle. Leur répertoire comprend alors des titres comme *Teen Angel, Money, Good Rockin' Tonight, My Guy* et *Louie Louie.*

Après le spectacle, Stephen King incite les membres du groupe à renouveler l'expérience. Les *Rock Bottom Remainders* font donc une apparition à New York en octobre 1992 et une autre à Miami en novembre de la même année. Puis, Stephen King communique avec les autres membres et lance l'idée d'une tournée des *Rock Bottom Remainders*. L'idée fait son chemin et, petit à petit, les *Rock Bottom Remainders* se mettent à préparer leur tournée pour le printemps 1993. Le *"Three Chords and an Attitude Tour "* est né.

Un nouveau slogan est trouvé pour la tournée, une idée de Roy Blount jr : *" Suspend your credibility ! "*

Après trois jours de répétition à Boston, le groupe se lance et donne une dizaine de spectacles du 20 au 31 mai 1993, le dernier étant celui du congrès de Miami. Le groupe compte alors 27 membres, si on inclut le gérant et le chauffeur de l'autobus ! Matt Groening, Robert Fulghum, Tad Bartimus, Roy Blount jr et Tabitha King sont parmi les membres officiels.

L'idée d'un groupe présentant 18 personnes sur scène a quelque chose d'étonnant. Mais Al Kooper réussit à faire d'eux une véritable équipe. Quelques hommes sont choristes et forment le *" critics chorus "*, quelques femmes, également choristes, constituent les *" Remainderettes "*. Seuls (!) King, Tan, Barry, Fulghum, Bartimus, Pearson, Kingsolver et Goldmark assurent les solos !

Une fois l'aventure (temporairement) terminée, les membres des *Rock Bottom Remainders* écrivent un livre sur leur expérience. L'idée du livre est de Stephen King. L'ouvrage s'intitule ***Mid-Life Confidential - The Rock Bottom Remainders Tour America*** *with Three Chords and an Attitude* [D1a] et regroupe une quin-zaine d'essais. Il est publié en 1994 par Viking.

En réalité, l'idée du livre date d'avant la tournée, sa vente à Viking représentant le financement de cette tournée, dont les recettes sont versées à des organismes de charité ou à des orga-nismes de support pour la lecture et l'écriture.

Un solo endiablé de Stephen King, guitariste.
Cambrige, Massachusetts, 22 mai 1993.

Mid-Life Confidential [D1a] est bourré d'infos intéressantes donnant un autre point de vue sur Stephen King, l'homme der-rière l'auteur populaire.

L'essai signé Stephen King s'intitule *The Neighborhood of the Beast* [D1a1] (titre inspiré par un graffiti qu'il a vu dans des toilettes publiques !). Il y traite (entre autres) de maux d'intestin, de technique de guitare, de performance, du spectacle de Nashville, d'une signature d'autographe effectuée pendant qu'il était assis sur une toilette, du spectacle d'Atlanta et des fans qui lui assurent qu'ils aiment "tous ses films" !

Les *Rock Bottom Remainders* n'ont toujours pas mis fin à leur aventure. Depuis la fin de la tournée 1993, ils se sont produits de nouveau en spectacle le 30 avril 1994, à Portland, dans le Maine, puis le 29 mai de la même année, à Hollywood, en Californie. Lors des différents spectacles du groupe, Stephen King était l'interprète des pièces suivantes : *Teen Angel, Susie-Q, Stand by me, Who do you love, Last Kiss* et *Endless Sleep*.

3. L'ART DE LA PEUR

par
Alain Bergeron

1. Un spectacle pour le troisième œil

La peur, lorsque pratiquée entre adultes consentants, en toute complicité d'auteur et de lecteurs, sera ici considérée comme une forme d'art. Il y a d'abord l'art de faire peur, celui de l'écrivain qui choisit ses mots et les assemble de telle manière qu'ils sauront provoquer chez un lecteur bien disposé de délicieuses chairs de poule. À cet art-là, Stephen King est sans aucun doute notre maître à tous. Mais il y a aussi sa contrepartie, l'art d'avoir peur, qui est celui de jouer le jeu, de se soumettre aux mots, de les laisser se transformer en frissons, en moments d'épouvante, en nuits d'insomnie. Cet art-là, bien que nous soyons quelques millions dans le monde à nous y adonner avec enthousiasme, n'est pas à la portée du premier venu. Il exige du talent, un état particulier de l'esprit et de l'émotion, une aptitude à faire résonner son imaginaire au diapason requis.

« Chaque fois, écrit King, que je tombe sur un homme ou une femme qui exprime une opinion du genre "Je ne lis jamais de fantastique et je ne vais jamais voir de films d'horreur ; rien de tout cela n'est réel", j'éprouve à son égard une certaine compassion. Le poids du fantastique est trop lourd pour lui. Les muscles de son imaginaire se sont atrophiés [1]. » Pour King, le lecteur doué est celui qui possède un organe extrasensoriel, une sorte de "troisième œil" qui le rend capable de voir par-delà les barrières du vraisemblable et d'appliquer, provisoirement du moins, les conventions du réalisme aux choses incroyables qu'on lui propose. Impossible de savourer vraiment une histoire d'horreur sans ce troisième œil [2]. C'est pour lui, ajoute King, qu'un auteur de fantastique monte son spectacle. « Je suis le metteur en scène, dit-il encore, le marionnettiste [3]. » La technique des maîtres de la peur n'est pas un sujet dont on traite très souvent. Et, même si l'auteur de **Misery** [A120] a longuement discouru sur l'horreur, sous toutes ses formes et dans tous ses états, il ne s'est jamais tellement étendu sur ses procédés et secrets d'écriture. Il n'y a rien là d'exceptionnel. Rarissimes sont les écrivains qui parviennent à se détacher suffisamment de l'acte d'écrire pour se soumettre à un autodiagnostic clinique qui soit à la fois honnête et convaincant. Il y a pourtant des questions qu'on aimerait voir élucider.

Comment expliquer, par exemple, que dans un genre littéraire aussi spécialisé, aussi marginal disons-le, Stephen King soit parvenu bon an mal an, depuis une quinzaine d'années, à abattre best-sellers sur best-sellers ? Un tel succès, quand on y réfléchit un peu, ne va pas de soi. Il intrigue, il dérange, il met mal à l'aise. La question du " comment " devient presque secondaire devant l'énigme que pose le "pourquoi". Oui, "pourquoi – ô grands dieux – écrivez-vous des choses pareilles ? " n'a-t-on pas cessé de lui demander depuis le début de sa carrière. « J'aime faire peur aux gens et les gens aiment avoir peur», répond King de façon simple et lapidaire. Ou alors : «Qu'est-ce qui vous fait penser que j'ai le choix ? » Ou encore : «Je n'ai pas choisi l'horreur, c'est l'horreur

---

[1]   **Anatomie de l'horreur** [A72], p. 120.

[2]   *Feast of Fear : Conversations with Stephen King* [Ca78], Carroll & Graf, p. 238.

[3]   *Feast of Fear* [Ca78], Carroll & Graf, p. 13.

qui m'a choisi [4]. » Mais King ne se contente pas de boutades. Dans ses innombrables préfaces, essais et entrevues, il met beaucoup de temps et d'efforts à se justifier, à nous convaincre qu'il n'y a pas de honte à gagner sa vie dans un créneau aussi suspect a priori que l'horreur, le macabre, l'épouvante. Ce n'est pas parce qu'il a parfois des idées atroces qu'il est un monstre pour autant [5]. King tient à sa respectabilité. Il joue volontiers la carte de l'époux modèle, du bon père de famille. Il a connu la misère autrefois, nous rappelle-t-il, mais la réussite ne lui est pas montée à la tête : il est resté simple, abordable, sympathique.

Ses lecteurs non plus ne sont pas des tordus, proclame-t-il, ni des désaxés, ni des morbides. Et il doit avoir raison. Personne ne peut devenir un des écrivains les plus populaires du monde, sinon le plus populaire de tous, en s'éloignant trop du centre de la courbe normale. N'en déplaise à une certaine majorité bien pensante qui aime dénoncer la mauvaise influence que peut avoir King sur notre belle jeunesse, les tirages de ses livres ne mentent pas : ce sont des gens comme vous et moi qui forment son lectorat, des gens ordinaires, des gens qui ont peut-être simplement un troisième œil en plus [6].

Aux yeux d'une certaine critique littéraire dominante, cependant, le compte des troupes ne sera jamais perçu comme une marque de respectabilité. Ce serait au contraire un indicateur du mauvais goût et de la vulgarité des masses liseuses. Horreur, épouvante et tutti quanti se rangent sur les rayons honnis de la littérature, si tant est qu'ils soient admis à faire partie de la littérature.

---

4   *Feast of Fear* [Ca78], Carroll & Graf, p.13, 238 ; **Danse macabre** [A49], J'ai lu, p. 11.

5   « Je ne suis pas fou », prend-il la peine de préciser, ajoutant cependant : « Mes lubies ont une valeur marchande. De par le monde, les cellules capitonnées regorgent d'hommes et de femmes qui n'ont pas cette chance. » **Danse macabre** [A49], J'ai lu, p. 13).

6   Le lectorat de King est un lectorat classique : des gens de classe moyenne, surtout, avec une légère majorité de femmes. *Feast of Fear* [Ca78], Carroll & Graf, p. 49.

Convenons-en, comme écrivain, King n'a rien d'un esthète. Son écriture est simple et directe, ce qui ne veut pas dire que le récit soit toujours linéaire. Elle ne s'encombre surtout d'aucune recherche stylistique, d'aucune aspiration poétique susceptible de compromettre l'efficacité narrative. Aucun plaisir purement littéraire ne vient donc s'interposer entre le lecteur et l'histoire. King est un conteur avant tout [7], un des meilleurs qui soient.

On parle d'art populaire ici, mais un art populaire n'est pas pour autant dénué de subtilités. Un peu comme la cuisine, par exemple. Pour préparer une bonne histoire de peur, le chef doit disposer de solides ingrédients de base, variés et nutritifs, mais pas trop bourratifs ; il lui faut choisir finement ses épices, les saupoudrer aux bons moments afin de marier les saveurs, mais aussi de créer des effets de surprise qui raviront les gourmets les plus blasés ; il lui faut encore maîtriser ses temps de cuisson, ne pas trop tarder à retirer du feu ce qui doit n'être que saisi, laisser mijoter ce qui mettra du temps à acquérir tout son goût. King, cuisinier des masses, serait plutôt du genre mijoteur. Il ne fait pas comme ces écrivains complaisants qui cherchent à accumuler les traitements de choc d'une page à l'autre, dans l'espoir de provoquer chez leurs lecteurs des montées successives d'adrénaline, mais qui prennent aussi le risque de voir leurs effets s'émousser très rapidement. Il évite de démarrer un roman en vous plongeant trop tôt dans l'abomination. Il écrit beaucoup, mais il écrit long surtout, très long parfois. C'est voulu, et peut-être nécessaire, car il a besoin d'espace pour laisser ses tensions dramatiques prendre toute leur amplitude. Souvent, on devra patienter des centaines de pages avant d'avoir droit au traitement de choc. Mais on ne peut pas dire qu'on n'y aura pas été préparé. Tout le temps que passe l'auteur à déployer personnages et situations, à semer doutes, attentes et pièges dans l'esprit du lecteur, va servir à conditionner le troisième œil. C'est un entraînement en quelque

---

7   Ainsi qu'il se définit lui-même, notamment dans **Feast of Fear** [Ca78], Carroll & Graf, p. 232.

sorte, en prévision de l'instant fatidique où l'horreur pourra paraître enfin dans toute sa splendeur.

Un bon exemple est sans doute **Simetierre** [A93], où le récit en crescendo atteint un premier plateau avec la résurrection de Church, se maintient ensuite en mode réaliste, dans une atmosphère lourde, troublée par les allées et venues ambiguës du chat, puis se précipite de nouveau vers l'atrocité, en fin de récit, l'effet le plus glaçant étant obtenu dans les dernières lignes de la toute dernière page.

King est un virtuose de la montée graduelle du récit. Dès les premiers romans, **Carrie** [A31] et **Salem** [A34], des démarrages lents, assortis d'une amplification progressive du courant nerveux, poussent peu à peu, mais inexorablement, sous l'emprise de l'épouvante, le lecteur aussi bien que les protagonistes. Sans qu'on se soit méfié, des personnages, des scènes, des événements banals et même anecdotiques au départ, se retrouvent brusquement piégés dans l'horreur. Les registres narratifs peuvent changer en cours de route, comme dans **Bazaar** [A142], où l'on dérive, de façon presque feutrée, du cocasse au tragique le plus pur. Dans **Les Tommyknockers** [A122], l'histoire de Becky Paulson, la risible commère qui dialogue avec Jésus, suit une trajectoire similaire. En quelques pages, l'humour satirique et truculent se fait cinglant, puis noir, puis féroce et cruel.

Chez King, l'humour n'est jamais libre. Il côtoie de trop près le macabre. Une des scènes les plus éprouvantes de **Simetierre** [A93] n'en est pas une qui parle des morts-vivants. C'est la partie de pugilat que se livrent Louis et son beau-père en plein salon funéraire, et qui se termine par le renversement du cercueil du petit Gage. L'épisode en soi est burlesque. C'est du pur *slapstick*. Mais personne n'a envie de rire. La tarte à la crème a un goût morbide.

Une bonne histoire de peur n'est pas autre chose qu'une bonne histoire dans laquelle on a inséré de la matière à effrayer. En conséquence, les vrais plaisirs de la peur ne pourront être appréciés qu'à la condition que l'étrange ou le terrifiant aient été glissés de la façon la plus naturelle qui soit, dans ce qui serait autrement un cadre réaliste, quotidien, voire trivial. Écrire long permet à King de disposer d'un champ de manœuvre plus étendu pour aménager sans heurt les inévitables transitions. Le défi ici est de masquer ce que l'auteur lui-même appelle les "coutures" dans la narration, ces sections charnières où l'on passe d'un registre réaliste normal à celui du spectacle fantasmagorique que l'auteur réserve pour le troisième œil. À la capacité d'ouvrir grand ce troisième œil, qui est d'abord une vertu du lecteur, doit correspondre chez l'auteur une habileté à soigner la plausibilité de situations, d'êtres et de choses auxquels personne ne croirait a priori. King lui-même en est fort conscient lorsqu'il écrit : « Le lecteur dira très bien, j'accepte de suspendre mon incrédulité jusqu'à un certain point, mais au-delà, il faudra que l'histoire continue de fonctionner à un niveau réaliste, sinon elle ne fonctionnera à aucun autre niveau [8]. »

Mais il y a un revers à la médaille. À force de vouloir faire mijoter l'horreur, dans le dessein d'en accroître l'effet, il devient difficile de ne pas céder à la tentation du remplissage. Pour conserver la métaphore culinaire, si on avait un reproche à adresser à King à ce propos, ce serait de laisser s'étaler parfois un peu largement ses sauces. Il y a là matière à opinion, mais on est en droit de se demander si tout est vraiment utile, par exemple, dans cette « scandaleuse quantité de pages » [9], selon l'expression de King lui-même, que comporte un pavé comme **ÇA** [A117]. Et on pourrait aussi soutenir qu'un ouvrage bien moins long, comme **Jessie** [A145], n'est pas non plus à l'abri des longueurs.

Le danger est de mettre tellement de temps et de soins à aiguiser l'appétit du lecteur qu'on ne se trouve plus en mesure, en fin de parcours, de lui livrer des monstres à la hauteur de ses attentes. On pourrait appeler cela le syndrome Lovecraft. Tout

8   *Feast of Fear* [Ca78], Carroll & Graf, p. 26.
9   Dans **Minuit 2** [A135a], Albin Michel, p. 284.

écrivain le sait, la suggestion est souvent bien plus efficace que la description, mais il y a une limite. S'en tenir trop longtemps et trop systématiquement à la suggestion, c'est jouer avec les nerfs du lecteur et même le duper, jusqu'à un certain point. Lovecraft renonçait la plupart du temps à décrire ses monstres, car c'étaient des entités tellement effroyables qu'elles étaient par définition... indescriptibles. Il fallait le croire sur parole lorsqu'il nous disait que de telles abominations rendaient fou en provoquant d'indicibles terreurs.

King recourt à la suggestion, mais il préfère, au bout du compte, mettre cartes sur table. Il le fait tout en sachant très bien qu'il court le risque de décevoir le lecteur. Ceux d'entre nous qui auront été désappointés par la description de Pennywise (**ÇA** [A117]) " dans sa vraie forme " ou par les extraterrestres desséchés des **Tommyknockers** [A122] comprendront ce que je veux dire. Quand l'art d'avoir peur devient plus efficace que l'art de faire peur, c'est que le lecteur montre plus d'imagination que l'auteur. Le spectacle ne remplit pas ses promesses, et le troisième œil est en droit de prétendre qu'il n'en a pas vu pour son argent.

2. Transferts

Peut-être plus que dans n'importe quel autre genre, l'identification du lecteur au héros constitue une des conditions absolues de réussite du récit de peur. Elle est le mécanisme privilégié par lequel l'art de faire peur établit sa jonction avec l'art d'avoir peur. Le défi est de taille : « Prenons des personnes qui sont de vraies personnes, dit King, et plaçons-les dans un contexte si incroyable qu'il dépasse toute crédibilité et voyons ce qu'ils vont faire [...], puis voyons si on est capable de faire gober ça au lecteur [10]. »

---

10 *Feast of Fear* [Ca78], Carroll & Graf, p. 26.

Rien ne garantit que cela va marcher. Le lecteur n'est pas dupe. Il n'est pas idiot non plus. Quand il gobe, c'est qu'il accepte de le faire. Ce serait un peu comme une partie de pêche où le poisson consentirait à collaborer avec le pêcheur, c'est-à-dire à mordre et à rester suspendu à la ligne, en échange de succulents appâts. D'où l'importance des personnages : ce sont eux que le pêcheur va accrocher à l'hameçon.

Une *fan* de King écrivait ceci sur Internet : « Quand je lis sur certains personnages, je vois en eux une partie de moi-même et aussi d'autres personnes. Et quand il commence à leur arriver des choses totalement bizarres ou extraordinaires, cela me semble presque plausible, exactement comme si ça pouvait se produire dans la réalité. C'est ça qui déclenche une réaction de peur en moi : le fait que ses personnages soient si plausibles [11]. »

On a souvent reproché à notre auteur de ne pas dépeindre de personnalités très complexes dans ses romans. Mais, justement, parce qu'ils ont pour mission d'appâter le lecteur et de l'entraîner avec eux vers des sensations fortes, les personnages de King n'ont pas intérêt à se distraire, en se payant le luxe de raffinements psychologiques inutiles. On leur demande d'être sympathiques et vraisemblables, pas beaucoup plus. Le lecteur ne doit éprouver aucune difficulté à se reconnaître en eux ; il ne doit se sentir dépaysé ni par leurs idées, ni par leurs émotions, ni par leurs réactions devant l'adversité. Il n'est pas nécessaire pour cela de pousser bien loin l'étude de caractère. Une fois le processus d'identification mis en marche, une fois opéré le transfert du lecteur dans la peau du héros, ce sont les situations que ce héros va affronter, bien plus que les détails de sa biographie, qui importeront.

Cela dit, les personnages de King ont plus d'épaisseur que ce qu'on peut trouver en général dans les littératures populaires. Même lorsqu'ils effleurent le stéréotype, comme la brochette

---

11   Lu sur *Usenet*, dans le groupe de discussion *alt.books.stephen-king*, le 15 août 1996.

des sept héros de **ÇA** [A117], ils sont rarement dénués de relief. La plupart du temps, ce sont des êtres ordinaires de la variété que King connaît le mieux, la branche nord-américaine de l'espèce, avec une nette prédilection pour la sous-catégorie Nouvelle-Angleterre. Mais, en dépit du fait qu'ils tendent à se localiser à peu près toujours dans la même région, tous ces braves gens de modèle courant campent un microcosme pittoresque de la nature humaine. Quelques traits hâtivement dessinés suffisent à les rendre intéressants : des défauts, des qualités, des manies, des faiblesses, distribués avec habileté entre les habitants d'une ville, et vous avez ces petits bijoux de portraits et d'observations sociologiques que sont les descriptions des communautés de Haven (**Les Tommyknockers** [A122]), de Derry (**ÇA** [A117]) ou de Castle Rock (dans **Bazaar** [A142], surtout).

Pas de philosophie non plus, pas de grande discussion politique, pas de pensée sociale, éclairée ou non. Les personnages de King se contentent de parler et de penser naturellement. Il arrive à notre auteur de mettre en scène des intellectuels, des artistes, des écrivains – le Paul Sheldon de **Misery** [A120], le Jim Gardener des **Tommyknockers** [A122], le Thad Beaumont de **La Part des ténèbres** [A132] –, mais il n'en fait pas autre chose au fond que de braves gens ordinaires qui pratiquent un métier un peu différent des autres. Comme dans la réalité.

Tout cela forme une comédie humaine très colorée et, surtout, très efficace. On n'a aucun mal à se représenter ces gens, et ils ont suffisamment d'universalité pour que des lecteurs puissent se reconnaître en eux, c'est-à-dire les aimer [12], où qu'ils soient sur cette planète. Une des forces de King consiste précisément à entrer avec facilité dans la tête de ses personnages et à nous transmettre "en ligne" leurs états d'âme. En adoptant volontiers le mode narratif du "je", l'auteur invite son lecteur à dire "je",

---

12   King fait de l'amour du lecteur pour ses personnages une des conditions essentielles de réussite du transfert: **Feast of Fear** [Ca78], Carroll & Graf, p. 246.

à son tour, par procuration. Les monologues intérieurs sont fréquents, non seulement pour les héros, mais aussi pour les cinglés, les obsédés et autres malheureux à l'esprit tortueux. L'exemple le plus poussé, un véritable exploit en soi, est celui des "confessions" de **Dolores Claiborne** [A147].

Les incarnations du mal comptent aussi quelques réussites : à côté du fameux Randall Flagg, qui pointe une tête sulfureuse dans plusieurs récits, ou du très onctueux Leland Gaunt de **Bazaar** [A142], on pourra peut-être préférer des monstres plus quotidiens comme la "Sœurette" des **Tommyknockers** [A122], par exemple, un concentré de toutes les personnes toxiques que chacun d'entre nous côtoie chaque jour et qui empoisonnent l'air sur leur passage. Sa méchanceté naturelle, sa vanité extrême, sa soif absolue de domination, en font peut-être la créature la plus redoutable du roman. Le lecteur saura l'assimiler aux gens de même acabit qu'il fréquente dans son entourage et dont il a pu être la victime. Il trouvera "juste" que ce soit sa bêtise et son égotisme obsessif qui précipitent Sœurette vers la catastrophe. Et quand, en même temps que Gardener, il apprendra le sort atroce que lui ont réservé les Tommyknockers, n'aura-t-il pas, malgré lui, envie d'applaudir ? Il n'y a pas que le lecteur qui soit soumis à la tutelle des personnages. L'auteur également s'en remet à eux pour le conduire là où il veut aller, c'est-à-dire, par corollaire, là où il souhaite conduire le lecteur. King l'affirme lui-même, ce sont eux, les personnages, qui construisent le scénario. Une fois les grandes lignes esquissées, une fois les scènes principales dessinées, il laisse tout ce petit monde mener la barque [13]. Les péripéties prennent alors facilement le pas sur les caractères. Ce sont les situations anxiogènes dans lesquelles se débattent les personnages qui vont occuper désormais l'attention du lecteur. « Je suis un auteur d'aventure », dit King pour marquer ce trait [14].

---

[13]   *Feast of Fear* [Ca78], Carroll & Graf, p. 28.

[14]   *Feast of Fear* [Ca78], Carroll & Graf, p. 37.

Ses personnages sont entraînés dans de sordides affaires où ils doivent affronter la peur. Affronter *leurs* peurs. Et nous, nous les accompagnons, parce qu'ils sont intéressants, parce qu'ils sont courageux et parce qu'ils nous montrent qu'il y a quelque chose à faire pour s'en sortir.

C'est là que le sortilège joue. Car ces personnages, que l'auteur laisse se précipiter vers l'horreur, nous entraînent avec eux. Le lecteur vit le drame, lui aussi, à travers l'autre. Mais s'il suit, s'il continue de dire "présent !" face à l'abomination la plus extrême, c'est parce que le personnage qu'il habite continue d'être la personne ordinaire à laquelle il s'est identifié depuis le début.

Quand les héros frémissent, ils nous font frémir et nous frémissons à notre tour. Quand ils ont la trouille, nous avons aussi la trouille. Quand ils hésitent en face du péril, nous savons que nous ferions pareil à leur place. Quand ils prennent leur courage à deux mains et décident d'affronter la bête, là, honnêtement, nous ne savons pas très bien si nous les suivrions. Mais l'important est que nous continuons de les accompagner au combat. Nous voulons savoir comment ils vont faire pour s'en tirer. Et peut-être, en fin de compte, comment nous aurions fait, nous aussi, à leur place, pour nous en tirer.

Certains personnages accomplissent des choses désespérées pour s'en sortir, comme Jessie qui se mutile les mains pour se débarrasser de ses fichues menottes. D'autres, comme l'écrivain captif de **Misery** [A120], luttent à la fois contre la terreur pure et contre la douleur ; ou encore, comme Polly Chalmers dans **Bazaar** [A142], contre la douleur et contre la tentation du remède de la douleur. Le courage lui-même n'est pas nécessairement héroïque. Il peut être extrêmement sordide et pathétique, comme celui de Louis dans **Simetierre** [A93], qui surmonte tous les tabous et tous les dégoûts imaginables pour aller déterrer le cadavre de son fils.

Dans de tels moments, la symbiose du personnage et du lecteur fait son œuvre. Il y a rétroaction, transmission à rebours de chair de poule, d'angoisses, de nuits blanches... L'art d'avoir peur fonctionne à plein régime, et l'art de faire peur peut proclamer "mission accomplie". Dans une de ses entrevues, King se montrait fier d'une lettre qu'il avait reçue d'une lectrice qui disait s'être évanouie dans un salon de coiffure en lisant **Misery** [A120]. Et, dans une autre, il a déjà avancé – non sans un certain cynisme – que son triomphe majeur comme écrivain serait d'apprendre qu'un de ses lecteurs a succombé à une attaque cardiaque sous l'effet d'une de ses histoires. « Je me dirais "C'est vraiment malheureux", et je serais sincère, mais une partie de moi-même penserait "Bon Dieu, ça a vraiment marché !" [15]. »

3. Des variétés de la peur

King dit bien connaître les registres de la peur. Il en couvre tout le spectre, misant sur ce qu'il appelle les "points de pression phobique [16]", ces ressorts viscéraux, plus ou moins mythiques, sur lesquels il suffit d'appuyer pour faire naître une réaction de peur. Ces points de pression ou ces leviers, King va s'en servir pour provoquer ses personnages dans le cours de l'action. Et, parce qu'il s'agit de mécanismes quasiment universels, le lecteur s'y reconnaîtra à son tour.

L'œuvre d'épouvante s'attache à cultiver des émotions qui comptent parmi les plus primitives et les plus fondamentales de l'être humain. La peur est multiple. Tout le monde a peur. Pas besoin de monstres ou d'entités surnaturelles pour la provoquer. « Inutile de nous voiler la face, dit King, la vie est pleine d'horreurs petites ou grandes et, comme les petites sont celles que nous pouvons le mieux appréhender, ce sont elles qui nous frappent de plein fouet [17]. » On a peur de la mort, de la maladie, de la souffrance ; on a peur des hauteurs, des foules, des lieux fermés ;

---

[15] *Feast of Fear* [Ca78], Carroll & Graf, p. 266, et entrevue de Eric Norden dans *Playboy*, juin 1983.

[16] **Anatomie de l'horreur** [A72], p. 11.

[17] **Danse macabre** [A49], J'ai lu, p. 16.

on a peur des araignées, des serpents, des rats ; il y a aussi les peurs de l'enfance, celle du croquemitaine et de tous ses avatars ; les peurs de l'adolescent qui craint la différence, la solitude, le rejet, la brutalité du groupe ; les peurs de l'adulte devant ce qui menace sa santé, sa sécurité, sa vie et celle de ses proches, celles qu'il peut ressentir quand il lit les choses affreuses que lui recrachent quotidiennement les actualités et quand il se dit " et si ça m'arrivait ? ". Ou pire : "Et si ça arrivait à un être qui m'est cher ? " [18].

Mais il y a également des peurs diffuses, imprécises, des peurs aux contours flous, comme la crainte de l'inconnu sous toutes ses formes, le désarroi devant le mystérieux, l'insondable, l'incompréhensible. Il y a le cauchemar contre lequel il est impossible de lutter. Et aussi, et peut-être surtout, il y a la peur de la folie...

Parce que les registres de la peur sont vastes, multiples, variés, King n'a pas cessé d'y puiser ses ressources tout en s'y renouvelant. Car, dans le corridor relativement étroit qu'il a pris pour champ d'action, il a toujours fait preuve d'une surprenante capacité de diversifier ses thèmes. De **Carrie** [A31] à **Désolation** [A170], il a su frapper partout, jouer sur les plans les plus intimes (**Dolores Claiborne** [A147], **Jessie** [A145]...) ou échafauder des fresques planétaires (**Le Fléau** [A54/A134]), bâtir de troublants psychodrames familiaux (**Shining** [A42], **Simetierre** [A93]...), ou décrire la manière dont le malheur s'abat impitoyablement sur des communautés entières (**Salem** [A34], **Bazaar** [A142]...). Il a pu verser dans le polar paranormal (**Dead Zone** [A57], **La Part des ténèbres** [A132]...) ou flirter avec la science-fiction (**Les Tommyknockers** [A122]). Il a su exploiter, tantôt la peur de l'animal (**Cujo** [A71]), tantôt celle de la machine (**Christine** [A92]), tantôt celle de l'être humain (**Misery** [A120]).

---

[18] King dit fort justement : « Les atrocités de l'Inquisition ne sont rien comparées au sort que nous sommes capables d'inventer à ceux que nous aimons. » **Brume** [A106], France Loisirs, p. 20.

Principale constante à travers la multiplicité des contextes romanesques : la peur, ou l'une ou l'autre de ses proches cousines, la terreur, l'horreur, la répulsion. Ces émotions ne sont pas équivalentes. Leur statut diffère, et King a déjà émis une petite théorie là-dessus [19]. La terreur viendrait au sommet de la hiérarchie. C'est elle que l'auteur vise à provoquer en premier lieu, car, prétend-il, elle a plus de noblesse que les autres, quoiqu'elle soit peut-être aussi plus difficile à manier. Si la terreur ne marche pas, l'horreur intervient au second niveau. L'horreur, ce serait encore la peur mais avec, cette fois, quelque chose de concret et d'affreux comme un masque sanglant et de longues griffes tranchantes. Enfin, si ni la terreur ni l'horreur ne portent, il reste la répulsion, ou le dégoût, ou la nausée. King se dit prêt à descendre jusque-là et à nous faire vomir s'il le juge nécessaire. Qu'il ne le fasse pas plus souvent tendrait à prouver qu'il n'a pas besoin, pour nous faire frissonner, d'accumuler les cadavres en décomposition ou de nous faire avaler de force des sandwiches grouillants de vers de terre.

En général, King assoit la peur sur un solide fond de banalités quotidiennes. Une de ses plus magistrales réussites est d'avoir su, avec Salem, renouveler l'imagerie gothique et victorienne du vampire en la transplantant dans le cadre propret d'une petite ville moderne de Nouvelle-Angleterre. Mais les vampires ne sont pas absolument nécessaires. Tout ce qui nous entoure peut devenir source de peur. L'objet le plus courant se retourne contre nous lorsqu'on en perd le contrôle. Qui n'a pas eu l'impression un jour ou l'autre que sa maison était hantée, ou sa voiture, ou son ordinateur ou tout appareil ménager, parce que cet objet familier et docile cessait soudain de se plier à sa volonté pour réagir de façon anormale, voire hostile ? Ce sont là les dérapages anodins d'une saine paranoïa, que chacun peut surmonter en raisonnant sur l'impossibilité " scientifique " du phénomène.

---

[19] Entrevue de Eric Norden dans *Playboy*, juin 1983.

Mais, qu'on le veuille ou non, la méfiance s'installe. Il suffit que cela nous soit arrivé une fois pour que nous sachions désormais, par expérience, qu'à tout instant des esprits frappeurs, des Tommyknockers, peuvent s'infiltrer dans ce qui nous entoure, s'en emparer et en faire – qui sait ? – une machine de mort : une "Christine", par exemple, ou encore une tondeuse à gazon meurtrière, ou une presseuse de blanchisserie particulièrement féroce.

La vie quotidienne est fragile. Le drame peut s'abattre sur elle à tout instant. La sécurité et la confiance sont toujours en sursis. La réalité elle-même se trouve à la merci des **Langoliers** [A136] vengeurs qui créent des fissures dans la fibre du monde ("Riiiip !"). Et alors, même les êtres familiers se mettent à changer d'attitude et, inexplicablement, vous donnent froid dans le dos. Il y a des passages de **Simetierre** [A93] qu'il vaut mieux ne pas lire en présence d'un chat [20]. Plus angoissantes encore sont les peurs d'enfants, les plus primitives de toutes peut-être. Ces peurs-là, l'adulte pense les avoir surmontées parce qu'il a l'impression de les avoir tassées dans un recoin de l'oubli. Mais elles ne disparaissent jamais vraiment. Les ogres de l'enfance restent dissimulés dans les fondations les plus intimes de la personnalité et continuent de guetter leur victime au détour. Ils attendent leur heure pour resurgir, et ils le font dans les pires moments, ceux où la vulnérabilité de l'adulte est la plus grande.

Il y a souvent eu des enfants dans les premiers romans de King. Car les enfants sont doués pour la peur. Ils n'ont pas, pour se donner l'illusion d'être protégés, toutes ces barrières rassurantes que l'adulte a échafaudées autour de son insécurité. Ils n'ont pas encore apprivoisé la peur, ils la ressentent au premier degré. King sait qu'il se vit en bas âge des expériences vraiment horribles. Il a bien compris, par exemple, que les petits sont absolument terrifiés par tous ces clowns armés de ballons vers lesquels des parents inconscients n'arrêtent pas de les pousser de

---

20   Pas plus qu'il n'est indiqué de lire **Cujo** [A71] avec un saint-bernard dans la pièce !

force. À travers ses récits, King invite ses lecteurs à renouer avec leurs peurs infantiles. Une fresque comme **ÇA** [A117] n'est pas autre chose qu'une immense parabole sur les comptes que tout adulte doit régler, tôt ou tard, avec son enfance [21]. La comptine des **Tommyknockers** [A122] ou la légende des **Langoliers** [A136] sont elles aussi autant de portes d'entrée dans le royaume des croquemitaines.

King dit avoir conservé et cultivé ce don qu'ont les enfants pour la peur [22]. « Le soir, écrit-il, quand je viens de me coucher, je m'assure toujours que mes deux jambes sont bien sous les draps, une fois les lumières éteintes. Je ne suis plus un enfant..., mais je ne supporte pas qu'une de mes jambes pende au-dehors quand je dors. Car, si jamais une main glacée surgissait de dessous le lit pour m'aller agripper la cheville, j'en pourrais hurler. Oui, je pourrais hurler à réveiller les morts [23]. »

Ce sont les mêmes peurs qu'a le petit George, dans les premières pages de **ÇA** [A117], quand il craint de descendre à la cave. « Même ouvrir la porte pour allumer lui répugnait car – c'était si exquisement stupide qu'il n'aurait osé en parler à personne – car il redoutait qu'une horrible patte griffue ne vienne se poser sur sa main au moment où elle cherchait le bouton pour le projeter dans les ténèbres au milieu des odeurs d'humidité et de légumes légèrement décomposés [24]. »

Ce sont encore les mêmes peurs que connaissent bien les lecteurs de King. Une de ses admiratrices apportait récemment ce témoignage sur Internet : « Quand j'étais petite, je faisais des cauchemars toutes les nuits à propos du croquemitaine (*boogey man*). Ça semble idiot aujourd'hui, mais chaque nuit, je rêvais qu'il venait m'attraper en disant "Je suis le Croquemitaine et je

---

22 Question : « Comment avez-vous conservé ce don magique qu'ont les enfants pour la terreur ? » King : « Parce que je l'ai cultivé, c'est tout. » *Feast of Fear* [Ca78], Carroll & Graf, p. 37.

23 **Danse macabre** [A49], J'ai lu, p. 11.

24 **ÇA** [A117], Albin Michel, vol. 1, p. 18.

viens te manger ! ”. [...] Il arrivait toujours à entrer dans ma chambre, même si je verrouillais la porte et la fenêtre. Il passait par les petits trous, sous la porte, à travers les murs. Je me réveillais en hurlant chaque nuit. [...] Une nuit, quelque chose est sorti de sous mon lit et m'a gratté le dos !!!! À partir de là, j'ai toujours eu peur que quelque chose surgisse de sous mon lit pour me dévorer. [...] Encore aujourd'hui, je ne laisse jamais dépasser mon bras de mon lit quand je dors. Je sais bien que c'est illogique, mais c'est comme ça [25]. »

À côté des peurs de l'enfance, et en lien direct avec elle, se trouve le rêve et, plus particulièrement, sa variété ténébreuse, le cauchemar. Car, lorsqu'il fait un mauvais rêve, peu importe son âge, l'être humain se débat contre des monstres qu'il croit réels. Face à l'épreuve, l'adulte n'est pas mieux outillé que l'enfant pour se défendre. Il ne peut rien faire contre un cauchemar, sinon espérer s'éveiller. Mais, la plupart du temps, ne soupçonnant pas qu'il existe un état d'éveil au-delà de sa torture, il la croit éternelle.

Par certains aspects, on peut dire que les livres de King sont des rêves qui virent au cauchemar. Tout va bien dans le meilleur des mondes, à Castle Rock ou à Haven ; puis, voilà que soudain les choses commencent à déraper. Les personnages et, par extension, les lecteurs se retrouvent pris dans un engrenage dont ils ne peuvent plus se libérer. Comme si les horreurs qui nous étaient jaillies dans la tête pendant notre sommeil, et qu'on était bien content d'avoir laissées quelque part entre l'oreiller et le réveille-matin, se mettaient tout à coup à déborder dans la réalité. Le cauchemar sort de sa zone, s'étend et prend inexorablement le dessus sur la relative sécurité de l'état d'éveil. Les monstres de King sont cuits dans une marmite onirique, et ils ressemblent drôlement à ceux qu'on se mijote soi-même. C'est pour cela, au fond, qu'ils nous apparaissent si familiers.

---

25 Lu sur *Usenet*, dans le groupe *alt.books.stephen-king*, 31 juillet 1996.

Du rêve à la folie, il n'y a qu'un pas. Quand les créatures griffues qui se tiennent tapies sous le lit cèdent leur place à des pulsions étranges et meurtrières, tapies elles aussi, mais dans un subconscient déréglé, on a franchi ce pas. King manifeste un talent hors de l'ordinaire pour fouiller dans la tête des esprits les plus torturés ou pour en exposer la logique biscornue, que ce soit celle de Craig Toomy dans **Les Langoliers** [A136] ou celle de Crazy Normans dans **Rose Madder** [A162].

La vraie peur, cette fois, est de voir libérer le Mr Hyde qui se cache dans chaque Dr Jekyll, ou le George Stark qui sommeille dans tout Thad Beaumont. C'est la peur de nous-mêmes et de nos propres sentiments agressifs. Il suffit d'un rien, et les tonnes de rancœur qui se sont accumulées dans un être fragile comme Carrie se transforment en destruction aveugle. Comme si des pulsions incontrôlées et incontrôlables risquaient de se déchaîner à tout moment, en chacun de nous, sans crier gare : des pulsions qui sont celles dont on fait les tueurs enragés.

Les romans d'épouvante "réalistes" de King, **Misery** [A120], **Jessie** [A145], **Dolores Claiborne** [A147] ou **Rose Madder** [A162], exploitent en partie ce filon. Ils entraînent le lecteur à affronter des "cas" plus ou moins avancés de troubles psychiques et à remettre en question du même coup ses certitudes sur son propre état mental, sur sa capacité de gérer son agressivité. Ces romans ne font peut-être pas frémir autant que d'autres, le soir, au moindre bruit que fait la noirceur, ou quand le vent du dehors entre nous siffler aux oreilles. Mais l'identification continue de jouer, le transfert opère, et le lecteur doué se laisse enfermer dans les hantises et les obsessions de personnages à demi fous. Sans avoir rencontré sur sa route de vampire, de chat zombie, ou de loup-garou, il aura ressenti au fil d'arrivée quelques solides frissons.

Car, après tout, qu'est donc la monstrueuse Annie Wilkes (**Misery** [A120]) sinon, précisément, une lectrice qui a dérapé ?

4. Paradoxe ?

L'art de la peur soulève un paradoxe bien connu. Pourquoi des millions de gens à travers le monde, de tous âges et sexes, origines et conditions sociales, trouvent-ils plaisir à lire des récits de peur ? Pourquoi ces gens sont-ils prêts à débourser de l'argent pour se taper des histoires qui, si elles sont efficaces, vont leur procurer de l'effroi, du dégoût, de la terreur ou, tout au moins, leur causer de l'inconfort ?

Les récits de peur seraient bénéfiques, déclare King. Ils auraient un effet de catharsis ou de libération qui nous aiderait à transiger avec les peurs réelles de la vie courante. Quand on lui demande pourquoi les gens aiment ce qui les effraie, King répond que les gens n'ont pas vraiment peur des vampires ; ce dont ils ont peur, c'est de la mort... ou de la facture d'huile à chauffage. « Quand ils lisent ou regardent mes histoires, ils n'ont plus peur de la facture d'huile, je vous le garantis [26]. »

« Une des raisons pour lesquelles j'aime Stephen King, disait une lectrice de King déjà citée, c'est qu'il me permet d'affronter mes peurs dans une expérience cathartique, de m'immerger complètement en elles, et de les vaincre, à travers les héros et les héroïnes de ses livres. Le combat du bien et du mal parcourt tous ses livres, et ils me permettent de vaincre en partie quelques-unes des peurs qui m'ont hantée toute ma vie. Ça peut ressembler à une thérapie de choc pour certains, mais ça marche pour moi [27]. »

Faire l'expérience de situations anxiogènes, mais par procuration, sans avoir à les subir "pour de vrai", peut être également vu comme une forme d'apprentissage. En fournissant matière à simulation mentale, à certains types de fantasmes, l'art de la peur agirait alors comme une sorte de jeu éducatif. On trouve dans les livres de King des expériences pénibles, soigneusement détaillées, qu'un lecteur normal chercherait d'instinct à éviter

---

[26] *Feast of Fear* [Ca78], Carroll & Graf, p. 6.

[27] Lu sur *Usenet*, dans le groupe *alt.books.stephen-king*, 31 juillet 1996.

dans la réalité, et par tous les moyens ! L'automutilation, par exemple. Mais si on lui offrait la possibilité de jeter un coup d'œil sur la façon dont ça se passerait si..., sans danger et à l'intérieur d'un récit captivant, pourquoi pas ? Personne ne souhaite tomber entre les mains d'un fou dangereux, d'une Annie Wilkes, par simple curiosité, pour savoir comment il réagirait. D'autant plus que l'aventure pourrait finir fort mal ! Mais goûter avec Paul Sheldon les affres de la captivité, inventer avec lui des astuces pour déjouer sa geôlière, goûter ses petites victoires, souffrir ses tourments, espérer puis désespérer sans cesse, voilà qui est passionnant, et même instructif.

Pourquoi alors le lecteur recherche-t-il la peur ? Pour l'affronter et la vaincre, sans être vraiment menacé. Pour l'explorer, en faire le tour, afin de mieux la comprendre, de l'apprivoiser, de s'en prémunir. Un grand plaisir émerge de cet affrontement sans risques avec la souffrance et la terreur. Un peu comme dans une relation (consentie) sado-maso : l'auteur torture ses personnages, le lecteur qui entre dans leur peau subit ces tortures et... il aime ça !

Le paradoxe de l'art de la peur tient dans les contradictions de la peur elle-même. D'un côté, la peur est un trait essentiel de la nature animale de l'être humain. Elle fait partie des mécanismes de défense des organismes supérieurs. Ressentir la peur est un signal d'alerte qu'on se lance à soi-même à l'approche du péril. Ce signal est irraisonné, pas toujours raisonnable, souvent irrationnel. Mais il est nécessaire et fondamentalement bénéfique...

... tout en étant un des plus désagréables qu'on puisse éprouver, lorsqu'il survient au premier degré !

En bout de ligne, la peur exerce un attrait. Elle fascine. On la sait mauvaise, malsaine, frappée d'anathème par le bon goût, la morale et toutes les autres formes de répression du plaisir. Mais, comme le sexe à la puberté, elle provoque la curiosité et incite à transgresser les tabous. Les livres de King sont un très bon moyen de goûter à des peurs en mode virtuel, sans contraintes, de la manière la plus attrayante qui soit. Des millions de lecteurs y trouvent leur compte. Mais la popularité des petites collections d'horreur pour adolescents illustre sans doute encore mieux ce phénomène. Les gens qui vivent dans des contrées affligées par la guerre ne sont probablement pas de bon lecteurs de livres d'horreur. Ils n'ont pas besoin de recourir à des mécanismes de substitution. Leur ration quotidienne de peur leur suffit. Mais, dans nos sociétés centrées sur la recherche du confort et de la sécurité, la peur fait partie des zones à bannir. On la confine, on l'évite, on la repousse. La routine moelleuse du *way of life* métro-boulot-dodo forme un rempart destiné à nous protéger contre tout ce qui effraie : le crime, la maladie, la misère... Réprimée, la peur n'en continue pas moins de fasciner. Comme d'autres traits fondamentaux de l'animalité humaine, comme le sexe et comme l'agressivité, la peur inquiète et séduit tout à la fois.

Les histoires de Stephen King ont un aspect voyeuriste indéniable. *Mutatis mutandis*, elles seraient à la peur ce que la pornographie est à la curiosité sexuelle, ou les films de violence aux instincts agressifs, une façon relativement bénigne de satisfaire la bête.

4. LES PIÈCES DE COLLECTION EN FRANÇAIS

par
Hugues Morin

Les pièces de collection sont nombreuses dans l'univers entourant Stephen King. Pour la plupart, il s'agit de premières éditions, très rares, ou encore d'éditions récentes mais dont le tirage a été volontairement limité. Mais comme le lectorat francophone se voit offrir King en littérature de masse, il n'existe pas réellement d'éditions de collection parmi les éditions françaises courantes.

Bien entendu, certains des livres de King édités en français sont plus rares que d'autres, mais vu le tirage tout de même élevé, aucune de ces éditions n'est d'une rareté telle que sa valeur soit substantielle. De plus, les premiers livres de King traduits en français ont été offerts sans couverture rigide et ont généralement été affublés de couvertures abominables, ce qui leur fait aussi perdre de la valeur. On n'a qu'à penser à l'édition du roman **Carrie** [A31] par Gallimard, en 1976. Un objet fort affreux, tout rouge, sans illustration, avec une phrase pseudo-accrocheuse écrite en gros caractères ! Il s'agit du tout premier livre de King en français, et il ne vaut même pas vingt pour cent du prix du dernier roman de l'auteur chez les revendeurs !

Il existe toutefois quelques pièces intéressantes.

La première – qui est de fait la seule pièce de grande valeur – est l'édition *hardcover* du premier chapitre de **La Ligne verte**

[A164], édition imprimée à 300 exemplaires seulement et accompagnée de la lettre de King à ses lecteurs reproduisant la signature de l'auteur.

La seconde pièce méritant notre attention est l'édition en *hardcover*, et illustrée par des dessins originaux de Christian Heinrich, du roman **Les Yeux du dragon** [A100], paru chez Albin Michel, en 1996.

Les *hardcover* sont très rares en français. Souvent, ces éditions proviennent de clubs de livres, ce qui en fait des éditions à moins grand tirage, donc plus rares. Mis à part cet élément de rareté toute relative, quelques-unes de ces éditions de club ont plus de valeur que d'autres.

C'est le cas de l'édition des trois premiers volets de **La Tour sombre** [A83/A121/ A141], chez France Loisirs (Québec Loisirs). Ce livre est l'une des rares éditions de ces romans en grand format, il est *hardcover*, et il constitue la seule édition de ces trois romans en un seul volume. (Même les Américains n'ont pas édité ces histoires en un seul volume.)

L'édition de France Loisirs du livre **Peur bleue** [A110] est aussi une des très rares éditions françaises à proposer le roman en grand format, en plus d'être *hardcover*.

Autre *hardcover* unique, l'édition Albin Michel de **Creepshow** [A78], parue en 1983, qui est la seule édition au monde de ce titre avec une couverture rigide.

Il existe peu de nouvelles ou de textes courts de King qui n'aient été publiés qu'une seule fois en français, et avec un tirage limité. C'est pourtant le cas de la nouvelle **La Nuit du tigre** [A44], parue dans le numéro de juin 1978 de la revue *Fiction* [D6a], une pièce très rare.

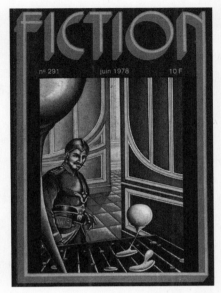

Les autres pièces dignes de mention en tant que raretés sont les premières publications en français de nouvelles de King (rééditées par la suite en recueils), tels les cinq numéros de la revue *Fiction* [D6a] qui proposent les cinq parties constituant le premier volet de **La Tour sombre : Le Pistolero** [A83]. Ou encore les numéros de *Thriller* [D6e] où ont été publiées les nouvelles **Le Singe** [A61] et **Les Tambours de l'angoisse** [A60].

Enfin, notons les six épisodes du feuilleton **La Ligne verte** [A163], publiés chez Librio pendant l'été 1996. Même si cette édition n'est pas rare, elle a une valeur symbolique. Elle constitue la première édition mondiale de cette œuvre, puisque la sortie française de chaque chapitre précédait de quelques jours la sortie américaine et qu'il s'agit d'une des rares éditions internationales de ce feuilleton à proposer des illustrations de couverture différentes de l'édition américaine.

5. UN BAISER DANS LE NOIR – QUAND STEPHEN KING SE FAIT NOUVELLISTE

par
Guy Sirois

1. Introduction

Bien qu'on le connaisse surtout pour son œuvre romanesque (« As-tu lu des *romans* de Stephen King ? »), l'auteur de **Carrie** [A31] est devenu, par la force des choses (comprendre : succès), le nouvelliste le plus lu, et donc le plus aimé au monde. Phénomène unique au XXe siècle, King vend quelques millions de recueils de nouvelles dans plusieurs langues. Quand on sait qu'un recueil de nouvelles, signé d'un nom bien connu, connaîtra toujours des ventes inférieures à celles d'un roman de longueur équivalente, on comprendra que ce succès puisse créer des jalousies dans les rangs des producteurs de nouvelles. Ceux-ci, en effet, ne peuvent généralement compter que sur quelques milliers de ventes, quand il ne s'agit pas de centaines.

Malgré tout, on entend rarement parler de Stephen King en tant que nouvelliste, même dans la presse spécialisée. Comment expliquer un tel phénomène ? La masse de l'œuvre romanesque porte certes ombrage à l'édifice plus fragile des nouvelles et rend moins visibles les réalisations de King dans ce domaine. Les lecteurs occasionnels (qui sont légion) auront, par ailleurs, plus de chances de tomber sur un roman que sur un recueil, King n'en ayant publié que trois, **Danse macabre** [A49], **Brume** [A106] et **Rêves et Cauchemars** [A148].

Manque de présence visible, donc. Mais une enquête sommaire auprès de lecteurs occasionnels ou réguliers met rapidement en lumière un autre phénomène : les vrais amateurs préfèrent nettement les romans – « Moi, j'aime pas ça les petites histoires ». On peut supposer qu'il en irait de même pour le lecteur occasionnel (voir plus haut) qui tomberait sur un recueil de nouvelles. L'auteur ne le sait que trop bien, qui déclare dans la préface à **Brume** [A106] : « Je crains qu'il ne te plaise pas autant qu'un roman, parce que la plupart d'entre vous avez oublié les réels plaisirs que procurent les nouvelles [1]. »

Qu'est-ce qu'une nouvelle ? Qu'est-ce qu'une nouvelle signée Stephen King ? Quelles sont ses caractéristiques, ses qualités, ses défauts ? Comment se compare-t-elle à ses romans ? Comment se compare-t-elle à la production de ses contemporains, du moins ceux qui œuvrent dans les mêmes genres ? Où King s'inscrit-il dans la tradition de la nouvelle, dans celle de la littérature de fantastique et d'horreur et dans celle de la littérature américaine ? Pourquoi écrit-il des nouvelles ?

Ce sont là les questions auxquelles nous tenterons d'apporter quelques éléments de réponses.

2. Un mot sur la nouvelle

Les plaisirs de la nouvelle sont certes des plaisirs mal connus. Les amateurs restent rares et se recrutent essentiellement dans certains cercles restreints. Cela est en partie dû au fait que la lecture de la nouvelle pose des problèmes que ne connaît pas le lecteur de romans. Statistiquement, les romans publiés et lus ne sont pas essentiellement différents de leurs ancêtres flaubertiens du XIXe siècle et restent le plus souvent d'une écriture et d'une structure reconnaissables.

Il en va tout autrement de la nouvelle moderne. D'une part, l'auteur de nouvelles, par opposition à son confrère romancier,

---

[1]   **Brume** [A106], Albin Michel, p. 14.

dispose de peu de temps (d'espace) pour réaliser son intention et, d'autre part, son intention n'est pas (ne peut pas être) celle qu'il pourrait avoir pour un roman. Son champ de vision est plus restreint ou, plus exactement, son regard est différent. Comme dit King, de la façon un peu polissonne qui lui est coutumière, un roman ressemble à une liaison amoureuse satisfaisante, tandis qu'une nouvelle est davantage « un baiser furtif d'une inconnue dans le noir[2] ».

La nouvelle, on doit le reconnaître, nous met face à des problèmes de décodage particuliers. Le lecteur est à la fois immédiatement sollicité (il doit réagir à chaque mot qu'il lit, la nouvelle ne souffrant pas la lecture en diagonale) et, paradoxalement, il est laissé à lui-même dans l'expérience de lecture. Tout se passe comme si l'on n'avait pas le temps de nous aider davantage. Et c'est à peu près ce qui se passe : l'auteur de nouvelle, ne disposant que d'un espace littéraire restreint, tente chaque fois une lutte désespérée pour faire passer son intention, prend tous les moyens qui lui apparaissent nécessaires et suffisants pour nouer et dénouer, dire ce qu'il a à dire, bien qu'il n'ait que quelques pages pour réaliser son coup. Décontenancé, le lecteur de romans, mal préparé à une lecture aussi exigeante, risque de se perdre ou de ne pas distinguer l'objectif.

La forme est mal connue, mal comprise, souvent même des spécialistes littéraires (auteurs, critiques, éditeurs), qui devraient parfois montrer un peu plus de discernement. Le lecteur de romans se sent fréquemment mal à l'aise avec ce qui lui est présenté comme une "nouvelle"; l'*histoire* ne se définit pas comme celle d'un roman. Pour la plupart des consommateurs de fiction, pour le consommateur normal, l'expérience de lecture d'une nouvelle est un peu frustrante, laisse une impression d'inachevé. On aime plus ou moins, on peut faire quelques expériences encore, puis on revient à son fidèle roman, à ses territoires familiers.

---

2   *Idem.*

Pour expliquer tout cela, et au risque de déplaire à ceux pour qui ces notions font partie de l'*abc* de la littérature, je devrai commencer par le commencement, à savoir : à quoi fait-on référence quand on parle d'une *nouvelle* ?

Le terme lui-même semble prêter à confusion. Le commun des mortels francophone n'associe pas le mot " nouvelle " à une œuvre de fiction. Problème semblable dans le monde anglophone, où une " short story " est le plus souvent compris comme un court article destiné à des journaux ou à des revues. Dans mon vécu ontarien-québécois, les lecteurs occasionnels de nouvelles utilisent la plupart du temps le terme " petite histoire ", description exacte, sinon éclairante. Dans les milieux plus avertis (hum... littéraires), le terme " nouvelle " désigne bien une fiction courte, mais on évite prudemment d'y aller de définitions plus subtiles. Et les résultats publiés sont aussi divers que, parfois, consternants.

Pour les besoins de la cause, je définirai la nouvelle comme un ouvrage en prose, plutôt bref, qui relate une anecdote (anecdote devant être pris au sens large). J'adopterai la nomenclature américaine (après tout, King est américain), celle qui définit la nouvelle (*short story*) comme un texte de 7500 mots ou moins, la novelette (*novelet*) comme un texte de moins de 17 500 mots et la novella (*novella*) comme un ouvrage de fiction plus long que les deux autres catégories, mais comportant moins de 40 000 mots. Toujours pour les besoins de la cause, je ne tiendrai pas compte, dans cet examen des nouvelles de Stephen King, des textes qui appartiennent à la dernière catégorie, la *novella* [3]. Cela élimine les recueils **Différentes saisons** [A84] et **Minuit 2/Minuit 4** [A135], qui ne contiennent que des nouvelles très longues et des

---

[3] L'un des grands maîtres de la *novella*, Henry James, utilisait un terme français (*la nouvelle*) pour la désigner, réservant le terme *short story* à une forme de longueur inférieure. Il a déclaré à plusieurs reprises se sentir contraint par le format de la *short story*, lui préférant de beaucoup celui de *la nouvelle*. Ce qui explique en partie pourquoi, des quelque quinze textes fantastiques qu'il a publiés durant sa longue carrière d'écrivain, le meilleur demeure le plus long, **Le Tour d'écrou**.

romans un peu courts (pour Stephen King). Pour une raison similaire – et c'est avec regret car le texte est excellent –, je devrai
écarter **Brume** [A63], qu'on retrouvera dans le recueil éponyme.
Pour des raisons différentes, je ne retiendrai pas non plus un
feuilleton comme **La Ligne verte** [A163]. Aucune des parties de
ce dernier ne constitue une nouvelle en soi. Enfin, j'écarterai les
textes qui ont été réunis sous le titre **La Tour sombre** [A83].
Comme la lecture du livre le démontre, il s'agissait en réalité d'une
série d'épisodes à suivre et non, à proprement parler, de nouvelles.

La nouvelle moderne est née avec Guy de Maupassant et
Anton Tchekhov. Le premier a produit tellement de textes courts
(il semblait avoir plus de difficultés avec le roman car, malgré
une capacité de travail remarquable, il n'en a écrit en tout et
pour tout qu'une demi-douzaine), qu'il est probablement encore
l'un des nouvellistes les plus lus dans le monde. Son succès fut
tel dans toute l'Europe puis, par le biais des traductions, dans le
reste du monde civilisé, qu'il est sans doute l'ancêtre de la
plupart des nouvellistes du XXe siècle. Mieux qu'aucun autre
écrivain de son temps, il a systématiquement mis en lumière le
caractère anecdotique du matériau de la nouvelle. Ce qui explique un nombre disproportionné de nouvelles très courtes, qui
ne comptent que quelques pages, où l'analyse psychologique
disparaît à peu près totalement au profit de l'effet. C'est pour
cette raison que la "chute" (cet effet surprise à la fin d'un texte)
acquerra tant d'importance. Le lecteur doit être récompensé de
sa lecture, et comme la longueur ne permet pas de profondeur,
rien ne vaut une bonne surprise finale. Ce type de récit, compact, anecdotique, orienté vers la création d'un effet de surprise,
deviendra le modèle naturel d'un récit populaire, assez bref pour
convenir à un aller de train de banlieue, et suffisamment fort
pour satisfaire le lecteur avide de sensations. C'est grâce à la
nouvelle et aux nombreuses revues qui, dans le dernier quart du
XIXe siècle, lui assurent une large diffusion, que sont nés les
genres populaires tels qu'on les connaît de nos jours. Tchekhov,
lui, a transformé la nouvelle française de Maupassant en un subtil

instrument d'analyse psychologique. C'est de lui que se ré-
clame, de façon avouée ou non, l'ensemble des nouvellistes de
la "grande littérature".

Malgré un retour récent et, somme toute, relativement timide,
il est évident que la nouvelle, comme forme, n'occupe plus la
place qu'elle a déjà occupée dans le paysage littéraire. Il ne se
publie plus guère de nouvelles, si on compare la situation
actuelle avec celle qui prévalut jusqu'en 1914. Les journaux les
ont éliminées de leurs pages, comme ils l'ont fait des feuilletons.
La grande époque des revues consacrées à la fiction semble
aussi appartenir à un passé révolu et il n'y a plus qu'en science-
fiction que la forme est encore systématiquement pratiquée, ainsi
que dans la littérature dite d'horreur, où la nouvelle a connu une
remontée spectaculaire depuis une dizaine d'années. Dans les
autres genres populaires, c'est le néant. Ou presque. La littérature
"sérieuse" a bien ses revues, mais il s'agit la plupart du temps de
little reviews, publications de prestige, certes, mais au tirage
habituellement limité à quelques milliers d'exemplaires. Bien
peu d'écrivains sont devenus célèbres grâce à leurs nouvelles et
uniquement à cause d'elles. Edgar Poe, Guy de Maupassant et
Rudyard Kipling évidemment ; Arthur Conan Doyle aussi, mais
parce qu'il a eu le génie d'inventer Sherlock Holmes et non pas
parce que la quasi-totalité des textes mettant en scène le grand
détective sont des nouvelles ; Saki et O. Henry furent certainement grandement réputés en leur temps, mais la vogue du premier
n'est plus ce qu'elle était au début du siècle, et il ne se trouve
plus grand monde de nos jours pour lire les œuvres de O.
Henry ; Tchekhov demeure toujours mieux apprécié pour son
théâtre ; Scott Fitzgerald a vécu (plutôt confortablement) des
nouvelles qu'il publiait dans les revues riches et prestigieuses de
l'âge du jazz, mais on ne retient maintenant de lui que quelques
romans (qui ne lui rapportèrent presque rien de son vivant) ;
malgré une impressionnante production de nouvelles tout au
long de sa très longue carrière, Somerset Maugham est surtout
connu, lui aussi, pour ses romans ; il en va de même pour D. H.

Lawrence. Depuis la Deuxième Guerre mondiale, chez les nouvellistes les plus connus – et si l'on élimine le grand Isaac Bashevis
Singer à cause de la plus grande popularité de ses romans –, je
ne vois guère que John Cheever qui puisse aspirer au titre. Dans
le domaine de la littérature populaire de notre époque, parmi
ceux qui doivent leur renommée à leurs seules nouvelles, y en a-
t-il d'autres que John Collier, Roald Dahl et Ray Bradbury[4] ?

3. Les nouvelles de Stephen King

Stephen King est auteur
professionnel depuis 1967.
Jusqu'en 1974, année de sortie de son premier roman,
Carrie [A31], son œuvre se
composait uniquement de
nouvelles. Malgré le succès
de **Carrie** et des romans subséquents, il n'a jamais cessé
d'en écrire. À l'évidence, King
pratique le genre parce qu'il
l'aime. Il n'a en effet aucune
raison économique d'en produire ; les paiements qu'il reçoit
pour ses textes courts, même
venant d'une revue à grand
tirage comme *Playboy*, se

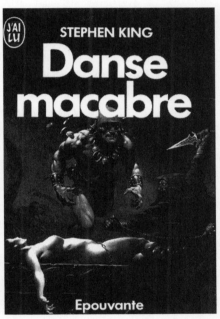

comparent difficilement, mot pour mot, à ceux que lui procure la
vente de ses romans.

C'est dans une revue de troisième ordre, *Startling Mystery
Magazine*, qu'apparaît son premier texte publié, **The Glass
Floor** [A4] – rien qui marquera la littérature fantastique mo-

---

4   À ces noms, on ajoutera probablement celui de Harlan Ellison, bien que
    sa notoriété lui vienne surtout de sa production littéraire pour la télévi-
    sion.

derne [5]. Une deuxième nouvelle, **L'Image de la faucheuse** [A11], paraîtra dans la même revue deux ans plus tard. On voit ensuite King se diriger vers un marché plus rémunérateur, celui des revues spécialisées dans l'exposition de chair féminine [6]. Ses efforts furent récompensés, car *Cavalier* accepte bientôt un premier texte, **Poste de nuit** [A16]. Celui-ci sera suivi de plusieurs autres. *Knave*, *Adam* et *Dude*, autres revues " pour hommes ", accueillent ses textes. C'est donc entre une fesse bien ronde et un sein plutôt abondant que Stephen a fait ses vrais premiers pas littéraires. King se définit donc d'abord comme nouvelliste. C'est la technique de la nouvelle qu'il a d'abord maîtrisée et c'est par la nouvelle qu'il a appris son métier d'écrivain.

Depuis cette époque, ses textes courts ont paru un peu partout, à la fois dans la petite presse spécialisée dans l'horreur, la presse littéraire régionale et dans les publications prestigieuses comme *Cosmopolitan* et *Playboy*. De fait, il n'y a guère que dans le *New Yorker*, ce haut lieu de la nouvelle "artistique", qu'il n'a pas placé de textes de fiction [7]. Malgré les fortunes qu'il peut aller chercher avec un roman, il publie régulièrement des nouvelles pour des sommes à faire sourire, alimentant recueils collectifs [8]

---

5 Si l'on en croit l'auteur lui-même (introduction à **Rêves et Cauchemars** [A148]), ce texte n'apparaîtra jamais au sommaire d'un futur recueil parce qu'il sera jugé trop faible par son créateur. Plusieurs autres productions de King partageront ce douteux honneur. Parmi celles-ci, on trouvera certainement ***The Reploids*** [A124], ma candidate au titre de la plus mauvaise nouvelle de Stephen King, nouvelle qui confirme mon opinion que King ne devrait jamais toucher à la science-fiction !

6 À l'instar de *Playboy*, leur distinguée et riche ancêtre, ces revues publiaient régulièrement des nouvelles de science-fiction et de fantastique, et pas uniquement des histoires de sexe.

7 Je dis bien fiction, car King y a fait paraître un article de fond sur le baseball, ***Head Down*** [A154].

8 Depuis une dizaine d'années, le marché du recueil collectif (*anthology*) de nouvelles de fantastique et d'horreur a connu une croissance surprenante, dépassant de loin celui des autres genres commerciaux (science-fiction, fantasy, policier, espionnage, etc.). Choisi au hasard sur une tablette de librairie, un recueil collectif de langue anglaise a de fortes chances d'appartenir au genre fantastique et d'horreur.

et revues. Preuve supplémentaire de l'amour particulier qu'il porte à la forme littéraire elle-même.

Stylistiquement, il n'y a pas de différences profondes entre une nouvelle de King et un de ses romans. On y trouve la même langue naturelle, discursive, réaliste. Sa métaphore préférée demeure la comparaison. Il utilise les mêmes outils typographiques (par exemple l'italique entre parenthèses pour marquer la lecture en direct du flot de la conscience). Les interventions d'auteur sont communes (mais bien davantage dans ses romans) et se parent en général des attributs de l'ironie.

La nouvelle type de King est un texte relativement serré et compact, sans trop de fioritures. Inévitablement, une nouvelle étant plus courte qu'un roman (et, dans le cas de King, *infiniment* plus courte qu'un roman !), les longueurs n'existent pas ou, du moins, ne devraient pas exister. Généralement, une nouvelle de King ne souffre pas d'embonpoint littéraire. (Le *généralement* est nécessité par la présence de textes comme **La Ballade de la balle élastique** [A98] et quelques autres, où l'enflure est trop évidente.) En règle générale, donc, dans une bonne nouvelle de King, chaque mot porte, chaque phrase conduit. Cela est dû au fait que King écrit souvent dans la tradition de la *surprise ending* ; ses fins ne doivent pas être prévisibles. (Voir, plus haut, Maupassant.)

King fait bien sûr usage de plusieurs procédés traditionnels de la littérature fantastique et d'horreur. Je pense en particulier à celui de l'image rémanente (tableau, situation, objet, image), qui se modifie au rythme de la hantise, que celle-ci soit de nature surnaturelle ou non. C'est un des procédés les plus anciens du genre. Nous y reviendrons.

Il choisit généralement ses personnages dans les milieux sociaux qu'il connaît le mieux, mais cette règle semble plus élastique quand il s'agit des nouvelles. Pour des raisons bien évidentes – il ne dispose que de quelques pages, ou de quelques lignes – pour créer des personnages crédibles. Reconnaissons qu'il s'en tire en général fort bien. Les personnages de ses nouvelles n'ont peut-être pas de *profondeur*, dans le sens que les littéraires donnent à ce mot, mais ils ont de la *rondeur*. On peut regretter que cet aspect particulier de son talent ne soit pas aussi en évidence dans ses romans. Mais public oblige...

Romancier régionaliste, King est peut-être plus urbain dans ses nouvelles. Une caractéristique plus importante de ces dernières par rapport aux romans est qu'elles mettent rarement en scène des personnages féminins marquants. La meilleure, en ce sens, serait peut-être **Dédicaces** [A126], et c'est une nouvelle relativement récente. (Bien qu'on puisse arguer que la vieille de la nouvelle **Mémé** [A96] vaut bien sa charge de cauchemars.) C'est dans les romans de King qu'on trouve ses meilleures créations féminines. Faut-il comprendre qu'il a besoin de plus d'espace et de temps pour créer des personnages féminins ? On serait tenté de le croire.

Enfin, l'effet de grotesque qu'affectionne tant Stephen King est utilisé avec plus de modération dans le cadre de la nouvelle. Ce qui n'empêche pas l'existence de textes comme **La Pastorale** [A32] où le grotesque n'est certes pas absent, au point d'enlever toute crédibilité à la lecture. Ici, King a probablement voulu trop en faire.

De la nouvelle, King aime sans doute la remarquable diversité, les formes innombrables qu'elle peut prendre, les éclairages particuliers qu'elle permet. Stylistiquement, il *ose* davantage dans ses textes courts que dans ses romans, qui demeurent, somme toute, relativement sages. Il est vrai qu'une expérience stylistique – elles ne sont cependant pas absentes de ses romans – devient plus familière, plus aisément décodable quand elle se poursuit sur cinq cents pages. (À moins bien sûr qu'elle ne décourage la lecture. Dans ce cas, King vient sans doute de perdre un lecteur. Quand on a ses tirages, on est sans doute désireux de les conserver, d'où prudence.) Et, de toute façon, quand on a écrit des nouvelles, on continue en général à en écrire. Il y a tant de choses qui ne peuvent se dire que sous la forme de nouvelles !

4. En guise d'illustration

Parmi les nombreuses nouvelles de Stephen King, **Le Goût de vivre** [A77] semble avoir laissé une impression profonde sur plusieurs lecteurs, et avec raison, me semble-t-il. Il s'agit en effet d'une des nouvelles les plus fortes que nous ait données Stephen King. Le tout est basé sur une donnée médicale mentionnée dans une brève introduction, presque un *blurb*[9], pratique inhabituelle chez King, mais qu'on retrouve encore assez souvent dans la littérature de science-fiction. La nouvelle illustrera la réponse à la question suggérée dans l'introduction. Échoué sur une île dépourvue de toute vie végétale ou animale (ou presque) et n'ayant en sa possession qu'un sac d'héroïne et un couteau tranchant, un chirurgien trouve le moyen de survivre pendant un long moment en mangeant progressivement de sa propre chair. Question : jusqu'où ira-t-il ?

Ce qui surprend, à la première lecture, c'est l'horrible de la situation. On reste stupéfait devant les incessantes ablations que le protagoniste pratique sur son corps. Ce qui surprend encore davantage, à la relecture, c'est que l'ensemble de ces scènes ne compte que pour le quart du texte ; le reste est consacré à ses chasses infructueuses aux mouettes, aux circonstances qui l'ont amené en possession d'une si grande quantité d'héroïne et à celles qui l'ont jeté sur cette île déserte. Comment, rétrospectivement, l'auteur a-t-il pu nous faire vivre l'expérience avec une telle intensité ?

La réponse est simple, connue de tous les écrivains : King a réussi à mettre en branle notre propre système imaginatif. C'est nous qui avons investi le reste. L'horreur véritable est dans la création du lecteur. C'est lui (ou elle) qui crée ses propres peurs.

Comment King a-t-il réussi son coup ?

———————————————

[9] Le *blurb* est le petit texte d'introduction que les revues américaines utilis(ai)ent pour susciter ou aiguiller la curiorité du lecteur. Notons que le *blurb* n'est pas de la plume de l'auteur mais en général de celle du rédacteur en chef.

D'abord en nous annonçant clairement ses intentions dès le début ; nous savons qu'il sera question de douleur et de résistance à la douleur. (Le lecteur décide immédiatement si le thème l'intéresse ou non, c'est là stricte affaire de goût.) Ce que cette citation d'introduction ne nous dit pas, et King nous le dissimulera

encore quelque temps (tout en le maintenant constamment devant nos yeux), ce sont les conditions particulières de cette souffrance.

Ce qui suit est une variation sur Robinson Crusoé, image maintenant mythique et pour ainsi dire universelle. L'intérêt est déjà suscité. Le personnage du naufragé se construit peu à peu ; on nous raconte les circonstances qui l'ont mené à sa situation actuelle. Devant nous se révèle un être profondément inquiétant, ambitieux et fonceur, douloureusement conscient de vivre dans un monde de dévoreurs et de dévorés, aussi dur avec lui-même qu'avec les autres : « Le premier connard venu sait mourir. Ce qu'il faut apprendre c'est comment survivre [10]. » C'est cet homme qui devra faire face à la situation particulière énoncée dans l'introduction.

Même lorsqu'il s'attaque, comme dans **Pompes de basket** [A125], à une variation franchement originale d'une thématique pour le moins usée – quand avez-vous lu une histoire de chiotte hantée ? – c'est pour faire jouer l'un des procédés classiques du fantastique (classique ou moderne) : l'image rémanente. Dans la nouvelle de King, elle prend certes une apparence surnaturelle,

———————————————————————

[10] **Le Goût de vivre** [A77], dans **Brume** [A106], Albin Michel, p. 455.

mais aussi, vu le thème, franchement vulgaire. (On notera, en passant, que le narrateur qui dévoile à la première ligne de la nouvelle le caractère unique des espadrilles évite soigneusement de mentionner l'endroit pendant les premiers paragraphes. Stephen King a parfois de ces délicatesses...)

Je rappelle l'histoire en quelques lignes. Peu à peu, lors de passages répétés dans les toilettes d'un édifice où il travaille, un ingénieur du son prend conscience que ce sont toujours les mêmes espadrilles qu'il voit sous la porte d'une toilette. Qui plus est, ces espadrilles se couvrent progressivement de mouches mortes (auxquelles s'ajouteront quelques autres insectes). Une série d'événements, non reliée à la vision des chaussures, rend bientôt sa vie personnelle invivable. Il décide de s'informer sur l'établissement, pour apprendre ce qu'il soupçonnait : il a vu un fantôme.

Et la question qu'on se pose (« Va-t-il ouvrir la porte ? ») et à laquelle King semble vouloir éviter de donner la réponse, se mêle inextricablement à sa variante : « La porte va-t-elle s'ouvrir ? »

L'image centrale est, bien sûr, cette paire d'espadrilles qu'on distingue sous la porte de l'habitacle, et cette mouche morte délicatement posée sur l'une des chaussures. On a affaire à un tableau plutôt qu'à une situation. La paire d'espadrilles sera toujours au rendez-vous à chacune des visites au petit coin ; c'est le temps écoulé qui annonce le caractère curieux de la vision (il s'est passé plusieurs semaines entre les visites aux toilettes de l'établissement), mais c'est le nombre de mouches s'accumulant qui dévoile son caractère surnaturel. Et si la fin de la nouvelle ne surprend pas à proprement parler, c'est en partie pour miser entièrement sur l'image saisissante et absurde d'une paire d'espadrilles couverte de mouches mortes. Il me semble, en définitive, que King a écrit là une brillante variation sur un thème vieux comme le monde.

5. Chaque chose à sa place

Où King s'inscrit-il dans le vaste paysage de la littérature américaine ? La réponse est connue de tous : Stephen King écrit de l'horreur.

Comme toutes les réponses simples, celle-ci ne résiste pas à l'analyse. Disons d'abord que, s'il s'est surtout illustré comme écrivain d'horreur (quel que soit le sens de ce mot), King pratique et a toujours pratiqué plusieurs genres, que ce soit la *fantasy* (le cycle de **La Tour sombre** [A83/A121/A141]), la science-fiction (**Sables** [A105], **L'Excursion** [A66], **Les Tommyknockers** [A122]), le policier (**Le Docteur résout l'énigme** [A118]), le *noir* (**La Dernière Affaire d'Umney** [A152]), le réalisme (**Le Dernier Barreau de l'échelle** [A52], **Misery** [A120], **Dolores Claiborne** [A147]), sans parler de son flirt constant avec le surréalisme (ex. : **La Pastorale** [A32]). On retrouve d'ailleurs cette diversité tant dans ses romans que dans ses nouvelles. Et si ses tentatives dans les genres voisins de l'horreur ne sont pas toujours des succès – la science-fiction de King sera toujours, à mes yeux, exécrable [11] –, il compte certainement quelques belles réussites à son actif. **Dolores Claiborne** [A147], si on me permet de nouveau une opinion éminemment personnelle, demeurera sans doute un sommet dans l'œuvre de l'auteur.

---

[11] Des nombreux auteurs qui ont pratiqué la science-fiction ainsi qu'un ou plusieurs autres genres, seul Fritz Leiber a su parfaitement tirer son épingle du jeu, produisant à la fois des oeuvres remarquables en fantastique (**Ballet de sorcières** et **Notre-Dame des ténèbres,** ainsi que plusieurs textes plus courts), en science-fiction (**À l'aube des ténèbres**, *Le Vagabond* et de nombreuses nouvelles) et en *fantasy* (le cycle du *Souricier Gris*).

Nous avons dit horreur ? Les étiquettes sont parfois trompeuses. **Anna Karénine** n'est pas un roman d'amour dans le même sens qu'un roman Harlequin "est" un roman d'amour, et dans le vaste tiroir du roman d'aventures, on peut ranger aussi bien **Lord Jim** que Bob Morane. Mais quelle différence !

Utilisons un autre terme.

On peut dire, en arrondissant bien des coins, que King appartient à une tradition gothique typiquement américaine qui commence avec Charles Brockden Brown, à la fin du XVIIIe siècle, passe par Edgar Poe et Nathaniel Hawthorne au milieu du siècle suivant, devient un temps californienne avec Ambrose Bierce et James Morrow, prend le versant commercial avec *Weird Tales* dans les années vingt de notre siècle (première revue à être entièrement consacrée à la littérature de fantastique et d'horreur) pour, presque au même moment, retrouver ses racines artistiques avec William Faulkner, qu'on associe généralement à ce qu'il est maintenant convenu d'appeler le *southern gothic*, étiquette commode qui recouvre bien des écrivains américains modernes.

Pendant les années vingt et trente, parfois sous des formes déguisées (en Amérique), parfois sous des formes mieux connues (la *ghost story*), le gothique continue à sévir dans les lettres. Mais la guerre change tout et les praticiens anglais de la forme deviennent moins actifs. Le versant commercial américain, que soutenait loyalement la revue *Weird Tales*, où s'illustrèrent les Lovecraft, Bloch et compagnie, commence à battre sérieusement de l'aile pendant les années quarante ; il n'y a guère que John Collier et Roald Dahl (les mieux connus et les mieux rémunérés), que Ray Bradbury et Fritz Leiber pour donner vie au genre pendant cette période. Les choses se redressent quelque peu au cours des années cinquante avec la venue d'auteurs vigoureux comme Shirley Jackson, Richard Matheson et Charles Beaumont. Avec des œuvres comme **Cadran solaire** et **Maison hantée**, Jackson prend place au premier rang des créateurs du fantastique et de l'étrange, mais elle publiait essentiellement dans les revues littéraires. Matheson, pour sa part, contribuera à construire le fantastique moderne dans les revues spécialisées. Malgré tout, nouvelle éclipse du genre pendant les années soixante, la décennie qui a vu l'arrivée de notre auteur.

Tout débutant qu'il pût être en cette fin des années soixante, King était parfaitement conscient que le marché de l'horreur, ou même du fantastique, n'existait plus. Il suffisait de jeter régulièrement un coup d'œil sur les rayons des librairies et les présentoirs des magasins de tabac pour arriver à la conclusion que ces genres ne s'écrivaient plus ou, du moins, qu'ils ne se publiaient plus. Il est significatif que les premiers essais romanesques de King ne soient pas des romans d'horreur ou de fantastique mais bien plutôt un roman *mainstream* [12] (**Rage** [A43]) et un roman de science-fiction (**Marche ou crève** [A56]), tous deux publiés plus tard sous le pseudonyme de Richard Bachman.

C'est à ce moment que, par suite du succès du roman et du film **Le Bébé de Rosemary**, la littérature américaine connaît un renouveau gothique. Le marché est soudain inondé de romans mettant en scène des enfants maléfiques et/ou doués de pouvoirs inquiétants. Cette vogue ne pouvait évidemment pas durer très longtemps. Menacé d'effondrement après quelques années, c'est avec la publication de **L'Exorciste** de William Peter Blatty, du **Visage de l'autre** de Thomas Tryon et du premier roman de King, **Carrie** [A31] que le genre retrouve des assises économiques plus sûres. Ces trois romans sont probablement responsables de la grande vague du *roman d'horreur* moderne qui, né aux États-Unis, s'est par la suite répandu dans le reste du monde. Vague qui dure toujours, d'ailleurs, malgré les lamentations perpétuelles de l'industrie qui prophétise depuis des années l'effondrement du marché.

Comme romancier, King appartient donc à ce grand courant, la plus importante poussée littéraire gothique depuis le début du

---

12 Terme américain (repris depuis dans le milieu anglo-saxon en général) pour désigner l'ensemble des fictions sur lesquelles il n'est pas possible d'apposer une étiquette de genre.

XIXᵉ siècle. Comme écrivain de nouvelles, cependant, il est issu d'un courant infiniment plus modeste, celui de la littérature d'horreur et de fantastique américaine de l'après-guerre. Ses ancêtres immédiats sont, on l'a vu, Roald Dahl, Ray Bradbury et Richard Matheson. À la même tradition appartiennent Charles Beaumont et Rod Serling (qu'on connaît surtout pour sa série télévisée *Twilight Zone*). Il s'agit ici des auteurs qui, empruntant parfois les oripeaux d'une science-fiction un peu convenue, ont perpétué une tradition du fantastique littéraire en terre américaine.

Malgré ses racines profondes d'habitant de la Nouvelle-Angleterre, littérairement parlant, King trouve sa plus grande parenté auprès d'écrivains comme Ray Bradbury, Fritz Leiber, Richard Matheson et Charles Beaumont, auteurs envers lesquels il a toujours reconnu sa dette, nouvellistes tous autant que chacun. Il a en commun avec eux le désir d'ancrer son fantastique et son horreur dans un monde contemporain, quotidien, avec lequel le lecteur ne peut manquer de s'identifier.

6. Influences et originalité

Quelle est la place de King par rapport aux autres praticiens du genre, anciens ou modernes ?

Ici se pose la question de l'originalité de Stephen King. L'originalité d'une œuvre artistique ou littéraire se définit par la comparaison. Or, dans le cas de King nouvelliste, la comparaison doit tenir compte du fait que la grande majorité des nouvelles qu'il a publiées durant sa carrière appartiennent au genre fantastique. C'est donc dans le vaste champ de la littérature fantastique qu'il convient de placer notre écrivain et de le juger.

La question de la comparaison se complique car la petite histoire du genre fantastique et de l'horreur au XXᵉ siècle n'est pas écrite, en dépit des efforts de chercheurs et d'historiens tels Sam Moskowitz et J. S. Joshi. Même pour le connaisseur, de vastes pans de cette production littéraire demeurent inconnus. C'est donc avec la plus extrême prudence qu'on abordera la question de l'originalité des nouvelles de King.

Réglons d'abord la question des influences et des emprunts. Contrairement à la majorité de ceux qui le lisent et le critiquent, King connaît bien les antécédents du genre qu'il pratique (son ouvrage **Anatomie de l'horreur** [A72] le démontre éloquemment). Les classiques reconnus du domaine anglo-saxon lui sont familiers ainsi que les œuvres de ses contemporains et, suivant une tradition sans âge, il ne s'est jamais gêné pour emprunter. On serait bien mal venu de le lui reprocher, car la pratique est commune, voire normale. Les deux genres font jouer un nombre limité de thèmes sur lesquels s'élaborent des variations en nombre illimité. Le genre fantastique et l'horreur (le *gruesome* britannique, si l'on tient tant aux distinctions) ont toujours été extrêmement liés et identifiés l'un à l'autre, tant par les lecteurs que par les praticiens des genres.

La liste de tous les emprunts, imitations, inspirations de King serait longue à dresser. Le terreau est riche, la terre est vaste, il y a beaucoup à cueillir. Quelques exemples. **Le Croque-Mitaine** [A26] est une nouvelle comme aurait pu l'écrire Robert Bloch, avec son psychiatre attentif et aidant, mais ultimement dangereux. **Celui qui garde le ver** [A50] peut difficilement être plus lovecraftienne d'inspiration. Par le thème et les motifs, il s'agit d'une sorte d'hommage au célèbre " Rêveur de Providence ". On y retrouve aussi bien Cthulhu que le livre maudit *De Vermis Mysterium* et les unions contre nature, sans parler des rats dans les murs. S'il n'a pas cherché à imiter le style Lovecraft (audace n'est pas témérité), King a néanmoins opté pour le style épistolaire dans une tentative délibérée de dévier de sa langue habituelle. Le résultat ressemble davantage à du Bloch première manière qu'à du Lovecraft proprement dit. C'est sans doute heureux. Il a de plus délibérément placé la nouvelle dans le passé de la Nouvelle-Angleterre. (Est-il significatif qu'il l'ait placée en tête de son tout premier recueil ? King voulait-il ainsi rassurer ses pairs, leur lancer un *I'm one of you !* du fond du cœur ? La chose n'est pas impossible.) Pour en rester avec Lovecraft, notons que **Crouch End** [A62] appartient elle aussi au mythe de Cthulhu [13], à cette différence essentielle qu'il s'agit ici d'un milieu moderne... et britannique. Curieusement, l'effet produit rappelle un peu un texte de Ramsey Campbell. **Petits soldats** [A24], pour sa part, ressemble à du Philip K. Dick des années cinquante. Par son thème, **Poids lourds** [A27] rappelle irrésistiblement le **Duel** de Richard Matheson et le remarquable film du même titre réalisé par Spielberg avant le succès de *Jaws*. Dans **Désintox inc.** [A51], la chute ressemble furieusement à celle de la nouvelle de Roald Dahl, **Un homme du Sud**. Enfin, **Le Docteur résout l'énigme** [A118] est un pastiche voulu d'une aventure de Sherlock Holmes, à cette différence près que cette fois, c'est le bon docteur Watson qui prend les rênes.

Du côté des romans, **Bazaar** [A142] est bien sûr une (autre) histoire de pacte(s) avec le diable. Le thème n'était pas neuf quand Goethe l'a traité et il a pris pas mal de rides depuis. Le transformer en comédie (au sens noble du terme, comme on dit de Thackeray qu'il écrivait des comédies) peut sembler intéressant en soi, mais ce n'est pas tout à fait neuf non plus ; Lesage y avait songé quelques siècles plus tôt. **Simetierre** [A93] est un clin d'œil avoué (une variation, si l'on veut) à la **Patte de singe** de W. W. Jacob, l'un des textes les mieux connus du genre fantastique en raison des nombreuses adaptations pour le cinéma, la télévision et la radio dont il a fait l'objet. **Salem** [A34] est moins inspiré du **Dracula** de Bram Stoker que du premier roman de Richard Matheson, **Je suis une légende**.

Posons franchement la question : King apporte-t-il quelque chose de nouveau dans le(s) genre(s) qu'il pratique ?

---

13 Lovecraft est le créateur d'un panthéon composé de créatures bizarres et terribles, qui auraient dominé l'univers dans le passé et qui seraient encore présentes et agissantes à notre époque. Plusieurs auteurs contemporains de Lovecraft, amis pour la plupart, ont ajouté à ce panthéon et la tradition s'est maintenue jusqu'à nos jours avec des auteurs comme Ramsey Campbell et surtout Brian Lumley.

Force nous est de répondre que non. Malgré son talent naturel de conteur, malgré la qualité évidente de plusieurs de ses nouvelles, King n'est pas à proprement parler un écrivain original, qui transforme le genre, qui le renouvelle stylistiquement, théma-

tiquement, ou sous l'angle du traitement. Cette épithète s'applique davantage à des écrivains comme Ramsey Campbell et Thomas Ligotti, contemporains de King, mais ne jouissant ni l'un ni l'autre de sa renommée pas plus que de sa fortune. (Les connaissez-vous, au fait ?) Les circonstances qui font la popularité du seigneur de Bangor sont liées à la vente de ses romans et non de ses nouvelles. King demeure malgré tout un bon artisan, en particulier dans ce maigre champ littéraire qu'est la nouvelle. Si bien que bon nombre de ses textes continueront pendant longtemps de garnir les sommaires des anthologies d'*horror and supernatural*.

Bon nombre, mais certainement pas tous.

7. Conclure ?

L'homme qui a su garder en haleine toute une planète de lecteurs pendant plus de vingt ans mérite bien une petite place dans les histoire littéraires du XXe siècle, non ? On pourrait répondre que des écrivains moyens ou médiocres en ont fait tout autant, les Edgar Rice Burroughs, Edgar Wallace, Agatha Christie, Mickey Spillane. Le cas de King serait-il différent ? Je crois que oui.

Les nouvelles de Stephen King, par les limites de format qu'elles (s')imposent, ne portent pas de traces, ou en portent peu, des longueurs qu'on reproche souvent aux romans de l'auteur. Elles sont en général denses, directes, centrées sur l'humain – avec, le plus souvent, un protagoniste masculin –, réalistes et parfois naturalistes dans le style, avec une verve (osons le mot) dickensienne qui fait oublier l'invraisemblance de certaines situations. En revanche, elles ont en commun avec ses romans une qualité d'humanité et de réalisme qui a longtemps différencié King des autres écrivains qui partageaient le même créneau littéraire. Et si King avoue quelque part qu'il ne " comprend " pas ses personnages, il les aime d'un amour tel qu'on ne peut que les aimer à notre tour. Le succès ininterrompu

qu'il connaît depuis près d'un quart de siècle n'a pas d'autre explication. Ce n'est pas tant l'horreur qui séduit le lecteur que ces personnages ordinaires et extraordinaires avec qui on partage un moment d'existence. Car Stephen King, loin de nous éloigner de la vie, nous en rapproche. Au fond du gouffre le plus profond et le plus obscur demeure toujours, parfois si petit qu'on le croirait disparu, l'espoir. Il n'y a pas que la mort. Dans un monde rendu à un grand tournant de l'histoire, aucun lecteur (humain, en tout cas) ne peut rester insensible à ce message. Pour cette raison, j'accorderai à Stephen King, nouvelliste comme romancier, le statut d'artiste.

Dans cinquante ans, se peut-il que sur les tablettes des librairies (si de telles choses existent toujours à ce moment-là), à côté

de ses romans qui auront survécu (amateurs, faites vos prédic-
tions !), se peut-il que nous apercevions ce livre, de quelques
centaines de pages à peine, intitulé tout bonnement *The Best
Stories of Stephen King* ? Et quel en serait le contenu ? Avec les
années, j'ai fait la liste de mes nouvelles préférées [14].

   Cher lecteur, chère lectrice, quelle est la vôtre ?

14   Pas nécessairement dans cet ordre : **La Corniche** [A36], **Désintox inc.**
     [A51], **Le Dernier Barreau de l'échelle** [A52], **Le Goût de vivre**
     [A77], **Mémé** [A96], **Laissez venir à moi les petits enfants** [A22],
     Pompes de basket [A125], **Le Singe** [A61], **Nona** [A47], **Dédicaces**
     [A126] et, juste pour me contredire, j'ajouterai **Brume** [A63], un court
     roman.

6. LES PUBLICATIONS SPÉCIALISÉES. SURVOL HISTORIQUE

par
Hugues Morin

Il y a plus de livres écrits *sur* King que de livres écrits *par* King. Cet état de fait est surprenant compte tenu de la productivité de l'auteur. Toutefois, les études sur King souffrent toutes du même défaut (inhérent à la publication d'études sur un écrivain contemporain – et le livre que vous tenez entre vos mains n'y échappe pas non plus) : les documents qu'elles proposent deviennent incomplets dès les publications suivantes de l'auteur.

En partie pour pallier ce problème, et en partie pour permettre l'échange entre des groupes de fans de l'auteur, plusieurs publications consacrées à King et à son œuvre ont vu le jour au fil des ans.

La première publication de ce genre a été le journal *Castle Rock : The Stephen King Newsletter* [D5a], publié de 1985 à 1989. *Castle Rock* (*CR*) a vu le jour sur une initiative de Stephanie Spruce Leonard, une des deux secrétaires de King (qui est aussi la sœur de Tabitha). Elle a dirigé le journal jusqu'en décembre 1988. Christopher Spruce en a été l'éditeur pour la dernière année.

La raison première de la naissance de *CR* était l'énorme courrier reçu des fans, courrier auquel Stephanie n'arrivait plus à répondre sans trop de délais. Ayant accumulé plus de six mois de retard et se rendant compte que plusieurs questions revenaient d'une lettre à l'autre, elle décida de "répondre à tous", du même coup, en fondant un fanzine.

Le magazine a donc vu le jour, avec l'approbation de Stephen, « À condition que je ne sois pas personnellement impliqué » [*dixit* Stephanie]. Stephanie précise dans le numéro 1 qu'il ne s'agit pas d'un fan club. « Toute idée de fan club l'épouvante [Stephen]. » King a toujours affirmé ne pas se sentir à l'aise avec cette publication qui lui était consacrée. Il a d'ailleurs été soulagé lors de l'arrêt de la parution, au dire de Christopher Spruce.

Le tirage est monté à plus de 5000 exemplaires dans la meilleure période. C'est l'une des raisons pour lesquelles Stephanie en a cessé la publication : sa gestion était devenue plus prenante que le problème de temps qui avait été à l'origine de sa création. Parmi les amateurs de King, chaque numéro de *CR* est à présent une pièce de collection.

La pièce maîtresse de l'histoire de *CR* est la publication, en cinq parties (#2 à #6), de la novella *Dolan's Cadillac* [A103] de Stephen King lui-même (inédite à ce moment-là).

Le fanzine contient plusieurs interviews, avec King, bien sûr (#11 et #12), mais aussi avec Tabitha King (#34), Clive Barker (#35), Robert McCammon (#43) et Peter Straub (#7).

Des articles de Stephen King y ont également leur place : articles sur l'Halloween (#10), l'horreur dans l'enseignement scolaire ! (#14), ses romans *IT* [A117] (#19) et *The Eyes of the Dragon* [A100] (#25), ainsi qu'un texte sur les Red Sox de Boston (#29) [article réédité dans un livre sur ce club de baseball]. On y trouve en outre un article sur la radio AM et le rock (#32) [basé sur sa propre station de radio : WZON] et sur la triskadekaphobie [phobie du chiffre 13, plus particulièrement sur les années comportant trois vendredis 13] (#33). Enfin, toute une série de listes personnelles : 10 meilleurs films (#8), 10 pires films (#9) [c'est dans cette liste qu'il inclut *Children of the Corn* [B1f] comme un des pires films de tous les temps], ses dix peurs (#10) et les meilleures choses de la vie, par tranche d'âge (#13), entre autres.

SPECIAL MAY-JUNE ISSUE!

CASTLE ROCK

The Stephen King Newsletter

May 1988   Bangor, Maine — Vol. 4, No. 5-6 $1.25

Lost in Derry

By Stanley A. Johnson Jr.

"Damn, I'm lost," I said to myself as I sat behind the wheel of my car at a stop sign in a residential neighborhood in Bangor, Maine, the home territories of my favorite writer, Stephen King.

My job had brought me to the University of Maine to photograph the senior class for the school yearbook. Whether by coincidence, or some other strange web of connections, I had begun reading Stephen King's recent bestseller, *It* only a week before.

I knew King lived in Maine but I didn't realize that visiting Bangor would be more than a little like having one of his novels come alive. But discovering those weird connections between King's stories and my life were always part of the joy and surprise I got from reading his books.

My first surprise came as I stopped at a gas station in Bangor to get directions to the motel where I had reservations. The cashier told me there was a phone next door so I trudged through the snow to the phone and called the motel. The lady asked me where I was so I looked around and started to describe my surroundings.

"Well, I'm right in front of the Bangor Auditorium and right next to a giant man with an axe . . ." I stopped and stared up in disbelief. It was the same massive, plastic Paul Bunyan that came to life in front of the Derry City Center in *It*. Nervously I got my directions and kept a wary eye on the statue. Paul just stood there, frigid and silent.

This feeling of *Deja Vu* happened several times again during the next few weeks as I noticed many similarities between the fictional town of Derry and the real city of Bangor. I picked out more than a few common street, business and family names. These similarities seemed to imply that Derry was really Bangor, although in the book the towns are located about 50 miles apart.

The reason, I soon figured out, is that King lives in Bangor. While I worked at the university, several students told me they had heard King speak at the college a few years ago. "He was pretty loose," one said. "He came out and opened a beer. He even played some guitar."

One student told me that the health center on campus was the same place in which Dr. Louis Creed worked in the novel *Pet Sematary*. I went over one lunch hour and couldn't avoid looking for bloodstains on the carpet in the main lobby. "How stupid," I remembered. "Of course, they replaced that carpet in the book."

Yet another student told me that her roommate had visited a dorm room that had exactly the same view of the campus as the room from which a disturbed student had begun a sniping rampage in a story from *Skeleton Crew*. She said it was generally thought to be the room in which King lived while a student at the University.

She also said a cornfield on the edge of campus was widely rumored to be the inspiration for the corn fields in both *Children of the Corn* and *The Stand*. I could find neither the

---

Castle Rock   Second Class Postage
P.O. Box 8183
Bangor, ME 04401

room nor the field, but I found one building labeled "Experiment Station." I wondered if this might have been the inspiration for the campus building in which Lot 40 was administered in *Firestarter*.

One day while waiting for students to show up for their appointments, I grabbed an old yearbook and started flipping through it. There, among the many images frozen from 1969, was a bearded and somewhat radical-looking Stephen King, caught in the act of gesturing in front of a microphone, perhaps at one of the anti-war demonstrations during that incredible year. This find was enough to make me scan the rest of the book, but I could find no other record of King. Unfortunately, someone had ripped out several pages of dorm group photos.

There are a lot of King stories floating around if you talk to enough people, particularly those who really don't know him. One young student said she and her sorority sisters went to King's house on Halloween last year because she had heard he was throwing a party for university students. "We went, but he wasn't there and a security guard told us that a hundred or more students had already been turned away."

It wasn't the only story of Halloween at the King house that I heard while at the school. Another student told me that in the past, King had turned his house into a haunted mansion and greeted trick-or-treaters in his own costume. I set off to find his house on my first Sunday, although I realized I might be setting off on a wild-goose chase.

Not far from campus in Old Town, one of the communities she young walkers pass through in the Richard Bachman story, *The Long Walk*. The walkers got on I-95

Continued on Page 6

Paul Bunyan smiles down on Main St., Bangor (Derry?).

Johnson Photo

More *Carrie*-ing On

By Brian Osborne

The first time you were aware of the making of *Carrie* into a musical was probably around March 1986 when *Castle Rock* reprinted an article from the New York Times (Nov. '85). At that time a score had been written by Dean Pitchford and Michael Gore and the director about to be appointed was Terry Hands of the Royal Shakespeare Company. All this proved to be true. I bet your reaction was, "It'll never happen", "It can't be done", "King mania had gone too far", and in a way you were right.

It took two years of planning, set design, casting and rehearsals to arrive at the opening night of February 13th (all triskaidekaphobes please note) and I wonder if any doubts had crept in along the way. The production had a lot going for it, even a special arrangement with the actor's union to enable both English and American actors to perform along side each other, both in Stratford-upon-Avon and on transfer to Broadway. This enabled a cast to contain the likes of Linzi Hately (Carrie), Barbara Cook (Margaret White), Gene Anthony Ray (Billy) and Darlene Love (Miss Gardner) and a collection of dancers from both sides of the Atlantic.

I turned up on February 13th with a ticket I had purchased way in advance, keen to see how it was going to be done. Telekinesis is not the easiest of phenomenons to reproduce at the best of times . . . is it? During the day I

duly paid homage to the birthplace of William Shakespeare much the same way people will get a guided tour around Stephen King's house in 400 years time. Stop muttering 'blasphemy', there is too much of that sentiment over here from the regulars and the critics anyway. You know, "How dare they put on a horror musical at the Royal SHAKESPEARE theatre by the Royal SHAKESPEARE company in the town of SHAKESPEARE'S birth," after 400 years you'd think they would be ready for a change! The problem is that the goverment over here has tightened its purse strings and subsidies to the arts have been reduced. So "bums on seats" is what matters (this production is guaranteed a profit) and "Carrie" has done that, much to the chagrin of the Shakespeare snobs.

On entering the theatre I was shocked to find it had been cancelled, with "technical reasons" being the excuse proffered. A refund and a free glass of wine was offered but no alternative dates. I was stunned. This meant that some of the keenest fans who had managed to get hold of opening night tickets were not even going to see it. *Castle Rock* to the rescue. My only chance I thought was to explain my predicament to the press secretary, mention the world famous "Castle Rock-Stephen King Newsletter" and hope for a ticket for press night. It worked. So on the day "*The*

Continued on Page 7

Première page du numéro de mai 1988 de *Castle Rock*,
le journal entièrement consacré à Stephen King.

Les numéros de **CR** sont remplis d'informations sur les projets alors en cours et on y trouve aussi une bibliographie constamment mise à jour par Stephanie Leonard. Au fil des pages, on apprend entre autres choses (#6) que le Stephen King qui a écrit le livre de poésie **Another Quarter Mile** n'est pas LE Stephen King ! On y apprend aussi que, contrairement à la rumeur du moment (#10), la maison de King n'est pas hantée (!). **CR** sert également à démentir certaines fausses informations (#6), telle celle qui avait été publiée par *Fantasy Review* qui déclarait que le roman pornographique **Love Lessons** de John Wilson avait été écrit par Stephen King !

Une collection complète de cette publication est très rare. Récemment, un libraire spécialisé dans l'œuvre de King en mettait une en vente au prix de 250 $US.

Pendant quelques années, parallèlement à la publication de **Castle Rock**, parut un autre journal : **Castle Schlock – The Stephen King Parody Newsletter** [D5b], un pastiche de **Castle Rock**, publié par Ray Rexer. On n'y trouve pas d'informations sur King ou son œuvre, mais bien des articles bidons et des trouvailles humoristiques de toutes sortes. Au fil des numéros, on peut y lire la description d'un match de baseball opposant les "bons" et les "méchants" personnages des histoires de King (#3), l'annonce du prochain livre de recettes de Stephen King (#1) : *Food Processor of The Gods* [jeu de mots sur la nouvelle **Word Processor of the Gods** [A90]] ou encore celle des céréales Stephen King (#2) : *The Scary-o's – The breakfast cereal for people who are not afraid to eat right* [que l'on pourrait traduire par : "Les Scary-o's – Les céréales pour ceux qui n'ont pas peur de bien manger" (Scary = faire peur : jeu de mot intraduisible !)]. Les exemplaires de **Castle Schlock** sont aussi devenus introuvables.

Un fan club français est né en 1987, fondé par Jacqueline Caron, après une visite à Bangor (qui l'a amenée à rencontrer Stephen King). Le club publia un fanzine, **Les Amis de Stephen King** [D5c], essentiellement constitué de quelques informations, de lettres des membres du club et d'articles divers. La pièce la plus importante du fanzine a été la publication (en plusieurs parties) d'une interview avec Stephen King (réalisée par Martin Coenen et dont les droits français ont alors été achetés par le fan club). Le club, qui réunissait environ 70 membres, s'est vu incapable de prendre contact avec le bureau de King ou d'autres sources d'informations sur l'auteur. Il s'est donc lentement essoufflé. Les derniers numéros du fanzine contiennent surtout du matériel sans rapport avec l'œuvre de King, telle une interview avec Claude Ecken.

Après la disparition de **Castle Rock** en 1989, le milieu américain se dirigea vers la publication de livres sur King. Plusieurs des ouvrages issus de cette période sont encore considérés parmi les meilleurs du genre. Pendant ce temps, en Allemagne, une nouvelle association apparaissait : *KRAG : The King Readers Association Germany*. Fondée par Peter Schmitz en 1990, l'association avait pour but de permettre aux fans qu'elle rejoignait de partager leur intérêt pour King et son œuvre. Avec la crois-

sance du nombre de membres, la publication d'un magazine est rapidement devenue souhaitable. C'est ainsi qu'est né le fanzine **Horror News** [D5d] en 1991. Sans périodicité fixe, le magazine se consacre à la publication d'informations et d'articles. Le numéro le plus récent de **Horror News** est le n° 11, publié en janvier 1997.

Du côté américain, il faut attendre 1994 pour revoir une publication axée sur King ; cette année-là, Lori Zuccaro lance **SKIN**, le **Stephen King Information Network** [D5e], un *newsletter* mensuel publié au Texas et voulant prendre en quelque sorte la relève de *Castle Rock*. D'abord publié électroniquement sur *America Online*, **SKIN** était aussi disponible en version papier. Axé sur les informations récentes et les articles, **SKIN** a été publié pendant près de deux ans avant de disparaître à son tour.

Parallèlement à la renaissance du *Kingdom* américain, un groupe d'universitaires français de Lille étudiant l'œuvre de King lançait lui aussi sa publication : le fanzine **Steve's Rag** (*The Stephen King Magazine*) [D5f]. Malgré ses titre et sous-titre anglais, ce fanzine est publié en français. "Steve's Rag" est un clin d'œil à *Dave's Rag* [D1b], le journal publié par Stephen et David King dans leur jeunesse. Le fanzine n'est distribué qu'aux membres du club ou aux autres producteurs de publications portant sur l'œuvre de King. On ne peut donc pas s'abonner mais on peut se procurer le **Steve's Rag** en échange d'une certaine contribution. Le fanzine a pu compter, le temps d'un numéro, sur une contribution de Tyson Blue, auteur de la plus ancienne rubrique d'information sur King dans le monde : *Needful Kings (International)*. Blue, auteur d'une centaine d'articles sur King,

était l'un des collaborateurs de *Castle Rock*.

Également en France, un fanzine-éclair a été publié chez un microéditeur en 1995. **Dans l'ombre de Stephen King** [D5g] a paru une seule fois. Annoncé comme bimestriel, le magazine a été abandonné au profit de projets plus professionnels, dont certaines plaquettes d'études sur King. Une rubrique d'actualité et quelques articles étaient au sommaire de ce fanzine, ainsi que trois fictions. La présentation et le montage étaient impeccables.

La couverture de cet unique essai est une photo de Stephen King.

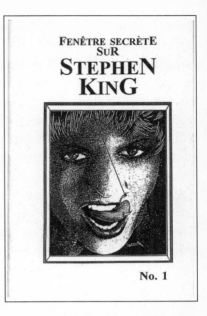

Au même moment où **Dans l'ombre de Stephen King** paraissait (puis disparaissait) en France, un magazine amateur consacré à King était créé au Québec. **Fenêtre secrète sur Stephen King** [D5h] publiait son premier numéro en janvier 1995. Revue amateure fondée par Hugues Morin et publiée quatre fois l'an, **Fenêtre** propose plusieurs rubriques à son sommaire. On y retrouve aussi la version française de *Needful Kings International*, par Tyson Blue, un des collaborateurs de *Castle Rock*. **Fenêtre secrète** a vu le jour à l'intérieur du milieu des publications de science-fiction et de fantastique québécoises. Voulant également servir de fenêtre à ce milieu, la revue offre régulièrement des nouvelles et de courts articles traitant de publications ou d'auteurs du Québec.

Après l'arrêt de la publication de *SKIN* aux États-Unis, c'est George Beahm, l'auteur du *Stephen King Companion* [Da5], qui a pris la relève. Lors d'une mise à jour de son livre, il a décidé de ne plus inclure de documents bibliographiques, mais plutôt de publier un magazine d'information sur King pour tenir constamment les amateurs au courant. C'est ainsi qu'est né le journal *Phantasmagoria* [D5i] au milieu de l'année 1995. Ce journal est publié trois fois par année et donne les dernières nouvelles concernant les écrits de King (il est surtout axé sur les éditions de collection) ainsi que des articles. *Phantasmagoria* est de facture sobre et très professionnelle. Il se définit lui-même comme un journal destiné au lecteur qui fait *plus* que s'intéresser à l'œuvre de King, mais qui désire vraiment se procurer des pièces de collection très rares. Le journal prévient les abonnés dès qu'un éditeur annonce le lancement d'une édition limitée ou signée par King. Outre Beahm, *Phantasmagoria* compte sur la collaboration de spécialistes de l'œuvre de King tels le Dr Michael R. Collings ainsi que Stephen J. Spignesi. *Phantasmagoria* propose aussi une sélection de pièces disponibles à la vente.

Le phénomène des publications spécialisées démontre à quel point l'auteur est populaire dans plusieurs pays. Ainsi, après les États-Unis, l'Allemagne, la France et le Canada, l'Italie a vu naître un magazine consacré à King. *Cleaver* [D5j], fanzine créé en 1995 par Dario Coccia et Adriano Milesi, est publié en italien. *Cleaver* s'intéresse particulièrement à la perception du phénomène Stephen King à travers le monde. Le fanzine propose aussi des rubriques d'informations et des articles. *Cleaver* est associé à une autre publication italienne consacrée à King, *Il Giornale di Stephen King* [D5k], journal publié par Sperling & Kupfer, l'éditeur principal des livres de King en Italie. *Il Giornale* propose quelques articles et informations récentes sur King et les livres à venir (ou venant de paraître).

Enfin, en 1996, *The Betts Bookstore Newsletter* [D5l] voyait le jour, sur une initiative du libraire spécialisé Stuart Tinker, de Bangor. Cette publication s'adresse aux amateurs de King désirant acquérir des pièces de collection ou des éditions plus rares des œuvres de King. Chaque numéro de *The Betts Bookstore Newsletter* contient quelques nouvelles fraîches, mais est constitué, pour l'essentiel, du catalogue des pièces disponibles chez Betts.

Au printemps 1997, les responsables de la revue allemande *Horror News*, Dirk Rensmann et Nicole Fischer, annonçaient la fin de leur implication dans la revue. On ne sait pas pour l'instant si un autre membre de KRAG prendra la relève.

Il existe certainement à travers le monde d'autres publications spécialisées, surtout des publications amateures, parfois l'œuvre d'un petit groupe de fans. La difficulté, avec ces publications, est souvent de réussir à les découvrir afin d'établir des contacts. Par contre, depuis la naissance de **SKIN** et des autres publications qui ont suivi en Amérique et en Europe, il s'est créé un noyau, une espèce de communauté d'amateurs de King qui prend de plus en plus d'importance. Toutes ces publications collaborent plus ou moins entre elles plutôt que de se concurrencer. Le groupe de fans rejoint grandit d'autant plus vite que des liens sont créés entre les publications spécialisées. Il s'ajoute régulièrement de nouveaux contacts, notamment en Russie, récemment, avec un groupe d'internautes, les **Skeemers**.

Cette communauté internationale est maintenant suffisamment importante pour pouvoir survivre et poursuivre ses activités même si l'une des publications du groupe disparaît.

7. LA TOUR SOMBRE : LA QUÊTE DE ROLAND DE GILEAD

par
Laurine Spehner

1. SYNOPSIS

Le Pistolero

« L'homme en noir fuyait à travers le désert et le pistolero le poursuivait. » C'est ainsi que le lecteur fait la connaissance de Roland de Gilead. La quête du pistolero a commencé bien des années avant, mais ce n'est qu'à travers ses quelques souvenirs qu'on l'apprendra. Roland est le dernier de sa race, son royaume, le Nouveau Canaan, n'est plus que ruines après avoir été dévasté par une guerre civile où presque tous les siens ont péri. N'ayant plus rien à perdre, il se lance à la quête de la Tour, mais seul l'homme en noir peut lui fournir les renseignements dont il a besoin ; s'ensuit donc une traque patiente qui mène le pistolero à travers un désert qui n'en finit plus et dans lequel apparaît de temps en temps un relais poussiéreux.

Son voyage l'amène à Tull, une toute petite ville dominée par une prédicatrice, Sylvia Pittson. L'influence de l'homme en noir se fait sentir car, lors de son passage, il a ressuscité un mort et, par ce geste, a convaincu les habitants de Tull qu'il était une sorte de messie. Pour ne pas se faire lyncher par la foule, Roland se voit obligé d'abattre tous les habitants de la ville. Reprenant sa route dans le désert, il rencontre Jake, un garçon venu d'un autre monde, qui a franchi une invisible frontière après s'être fait écraser par une Cadillac dans le New York des années soixante-dix. Jake emboîte le pas au pistolero et, en chemin, ce dernier doit tirer le garçon des griffes d'un oracle maléfique. C'est d'ailleurs cet oracle qui annonce à Roland l'arrivée prochaine d'autres compagnons.

La traque de l'homme en noir se poursuit dans les montagnes où Roland et Jake sont attaqués par des Lents Mutants. À la sortie d'un tunnel, Jake glisse accidentellement dans un précipice et Roland se voit obligé de littéralement le laisser tomber pour rattraper l'homme en noir. C'est dans un ossuaire que se fait l'affrontement final, qui n'est en fait qu'une longue conversation. L'homme en noir – un dénommé Walter ayant autrefois travaillé à la cour du roi Steven – explique la création de l'Univers et la nature de la Tour, qui est une sorte de nexus gardé par la Bête.

Roland se réveille dix ans plus tard à côté du squelette de Walter.

Les Trois Cartes

Sa quête se poursuit sur une plage sans fin où des *homarstruosités* l'amputent de quelques doigts, le rendant gaucher et l'infectant sérieusement. Poursuivant sa route, il tombe sur la porte du Prisonnier qui le précipite dans l'esprit d'Eddie Dean – un junkie new-yorkais des années quatre-vingt – au moment où ce dernier tente de faire passer de la cocaïne aux douanes américaines.

Pour tirer le Prisonnier du pétrin, Roland apprend à contrôler l'esprit d'Eddie afin d'affronter les douaniers et les mafiosi qui attendent leur marchandise. Le pistolero réussit de justesse à tirer son premier compagnon de route dans son monde. La suite de la quête mène les deux hommes à la porte de la Dame d'Ombre. Le pistolero est projeté à New York une deuxième fois, mais dans l'esprit d'Odetta Holmes, une Noire militante des années soixante. Sa schizophrénie la transforme régulièrement en une dangereuse psychopathe (Detta) depuis qu'une rame de métro lui a sectionné les deux jambes. Roland et Eddie devront constamment se méfier des changements de personnalité de la Dame d'Ombre. Une troisième et dernière porte mène Roland dans l'esprit de Jack Mort (le Pusher), celui-là même qui a poussé Odetta devant la rame de métro, et

Jake devant la Cadillac. Le pistolero exécute Jack Mort et, par contrecoup, guérit Odetta/Detta de sa schizophrénie : elle deviendra une troisième personne, Suzannah. Roland devra faire de ses deux compagnons des pistoleros.

Terres perdues

Suzannah tue Mir, un ours géant mythique autrefois vénéré par les Grands Anciens. L'ours se révèle être un automate baptisé Shardik et ayant été construit par la compagnie North Central Positronics. Roland comprend que l'animal est l'un des douzes Gardiens de la Tour : son antre est l'aboutissement de l'un des rayons conduisant à la Tour et se poursuivant de l'autre côté jusqu'au domaine de la Tortue. À ce moment, Roland commence à ressentir les effets d'une brisure dans le temps. Une partie de lui a vécu le moment où Jake est mort, mais une autre partie refuse de l'admettre. Dans son monde, Jake est toujours en vie et cherche désespérément une porte qui le mènera auprès du pistolero. Il finit par la trouver dans une maison hantée et

parvient ainsi à rejoindre le trio. En même temps, la dichotomie qui déchirait le pistolero disparaît. Le petit groupe poursuit son chemin, accompagné de Ote, un animal plus ou moins doué de la parole. Leur périple les mène à Lud, une cité où les Ados et les Gris sont en guerre. Il faut traverser Lud pour trouver Blaine le Mono, le seul qui puisse les mener à la Tour. Jake est kidnappé par l'un des sbires de l'Homme Tic Tac (ce personnage est probablement un clin d'œil à **Repent, Harlequin ! said the Ticktockman**, de Harlan Ellison), qui veut prendre le contrôle des ordinateurs stockés sous la ville. Roland réussit à tirer Jake des griffes de l'Homme Tic Tac sans savoir qu'un autre homme en noir, le mentor de Walter, se lance à ses trousses. Roland, Jake, Ote, Eddie et Suzannah trouvent Blaine le Mono, qui promet de les amener à Topeka s'ils parviennent à lui raconter une devinette dont il ne connaît pas la solution. Avant le grand départ, Blaine le Mono détruit la ville de Lud, prouvant qu'il est un psychopathe prêt à toutes les extrémités. Si ses passagers n'arrivent pas à trouver la devinette idéale, Blaine les tuera et se suicidera.

Le passé du pistolero

L'adolescence du pistolero a été marquée par une série d'événements douloureux. Son entraînement de pistolero s'est fait sous la férule de Cort, un instructeur sadique mais efficace. L'un des souvenirs de Roland est celui d'avoir découvert avec son compagnon Cuthbert un complot impliquant Hax, le cuisinier pour qui il avait toujours eu de la sympathie ; ce complot visait à empoisonner la ville de Farson pour le compte de l'Homme de bien. Malgré leur amitié pour Hax, Roland et Cuthbert l'ont dénoncé, signant ainsi son arrêt de mort. Le pistolero se souvient aussi d'une fête courtoise où sa mère a dansé avec Marten devant la cour et devant son père, le roi Steven. Par la suite, Roland surprendra sa mère et Marten ensemble, ce qui était prévu par le magicien qui espérait ainsi déstabiliser le futur pistolero devenu trop menaçant. Cependant, la réaction de Roland a été imprévue. Les railleries de Marten l'ont plutôt poussé à subir l'ultime épreuve de passage pour acquérir son statut de pistolero : vaincre Cort en combat singulier, ce qu'il réussira non sans peine. Neuf semaines plus tard, Cort est mort, probablement à la suite d'un empoisonnement. Dans les dix années qui ont suivi, Marten a poignardé le roi Steven, Roland a tué sa mère et son royaume est tombé dans les mains de l'Homme de bien. Roland et treize de ses compagnons se sont lancés dans la quête de la Tour sombre, mais tous sont morts. L'un d'eux, Alain, a même été abattu par Cuthbert et Roland.

2. Particularités

La publication

Le tome I de la série **La Tour sombre** [A83] est en réalité un recueil regroupant cinq nouvelles de King écrites dans les années soixante-dix et publiées dans *The Magazine of Fantasy and Science Fiction*. Ce volume, illustré par des œuvres de Michael Whelan, a d'abord été publié par Donald Grant qui n'en a tiré que 10 000 copies. Bien que la promotion de l'ouvrage ne se soit faite que dans le milieu SF-Fantasy, les 10 000 exemplaires se sont écoulés bien plus rapidement que prévu. La demande qui a suivi l'écoulement des stocks a été telle que King a permis une réédition de 10 000 exemplaires du livre. Évidemment, un aussi petit nombre de copies ne suffisait pas à la demande, et de 1982 à 1988, il était impossible de se procurer un exemplaire.

King a d'abord refusé que l'on réédite **Le Pistolero** [A83] une troisième fois pour plusieurs raisons : le récit ne reflétait pas son style habituel, il n'était pas terminé et il ne devait pas y avoir de *surédition*. Cependant, une fois la rédaction du deuxième roman en cours, il devenait possible de republier **Le Pistolero** [A83] pour répondre à la demande des fans qui, visiblement, se fichaient bien que l'histoire diffère du style auquel ils étaient habitués. En 1987, Donald Grant a publié **Les Trois Cartes** [A121], cette fois illustré par Phil Hale, mais toujours en nombre limité. Encore une fois, les stocks se sont rapidement écoulés, forçant Grant à faire un second tirage de 30 000 exemplaires.

Quelques-uns de ces romans publiés en tirage limité ont été signés par King et par les artistes. Inutile de préciser qu'une fois les premiers stocks écoulés, les prix ont grimpé à une vitesse folle, atteignant jusqu'à 1000 $ le recueil en ce qui concerne **Le Pistolero** [A83].

Un mélange de genres

Le cycle de **La Tour sombre** s'inspire en grande partie du poème de Charles Browning, *Childe Roland to the Tower Came* (1855). Le poème raconte l'histoire de la quête de Roland qui cherche une tour sombre. En chemin, il perd tous ses compagnons et doit traverser des terres dévastées. Il finit par trouver la tour où les fantômes de ses compagnons l'attendent.

Malgré le fait que le cycle de **La Tour sombre** partage de nombreux points communs avec d'autres œuvres de King, elle est l'une des rares qui se démarque par une grande proportion de *fantasy*. Le thème de la quête est omniprésent, caractéristique typique du genre, mais s'y trouvent aussi des scènes de combat

épique, des scènes de cour, des personnages fabuleux (ou monstrueux, selon les goûts). L'univers de Roland est un univers de
magie, un monde qui grandit physiquement tout en se détériorant,
un territoire où vivent les puissances du bien et du mal et où le
centre est marqué par une Tour mystérieuse, à la source de tous
les pouvoirs. Mais **La Tour sombre** verse aussi dans la science-
fiction. Roland et ses compagnons tuent un ours mécanique
nommé SHARDIK qui a été fabriqué par la compagnie Positronics (clin d'œil à Asimov) ; ils se rendent compte que les
fameux gardiens de la Tour, qui sont à la source de bien des
légendes, ne sont que des automates. Autre exemple, la ville de
Lud est régie par un système informatisé qui aurait pu être à la
fine pointe de la technologie s'il n'avait été détraqué par l'explosion d'une bombe. Incidemment, cette bombe est à l'origine
de la détérioration du monde de Roland. L'effet de la déflagration
et des radiations est semblable à la description des territoires dé-
vastés que l'on trouve dans **Le Talisman** [A101]. Et n'oublions
pas Blaine le Mono, le fameux monorail super-intelligent mais
dangereusement schizophrène dont la " compagne " Patrica (qui
était aussi un monorail) s'est suicidée.

Cependant, ce qui fait la particularité de la série **La Tour
sombre** est son incursion dans le genre western. Aucun élément
fantastique ou de science-fiction n'intervient quand le pistolero
nettoie la ville de Tull de tous ses habitants en les abattant un
par un. Le lecteur a même droit à une scène de saloon ! Il n'est
donc pas étonnant que physiquement, Roland de Gilead soit le
sosie de Clint Eastwood : grand, maigre, les yeux bleus " de
bombardier " et le plus rapide tireur de l'Ouest (et probablement de
tous les points cardinaux). Aucun personnage ne se bat à l'épée.
Roland et ses compagnons se défendent avec leurs pistolets.

3. Quelques thèmes

L'homme en noir

Ce personnage est devenu tellement récurrent d'un roman à
l'autre qu'il finit par porter à confusion. King l'utilise dans

toutes sortes de contextes et c'est à se demander s'il est censé
être le *même homme* vivant dans plusieurs mondes ou si l'auteur
n'a tout simplement pas envie de créer une autre représentation
du mal (à part l'araignée géante qui est aussi un thème cher à
King). Donc, usage d'un même thème ou d'un même personnage? Les similitudes entre les hommes en noir de King vont un
peu plus loin que leur tenue vestimentaire. Beaucoup s'appellent
Flagg et ont les initiales R.F. Dans **Les Trois Cartes** [A121], il
se fait appeler Flagg et Richard Fannin. C'est sous l'identité de
Fannin qu'il prouve qu'il est bien le même homme en noir que
dans **Le** [A54/A134] en demandant à l'Homme Tic Tac de dire
"Ma vie pour vous", comme avait coutume de dire l'une de ses
vieilles connaissances (*Trashcan Man* ou La Poubelle). D'un
roman à l'autre s'entrecroisent des références à **Bazaar** [A142],
La Part des ténèbres [A132], **Le Fléau** [A54/A134], **Le
Talisman** [A101], **Les Yeux du dragon** [A100] par le biais de
ce mystérieux personnage.

Insomnie [A157] reste cependant le seul roman à avoir un
rapport direct avec **La Tour sombre**, les autres ne donnant
aucune précision véritable sur la quête de Roland. Il ne faut pas
voir l'œuvre de King comme un puzzle gigantesque dont on doit
assembler les pièces à mesure que les romans paraissent. King
prend de plus en plus l'habitude de faire intervenir des éléments
ou des thèmes communs, mais sans qu'il y ait nécessairement de
liens à établir entre les récits. Par exemple, dans **La Tour sombre**,
il reprend le thème de la Tortue qu'il avait déjà utilisé dans **ÇA**
[A117] : il est inutile d'y voir un indice donnant des éclaircisse-
ments sur la quête du pistolero, du moins tant que King n'aura
pas de lui-même décidé de construire des ponts plus solides
entre ses histoires.

La Tour

La Tour est un objet de quête que l'on trouve dans quatre
romans de King : la série de **La Tour sombre** et **Insomnie**
[A157]. Personne n'a encore réussi à l'atteindre, mais certains

personnages en ont eu une brève vision. Que sait-on de la Tour au juste ? Au départ, elle n'est qu'une carte tirée par Walter alors qu'il prédit l'avenir de Roland. C'est la sixième d'un groupe de sept. Walter ne donne aucune explication concernant sa nature ou son rôle, mais il la place au centre de l'arcane. Dans le tarot traditionnel, cette lame (aussi appelée La Maison-Dieu) montre un immense édifice en ruine d'où tombent un homme et une femme : c'est la Tour de Babel frappée par la colère de Dieu. Cette lame symbolise essentiellement la destruction, la révolution et autres catastrophes. Les réponses de Walter aux questions de Roland sont évasives quand elles ne tombent pas franchement dans l'ésotérisme. Selon lui, toute chose est dominée par la proportion. Comme Walter l'explique : « La plus grande énigme de l'univers n'est pas la vie mais la proportion. La proportion englobe la vie, et la Tour englobe la proportion [1]. » Ainsi, si chaque molécule constitue un univers, il en existe donc un nombre incalculable. La suite est encore plus intéressante : « Mais n'en restons pas là, continuons d'imaginer... que tous ces mondes, tous ces univers se rencontrent en un point unique d'un axe, un même pilier, une tour. Un escalier, peut-être, des marches montant vers la Divinité. Aurais-tu l'audace, pistolero ? Si quelque part, surplombant le réel et son infinitude, il existait une pièce ultime [2]... » Roland réussit à décontenancer le magicien en suggérant que la pièce en question est peut-être vide.

À partir de ce moment, la quête de la Tour deviendra la seule obsession de Roland et, pour lui, les signes se multiplieront. Il perdra presque tous ses moyens en voyant que l'enseigne du bar où se rend Eddie montre une tour penchée... la Tour de Pise. Incidemment, le principal passe-temps de Balazar, le chef des mafiosi, est de construire des *tours* de cartes (et non pas des châteaux). Mais la première véritable image de la Tour est donnée

---

1   **Le Pistolero** [A83], J'ai lu, p. 237.

2   **Le Pistolero** [A83], J'ai lu, p. 239.

à la fin du deuxième volume, quand Roland fait un rêve. « Elle se dressait sur l'horizon d'une vaste plaine couleur sang dans le violent décor d'un coucher de soleil. Ses parois de brique interdisait d'en voir l'escalier qui, toujours plus haut, portait sa spirale mais on l'apercevait au travers des fenêtres qui s'étageaient le long des marches, laissant se découper les ombres de tous ceux qu'il avait connus. Toujours plus haut ces fantômes poursuivaient leur ascension et le vent lui apportait le son de leurs voix qui l'appelaient par son nom [3]. » Dans le troisième volume, la localisation de la Tour se précise. Après que l'ours Shardik a été mis hors d'état de nuire, Roland explique le rôle de l'automate. Le monde du pistolero serait un cercle ; sur sa circonférence sont situés douze Portails devant lesquels les Grands Anciens ont posté des Gardiens : Roland ne se souvient que de l'Ours, du Poisson, du Lion, de la Chauve-Souris et de la Tortue, le plus important de tous les gardiens. Si l'on joint chaque portail à celui qui lui fait face, les six lignes qui en résultent se croisent au centre du cercle et c'est en ce lieu précisément que se trouvent le Grand Portail (aussi appelé Treizième Seuil) et la Tour que Roland cherche. Il en déduit qu'en partant de l'antre de l'Ours et en se dirigeant vers le portail de la Tortue, le groupe devrait fatalement croiser la Tour. Chacune de ces lignes est un Rayon que l'on peut percevoir physiquement, même si sa présence est presque imperceptible : il se voit dans l'orientation des ombres, des feuilles, des nuages, dans le mouvement des oiseaux en plein vol, etc. La Tour a l'effet d'un aimant géant.

4. DES INDICES... AILLEURS ?

Insomnie

C'est à peu près tout ce que l'on peut tirer de la trilogie concernant la Tour. Il n'en reste pas moins que ce mystérieux édifice revient dans **Insomnie** [A157]. Même si Ralph Roberts et

---

[3] **Les Trois Cartes** [A121], J'ai lu, p. 494.

Lois Chassey ne traquent pas la Tour comme Roland, ils sont parmi les seuls à être contactés par des entités y habitant. Pour décrire brièvement le contexte, Ralph et Lois ont des halluci- nations. Ils entrent en contact avec trois petits hommes invisibles aux yeux des gens ordinaires : deux d'entre eux abrègent les souffrances des mourants pendant que le troisième agit de façon désordonnée et sadique en exécutant arbitrairement qui bon lui semble. L'un des deux premiers, surnommé Clotho, explique qu'il y a quatre constantes dans l'univers : la Vie, la Mort, l'Inten- tionnel et l'Aléatoire, chacun ayant des agents œuvrant dans plusieurs mondes et dimensions. Les mondes se superposent par étages comme dans un gratte-ciel, chacun présentant un niveau de conscience différent, et les humains n'occupent que les deux pre- miers étages, car ils ont une vie plus courte et sont inconscients de ce qui se passe ailleurs. Quand Ralph essaie de visualiser l'édifice en question, ce qu'il perçoit n'est rien d'autre que... la Tour que Roland cherche : « [...] une tour gigantesque, construite dans une pierre fuligineuse, noire de suie, au milieu d'un champ de roses rouges. Des fenêtres étroites, mélancoliques, semblables à des meurtrières, l'escaladaient en spirale [4]. »

La connexion entre les deux récits va plus loin que la simple Tour. Par exemple, les "petits docteurs chauves" (comme Ralph les appelle) ne savent pas où vont les âmes des morts puisqu'elles se retrouvent dans d'autres mondes, ce qui n'est pas sans rappeler la réplique de Jake avant qu'il ne tombe dans le précipice. Les renseignements que les petits hommes chauves donnent à propos de l'édifice annoncent déjà la couleur des aventures de Roland et de ses compagnons. L'Intentionnel et l'Aléatoire se retrouvent aux étages supérieurs. Ces hautes sphères sont régies par des créatures merveilleuses ou hideuses dont l'espérance de vie est nettement plus longue. Les deux constantes luttent pour le con- trôle de la Tour et chacune utilise des agents pour faire pencher

---

[4] **Insomnie** [A157], Albin Michel, p. 419.

le poids de la balance. Du côté de l'Aléatoire, le Roi Pourpre veut empêcher deux hommes d'atteindre la Tour ; sachant que ces deux hommes seront sauvés par un troisième joueur, Patrick Danville, il essaie de tuer ce dernier. Danville est brièvement décrit comme étant « un petit garçon avec des boucles blondes lui retombant sur le front et une cicatrice en forme de crochet sous le nez [5] ». Le gamin voit régulièrement la Tour et Roland dans ses rêves. Très doué en dessin, il représente une scène que le lecteur pourrait s'attendre à voir dans l'un des prochains romans de King : « Au pied de la tour s'étendait un champ de roses d'un rouge tellement intense qu'il donnait l'impression de hurler. Sur un côté, se tenait un homme en jean délavé, portant autour des hanches deux ceinturons d'où pendaient deux étuis à revolver. Tout en haut de la tour, un autre homme, en robe rouge, regardait l'assaillant avec une expression de peur et de haine sur le visage. Ses mains posées sur le parapet paraissaient également rouges [6]. »

L'homme en rouge est évidemment le Roi Pourpre que Ralph doit affronter dans une scène particulièrement pénible. Il réussit à vaincre l'apparition, mais pas à s'en débarrasser de façon définitive puisqu'elle attend encore la venue de Roland.

Roland tente tant bien que mal de décrire la tour à Eddie : « Un pivot central maintenant ensemble tous les plans de l'existence. Tous les temps, toutes les dimensions [7]. » Les croisements d'un monde à l'autre sont inévitables et rarement accidentels. Dans les deux récits, il est fait allusion au fameux *ka-têt*, le *ka* étant la destinée de tous et chacun, et le *têt* étant la rencontre présumément fortuite de personnes ayant un *ka* commun. Le *ka-têt* d'**Insomnie** [A157] est le couple Ralph/Lois qui doit sauver Patrick Danville ; celui de **La Tour sombre** est Roland et ses com-

---

5   **Insomnie** [A157], Albin Michel, p. 623.
6   **Insomnie** [A157], Albin Michel, p. 664.
7   **Les Trois Cartes** [A121], J'ai lu, p. 190.

pagnons devant atteindre cette Tour pour... pour quoi au juste ?
On ne le sait pas encore. L'un des docteurs explique que si
Danville meurt avant son heure (donc, avant de sauver la vie aux
deux hommes), «... la Tour des Existences s'écroulera[8] ».

Rose Madder

Ce roman ne donne aucun indice sur la quête de la Tour
sombre. Il y a bien une incursion dans le monde de Roland, mais
sans référence apparente à la série. **Rose Madder** [A162] est
l'histoire de Rosie McClendon, une femme qui tente d'échapper
à son mari psychopathe. Elle s'installe dans une nouvelle ville et
se réfugie dans une maison d'accueil pour femmes battues ; elle
finit par recommencer une nouvelle vie en se doutant toutefois
que son mari, Norman Daniels, la retrouvera un jour. Dans un
petit commerce, Rosie achète un tableau étrange qui lui plaît
pour une raison inexplicable. L'œuvre représente une femme
blonde, vue de dos et regardant vers un temple en ruine à moitié
perdu dans la végétation. Le tableau s'intitule *Rose Madder*, en
référence à la couleur de la tunique portée par la femme. Rosie
accroche le tableau chez elle et se rend compte que la scène
change à mesure que le temps passe : rien ne "bouge" vraiment,
mais la scène semble s'élargir. La tableau est en réalité une porte
vers le monde de Rose Madder, le monde de Roland. Passant la
porte, Rosie rencontre Dorcas et Rose Madder, cette dernière lui
confiant la mission d'aller récupérer son bébé dans le temple.
Rosie réussira l'épreuve, malgré les attaques d'Erynes, le taureau
aveugle qui garde les lieux. En retour, Rose Madder (qui ressemble étrangement à Rosie) offre à son alter ego de se débarrasser
de son dangereux mari qui a réussi à la retracer.

On sait que le monde de Rose Madder est le même que celui
de Roland grâce à une remarque de Dorcas, qui dit avoir assisté
aux événements tragiques de Lud. Parallèlement, on se rend

---

8   **Insomnie** [A157], Albin Michel, p. 625.

compte que la maladie dégénérescente dont sont affligées les deux femmes ressemble beaucoup à celle qui affecte le monde du pistolero, un monde qui est en train de grandir et donc en train de perdre ses forces de cohésion. Tout y est épuisé et tombe en ruine.

Ironiquement, le monde de Rosie est aussi celui de **Misery** [A120], d'**Insomnie** [A157] et probablement de tout un tas d'autres romans de King. **Rose Madder** [A162] fait de multiples clins d'œil à Paul Sheldon (l'auteur de la série à l'eau de rose **Misery** [A120]) et à Susan Day (la féministe dont la venue à Derry échauffe les esprits). Détail curieux, le monde de King est en partie le nôtre, puisqu'une allusion est faite à l'actrice Kathy Bates, qui a joué dans les adaptations cinématographiques de **Misery** [B1n] et de **Dolores Claiborne** [B1u]. Le monde fictif de King a un pied dans "notre" monde (celui du lecteur) et dans celui de la Tour, qui présente aussi des références à "notre" monde (notamment la chanson *Hey Jude*). La Tour devrait-elle lier toutes ces dimensions ?

La peinture est une porte vers le monde de Roland. Est-elle l'un des Douze Portails cernant la Tour sombre ? Le taureau Erynes serait-il l'un des Gardiens ? Possible, mais n'oublions pas qu'à la fin du roman Rosie brûle la peinture, fermant ainsi à tout jamais cet accès vers le monde du pistolero. D'un autre côté, pourquoi ces douze passages devraient-ils systématiquement mener en Amérique du XXe siècle ? Le Portail de l'Ours donnait déjà accès à Brooklyn... **Rose Madder** [A162] n'est qu'un clin d'œil au monde de Roland, sans plus. Il est possible que King fasse des allusions à **Rose Madder** [A162] dans les futurs tomes de **La Tour sombre**, mais dans l'immédiat, il n'est pas avisé de faire des rapprochements trop hâtifs. Ce n'est pas parce que Rose Madder porte une tunique dont la couleur rappelle le manteau du Roi Pourpre qu'il faut sauter à la conclusion que les deux personnages ne font qu'un. Il est préférable d'attendre afin de voir l'orientation que prendra la quête.

Les Yeux du dragon

Les références à la quête de Roland dans **Les Yeux du dragon** [A100] sont minimes. Le lien le plus évident est le personnage de Flagg, le magicien démoniaque (ou l'homme en noir) qui tente par tous les moyens de mener le royaume de Delain à sa perte. Le magicien est obligé de fuir quand sa traîtrise est découverte. Il est poursuivi par Thomas (le fils du roi Roland – qui n'a rien à voir avec le pistolero) et son ami Dennis. Avant de partir, Thomas déclare : « Il est quelque part, dans ce monde ou dans un autre. [...] J'irai vers le sud, car j'ai l'impression que c'est là qu'il se trouve [9]. » Or, dans le roman **Les Trois Cartes** [A121], le pistolero croise Flagg alors que son royaume sombre dans le chaos. « [...] le pistolero avait pensé reconnaître un démon, créature qui se faisait passer pour humaine et disait s'appeler Flagg. [...] Sur les talons de Flagg, étaient survenus deux autres personnages, des jeunes gens respirant le désespoir mais n'en dégageant pas moins une aura sinistre, et qui se nommaient Dennis et Thomas. [...]. Puis il y avait eu l'homme en noir. Et il y avait eu Marten [10]. » On se doute que l'homme en noir est Walter, le magicien que Roland avait confondu avec Marten. Le seul ennui est que *tous* ces magiciens sont des hommes en noir...

5. LA SUITE

Le quatrième volume du cycle de **La Tour sombre** est paru sous le titre de *Wizard and Glass* [A177] en août 1997. King annonce déjà les couleurs en apprenant à ses lecteurs que la fameuse énigme qui sauvera Roland et ses compagnons sera posée par Eddie Dean, qui, on le sait, se spécialise dans les devinettes sans queue ni tête. Il est presque assuré que la suite du récit se penchera sur le passé du pistolero, mais, au moment d'écrire ces lignes, on ne peut que spéculer sur l'orientation que prendra la quête, et sur les rencontres étranges que feront nos héros.

---

9   **Les Yeux du dragon** [A100], Albin Michel, p. 380.
10   **Les Trois Cartes** [A121], J'ai lu, p. 450.

8. PHILTRUM PRESS : MAISON D'ÉDITION DE STEPHEN KING

par
Hugues Morin

Philtrum Press est une maison de microédition qui appartient à Stephen King. Modeste pour le nombre de ses titres, la maison réalise surtout des éditions très haut de gamme des œuvres qu'elle propose. Voici un bref aperçu de son catalogue de publications :

• La première édition de *The Eyes of the Dragon* [A100], en décembre 1984, en édition limitée. Cette édition est unique, King ayant apporté des modifications au roman par la suite, avant sa réédition grand public par Viking. Elle comporte trois volets : d'abord 250 copies numérotées en rouge et signées par King. Il s'agit de copies réservées pour une distribution privée. Ensuite, 1000 copies numérotées en noir et offertes aux lecteurs. La troisième série comporte 26 exemplaires numérotés de A à Z et signés par King ; elle a fait l'objet d'une distribution privée. Ces 1276 exemplaires font partie d'une édition très grand format (8 1/2 x 13) présentée sous couverture rigide, avec illustrations, et offerte dans un coffret.

• La seule édition des trois volets de *The Plant* [A89/ A95/ A114] a été publiée par Philtrum Press, en décembre 1982, décembre 1983 et décembre 1985.

• ***The Ideal, Genuine Man***, de Don Robertson, est la première œuvre de fiction éditée par Philtrum Press dont l'auteur n'est pas King. Le tirage a été de 2700 copies, dont 500 signées par Robertson et King. Cette œuvre a été publiée en août 1987.

• À l'automne 1996, une rumeur a commencé à circuler selon laquelle Philtrum Press sortirait bientôt un nouveau titre : un collectif de six ou sept nouvelles. Aucun autre détail n'était disponible à ce moment, outre le fait que cette publication était originalement prévue pour décembre 1996. On ne savait pas non plus quel en serait le tirage (forcément limité), ni si des exemplaires seraient offerts en vente au grand public.

Au printemps 1997, l'information a été confirmée : Philtrum Press a bel et bien publié un recueil. Toutefois, ***Six Stories*** [A174] n'est pas un collectif mais bien un recueil de nouvelles de Stephen King, recueil comprenant quatre des plus récentes histoires courtes de l'auteur et deux inédits.

Le tirage a été limité à 1100 copies, dont 900 destinées à la vente (numérotées 1 à 900), l'ensemble du tirage étant signé par King. Les 200 autres copies ont été distribuées par King lui-même. Ces exemplaires sont numérotés en chiffres romains de I à CC.

9. La Ligne verte : King chez Dickens

par
Hugues Morin

King nouveau à tous les mois

La Ligne verte [A163] est le premier (et le seul) feuilleton signé Stephen King. Il a été publié simultanément dans plusieurs langues et plusieurs pays, de mars à août 1996.

Par feuilleton, j'entends beaucoup plus que la simple publication d'une histoire en tranches. Car le feuilleton est en lui-même un genre littéraire différent du roman, qui ne répond pas aux mêmes règles d'écriture.

Mais **La Ligne verte** ne constituait pas la première tentative de King de publier une histoire en épisodes. *The Plant* [A89/A95/A114], une œuvre demeurée inachevée, a vu ses trois premières parties publiées de manière indépendante, de décembre 1982 à décembre 1985.

Cependant, **La Ligne verte** est d'un autre ordre. Car cette fois, l'histoire de King s'adresse à un large public. Et à voir les chiffres de vente [1], on constate que le public a suivi. Avec cette publication, King est devenu le premier écrivain à avoir au même moment cinq titres parmi les dix titres les plus vendus

---

1 La seule édition française, publiée par J'ai lu, s'est vendue globalement à plus de 1 450 000 exemplaires avant la fin de l'année 1996.

aux États-Unis la même semaine – les quatre premiers épisodes et le roman **Rose Madder** [A162]. Puis, après la sortie des 5e et 6e chapitres, les six volets se sont retrouvés simultanément parmi les *Top Ten*.

Avant de commenter cette histoire, attardons-nous à ce qu'elle raconte.

King en prison

Le récit nous est conté par Paul Edgecombe. Au moment où nous faisons la connaissance du narrateur, celui-ci est retraité et vit à Georgia Pines, une maison pour personnes âgées. Il nous raconte les événements survenus alors qu'il travaillait comme gardien-chef du Bloc E de la prison de Cold Mountain, un pénitencier d'État en Louisiane. Le Bloc E, c'est le quartier des condamnés à mort. Ces événements se sont déroulés au cours de l'automne 1932.

Edgecombe s'entend bien avec ses collègues, à une exception près, Percy Wetmore, qu'il supporte car ce dernier a des relations haut placées. Trois condamnés joueront un rôle-clé dans le récit de Edgecombe. D'abord John Coffey, un géant noir condamné pour le meurtre des jumelles Detterick, deux fillettes. Ensuite Eduard Delacroix, un Cajun qui a violé, puis assassiné une jeune fille, avant de causer un incendie tuant six personnes en voulant effacer les traces de son premier méfait. Enfin, William Wharton, une espèce de cinglé récidiviste totalement imprévisible qui a tué trois personnes plus un policier de la route avant de se voir condamné à mort.

À Cold Mountain, l'exécution d'un condamné se fait par électrocution : la chaise électrique. Il n'y a pas à proprement parler de couloir de la mort, mais comme le plancher du Bloc E menant à la chaise est de couleur verte, on l'appelle simplement "la ligne verte".

En plus de Edgecombe, de ses collègues et des trois condamnés mentionnés, on trouve aussi comme acteurs du récit le chef de la prison, Hal Moores, et sa femme Melinda, ainsi que plusieurs personnages secondaires tels que la femme de Paul Edgecombe, son amie Élaine qui habite Georgia Pines avec lui au moment où il nous raconte cette histoire et Brad Dolan, un des garçons de salle de la maison de retraités.

Et, enfin, il y a Mister Jingles, une étonnante souris.

Ces éléments sont concentrés dans le Bloc E à l'automne 1932. John Coffey est un détenu d'une nature inhabituelle. Et l'affaire à l'origine de sa condamnation semble intrigante. Percy Wetmore donne de plus en plus de fil à retordre à Edgecombe, il déteste particulièrement Delacroix et fait preuve de plus en plus de sadisme. Delacroix apprivoise une souris qu'il a baptisée Mister Jingles, souris qui démontre une intelligence hors du commun et un instinct infaillible pour différencier les "hommes de bien" des autres. Wetmore tente par tous

les moyens de se débarrasser de l'animal. La femme du directeur Moores est très malade, atteinte d'une tumeur au cerveau inopérable. William Wharton, qui se prend pour la réincarnation de Billy The Kid, doit être sous constante surveillance, car il profite du moindre moment d'inattention pour faire du grabuge. Et puis il y a Paul Edgecombe, dont l'état d'esprit est perturbé par une infection urinaire extrêmement douloureuse.

C'est alors que les événements se précipitent : attaques de Wharton, erreurs de Percy Wetmore, actions surprenantes de Coffey et de la souris de Delacroix et, enfin, exécution de celui-ci, selon le jugement qui avait été rendu dans son cas. Edgecombe et ses collègues risquent leur emploi pour faire ce qu'ils croient juste, Percy paye enfin pour son sadisme, Wharton également, et toute la vérité sur le meurtre des jumelles Detterick est finalement découverte.

Dans sa maison de retraite, Edgecombe se souvient et nous raconte. Il aligne les phrases de son récit et fait des promenades à l'extérieur pour se reposer l'esprit. Ses marches le mènent près d'une remise. Brad Dolan est intrigué et harcèle Paul pour savoir ce qu'il fabrique. Mais Edgecombe résiste du mieux qu'il peut. Il fait lire son récit à son amie Élaine, qui l'accompagne jusqu'à ce qu'il lui révèle son secret et lui raconte l'expérience qu'il a vécue entre son départ de Cold Mountain et son arrivée, des décennies plus tard, à Georgia Pines. Une expérience directement liée aux événements de l'automne 1932.

King entre le bien et le mal

La Ligne verte n'est pas qu'une histoire de prison, c'est d'abord et avant tout une histoire dans laquelle s'opposent le bien et le mal. Cette éternelle lutte entre les ténèbres et la lumière peut rappeler en partie des romans tels **Insomnie** [A157], **Le Fléau** [A54/A134], ceux de la série **La Tour sombre** [A83/A121/A141] et le duo formé par les romans **Désolation** [A170] et **Les Régulateurs** [A171].

Par contre, **La Ligne verte** se distingue de ces romans par l'aspect "merveilleux" des événements. Dans les œuvres précédentes de King traitant de ce combat bien/mal, Dieu (ou toute autre entité semblable représentant le bien ultime) est un être plutôt passif. La plupart du temps, King oppose de bonnes gens, "ordinaires", à une entité du mal plus forte : les nombreuses incarnations du diable, tels Randall Flagg ou Tak. Ici, King fait l'inverse. Il oppose des gens "du mal" "ordinaires" à une force supérieure du bien, John Coffey.

Difficile de ne pas évoquer les évangiles à la lecture du récit d'Edgecombe, qui emprunte beaucoup au style narratif particulier des histoires écrites par les évangélistes. Difficile aussi de ne pas songer à Paul et à ses collègues (à part Percy) comme à une sorte de groupe d'apôtres, avec ce qu'ils entreprennent dans l'épisode **L'Équipée nocturne** [A168]. Enfin, il n'y a qu'à considérer la bonté extrême du personnage de John Coffey, ses dons littéralement miraculeux – et ses initiales (J.C.) – pour tirer nos conclusions.

À la fin de sa vie – et la seule fois dans tout le feuilleton – John Coffey tient une réelle conversation avec Edgecombe. Ses propos sont à mi-chemin entre la confidence et l'enseignement. King ne laisse plus de doutes sur la nature de John Coffey :

« [...] j'ai envie d'mourir [...] J'suis fatigué à cause de toute la souffrance que j'entends et que j'sens. J'suis fatigué de voir les gens se battre entre eux. J'suis fatigué de toutes les fois où j'ai voulu aider et que j'ai pas pu. J'suis fatigué d'être dans le noir. Dans la douleur. Y a trop de mal partout. Si j'pouvais, y en aurait plus. [...] Il les a tuées avec leur amour. Leur amour de jumelles. Vous avez compris, maintenant [...] C'est comme ca, tous les jours. Partout dans le monde [2]. »

Puis, avant d'être exécuté :

« Je regrette d'être ce que je suis [3]. »

King chez King et chez Steinbeck

Bien que racontée sous forme de feuilleton, **La Ligne verte** n'en demeure pas moins une histoire de Stephen King. Il importe donc de la regarder d'abord sous cet angle.

À l'opposé de quelques œuvres récentes (**Dolores Claiborne** [A147], **Jessie** [A145]), **La Ligne verte** est une histoire fantastique. Cependant, cette histoire se distingue de la majorité des œuvres précédentes de l'auteur. Car King laisse ici de côté son habituel style où les digressions sont nombreuses – et parfois un peu longues – pour se concentrer sur l'essentiel, sans pour autant

---

[2] **La Ligne verte #6 : Caffey sur la ligne** [A169], Librio, p. 56-58.
[3] **La Ligne verte #6 : Caffey sur la ligne** [A169], Librio, p. 70.

négliger les détails qui créent l'ambiance du récit. **La Ligne verte** n'est pas réellement un huis clos à la **Misery** [A120], mais le lieu de l'action (la prison), les conditions de détention, le fait de concentrer le récit sur les heures de travail de Paul et de ses collègues, la chaleur et l'humidité – inhabituelles – de cet automne, la maladie de Melinda Moores et celle de Paul, tous ces éléments tendent à rendre étouffante l'ambiance du récit.

La Ligne verte se distingue aussi de presque tous les romans publiés par King depuis plus de dix ans. L'histoire est exempte du moindre lien direct, du moindre clin d'œil ou personnage commun à une autre œuvre de King, procédé que l'auteur affectionne pourtant beaucoup. L'âge du narrateur place aussi **La Ligne verte** dans une classe à part. Nous sommes loin des adolescents de **Carrie** [A31] ou **Christine** [A92] ! La seule autre œuvre longue de King mettant en scène des personnes âgées est **Insomnie** [A157], roman publié quelques années seulement avant **La Ligne verte**.

De fait, pour retrouver des analogies avec le reste de l'œuvre de King, il faut plutôt se pencher sur la forme narrative.

La Ligne verte est une histoire narrée à la première personne. Cet élément, assez rare dans l'œuvre de King, ajouté au fait que **La Ligne verte** est aussi une histoire de prison, nous porte immédiatement à penser à la novella **Rita Hayworth et la rédemption de Shawshank** [A85].

À part ces relations de style, un des personnages de ce feuilleton est exceptionnel sur plusieurs points : Mister Jingles. D'abord parce qu'il s'agit d'une souris très intelligente. Ensuite parce que bien qu'elle soit omniprésente dans le récit, jamais ses actions n'influencent directement les événements, comme s'il s'agissait d'un personnage sans importance pour le déroulement de l'histoire, mais que l'auteur avait tenu particulièrement à sa présence. Bien entendu, cette souris est fort utile au suspense et sa présence ajoute à l'ambiance et à la nature fantastique de cette histoire. Mais que King raconte une histoire sur une souris (et des hommes) qui met en scène un personnage principal plutôt naïf ne peut que rappeler une célèbre œuvre de John Steinbeck.

Si on voulait établir un lien avec d'autres œuvres de King, il faudrait alors se tourner vers un des premiers romans de l'auteur, demeuré inédit et intitulé **Blaze** [D2b]. Ce roman – du propre aveu de Stephen King – était une imitation littéraire. Au même titre que **Salem** [A34], à ce détail près que plutôt que d'imiter Stoker (**Dracula**), King avait écrit à la manière de Steinbeck (**Des souris et des hommes**). Le personnage de Blaze – complice d'un kidnapping d'enfant – est un géant un peu attardé qui s'attache à l'enfant qu'il est censé surveiller. Curieuse ressemblance avec John Coffey et les jumelles Detterick, le point de départ de **La Ligne verte**, en plus de la présence de la souris, clin d'œil direct à l'œuvre de Steinbeck.

King en France et au Québec

La publication simultanée de chaque épisode du feuilleton de King a permis au lecteur francophone de découvrir cette œuvre au même rythme que le lecteur anglo-saxon. Il faut se réjouir de cette initiative puisqu'il aurait été dommage de prendre connaissance des critiques et, possiblement, de l'intrigue dans son ensemble avant de la lire, si **La Ligne verte** avait été publiée avec quelques mois ou années de retard.

En réalité, le lecteur français a découvert avant tout le monde cette histoire, puisque la sortie de la version française de chaque épisode précédait de quelques jours la sortie américaine.

L'amateur québécois – qu'il lise la version originale ou la version française – a dû attendre de une à trois semaines de plus, les délais de distribution des livres américains et français étant ce qu'ils sont !

Cependant, malgré l'avantage de pouvoir découvrir le récit en français au même rythme que les lecteurs anglo-saxons, le lecteur francophone est placé devant un problème de traduction.

Comme c'est souvent le cas, la version française fait certains choix d'adaptation. Pour ce qui est de **La Ligne verte**, plusieurs de ces choix sont discutables. Bien sûr, les limites de temps étant très contraignantes, les traducteurs ont été forcés de travailler eux aussi dans l'urgence, d'une certaine manière, ce qui les excuse en partie. Mais cette excuse ne vaut pas pour toutes les décisions.

Le premier choix d'adaptation a été celui du nom du personnage central, rebaptisé ici John Caffey (plutôt que Coffey). Dans le premier chapitre, John Coffey dit, à propos de son nom : « [...] *like the drink, only not spelled the same way*[4]. », liant ainsi la prononciation de son nom à celle du café (Coffey et *coffee*). Le traducteur a décidé d'adapter plutôt que de traduire, pour conserver cette réplique et sa signification : « [...] comme la boisson, mais ça s'écrit pas pareil[5] ». Il me semble que le lecteur aurait été assez intelligent pour comprendre, malgré tout, puisqu'il sait qu'il lit une traduction.

Une autre adaptation est encore plus discutable. Le personnage de Delacroix (que l'on a francisé en Edouard plutôt qu'*Eduard*, sans raison apparente), qui est Cajun, parle un mélange de français et d'anglais, dans la version originale. Cet aspect est totalement absent de la version française. Delacroix y parle en mauvais français, mais seulement en français. Ce choix est injustifié. Et le lecteur y perd beaucoup.

Par exemple, dans le second épisode, au moment où Delacroix montre ce que sa souris sait faire et qu'il dit (dans la version originale) : « *Maintenant, m'sieurs et mesdames ! Le cirque présente le mous' amusant et amazeant*[6] *!* » Ce passage, dans la traduction française, se lit : « Et maint'nant, m'sieurs-dames, le Cirrrque du Soleil prrrésente Mister Jingles, la sourrris trrrès savante et forrrmidable[7] !» Nous sommes loin, question atmosphère, de l'original !

Cet exemple souligne une autre faute de traduction, ou plutôt d'adaptation : les deux ajouts du traducteur dans le passage cité

---

[4] *The Green Mile #1 : The Two Dead Girls* [A164], Signet, p. 31.
[5] **La Ligne verte #1 : Deux petites filles mortes** [A164], Librio, p. 27.
[6] *The Green Mile #2 : The Mouse on the Mile* [A165], Signet, p. 76.
[7] **La Ligne verte #2 : Mister Jingles** [A165], Signet, p. 72-73.

sont tout à fait injustifiés, et celui du "Cirque du Soleil" est en outre un anachronisme épouvantable, l'action se déroulant en 1932 ! Une incohérence sur laquelle l'auteur n'a pu avoir le moindre contrôle.

King chez Dickens

Un feuilleton est bien plus qu'un roman coupé en morceaux. L'auteur d'un feuilleton désirant respecter les règles du genre doit utiliser des effets de style différents de ceux du roman traditionnel.

La différence majeure vient du fait que le lecteur n'achète pas l'ensemble de l'histoire d'un seul coup. Cet aspect entraîne deux obligations pour l'auteur qui veut conserver son lecteur. Premièrement, il faut que le suspense de la fin des épisodes soit suffisamment efficace pour que le lecteur veuille bien acheter le chapitre suivant et lire la suite. Deuxièmement, comme le lecteur aura forcément fait une pause relativement longue entre deux épisodes (comparativement à la pause moyenne entre deux chapitres d'un roman), il faut que l'auteur puisse facilement replacer le récit sur ses rails dès le début de l'épisode.

Les autres règles du genre sont semblables à celles d'un roman, à l'exception – peut-être – des personnages, dont il est préférable de restreindre le nombre, pour ne pas embrouiller le lecteur.

Le reste dépend de la longueur de chaque épisode et de la durée de publication du feuilleton. Dans le cas de **La Ligne verte**, la longueur laissait une bonne latitude, mais la durée était relativement courte. Ainsi, King pouvait se permettre un certain ralentissement de l'action pendant les épisodes (conservant les éléments forts pour les finales), au profit du développement de ses personnages.

Lors de l'écriture d'un roman, l'auteur peut toujours, en cas de besoin, retourner sur ses pas et modifier un détail, voire même un chapitre entier, qui précède le moment où il en est dans son récit. Avec le feuilleton, dont chaque épisode est publié et lu avant que l'auteur ait terminé l'œuvre, il n'y a pas d'échappatoire.

En tant que feuilleton, **La Ligne verte** est une réussite. King a su utiliser les règles du genre avec brio. Toutefois, il est évident qu'il a également su préparer convenablement le terrain. D'abord en structurant l'ensemble de son histoire – y compris la finale – avant même de publier le premier chapitre. Mais cette affirmation peut sembler gratuite. Observons donc de plus près quelques détails.

Comme il le fait souvent, King commence la publication par une préface, une "lettre au lecteur", datée du 27 octobre 1995. Les chapitres de **La Ligne verte** ont été publiés simultanément dans huit pays de mars à août 1996 à raison d'un épisode par mois. Dans sa lettre, l'auteur nous assure qu'il écrit " à l'aveuglette ", ne sachant pas avec précision comment tout cela se terminera. Par contre, il mentionne aussi qu'il avait d'abord commencé à élaborer l'histoire à la manière d'un roman traditionnel avant de décider de la publier en feuilleton. On peut croire qu'il avait déjà une bonne idée de l'ensemble, même si les derniers chapitres n'étaient pas encore écrits.

King nous revient à la toute fin avec une postface, écrite juste avant la parution du second épisode, ce qui démontre que l'auteur avait tout de même la possibilité, grosso modo, de retourner faire des corrections trois (ou quatre) épisodes avant, au moment de l'écriture des trois derniers chapitres.

Mais l'aspect le plus révélateur est que cette histoire est très habilement ficelée, qu'il s'agit de toute évidence d'une trame complexe et planifiée, et non pas élaborée au hasard de l'écriture. Il n'y a qu'à relire les toutes premières pages du premier épisode, **Deux petites filles mortes** [A164], pour s'en convaincre. Dès le début de sa narration des événements de l'automne 1932, Paul Edgecombe dit :

« Il n'y a qu'une fois où j'ai douté et remis en question la nature de mon travail. C'est d'ailleurs la raison pour laquelle j'écris ce livre. [...] 1932 a été l'année de John Coffey. [...] la femme du directeur, Melinda, à l'hôpital d'Indianola. L'automne où j'ai eu l'infection urinaire la plus douloureuse de ma vie [...]

L'automne de Delacroix, aussi, le petit Français à la souris [...]
John Coffey, condamné à mort pour le viol et le meurtre des
jumelles Detterick. [...] Il y avait quatre ou cinq gardes [...] sont
tous morts aujourd'hui [...] Percy Wetmore aussi est crevé [...]
Percy n'avait rien à faire au Bloc E [...] 8 »

À bien y penser, on a presque toute l'intrigue de **La Ligne
verte** dans ces quelques phrases ! Sans oublier que c'est également
au début de cet épisode qu'on assiste à l'arrivée de John Coffey au
Bloc E. La cellule qu'on lui assigne et la disposition des cellules
du bloc auront une importance cruciale pour le déroulement *et* le
dénouement de l'intrigue.

Comme modèle de feuilletoniste, King cite Charles Dickens.
Même s'il n'a pas été le créateur du genre, Dickens a publié
nombre de ses œuvres en feuilleton avant leur parution en roman.
De plus, la carrière même de Dickens doit énormément à ces
publications épisodiques dans les journaux.

On pourrait croire que King n'en était pas à sa première
tentation envers ce genre typique de Dickens. En effet, comme
nous l'avons mentionné dans l'introduction, *The Plant* [A89/A95/
A114] constitue une histoire publiée en épisodes. De plus,
chaque volet de *The Plant* a été publié à la période de Noël,
période pour laquelle Dickens a écrit des histoires célèbres.

Là devrait s'arrêter la comparaison entre Dickens et King, car
la durée de publication des feuilletons de Dickens – et les nombreux engagements concomitants qu'il avait – le forçait à écrire
un peu plus dans l'urgence que ne l'a été King, comme on vient de
le voir. En effet, Dickens publiait des feuilletons sur une période
de plusieurs mois, souvent plus d'un an, feuilletons d'une longueur de beaucoup supérieure à **La Ligne verte**.

Mais il est difficile de ne pas souligner un autre aspect de
Dickens présent chez King – dans **La Ligne verte** comme dans
le reste de son œuvre d'ailleurs. Charles Dickens excellait dans

8 **La Ligne verte #1 : Deux petites filles mortes** [A164], Librio, p. 16-20.

le détail, l'atmosphère créée, l'anecdote ou le trait particulier qui campe un personnage à la perfection. Et s'il y a une qualité fort présente dans l'écriture de King, c'est bien celle de savoir camper un personnage de manière remarquablement efficace. De savoir créer des personnages que l'on n'oublie pas, des personnages qui s'imposent.

Cet élément commun aux deux écrivains est aussi un aspect très important dans la réussite d'un feuilleton, puisque le lecteur doit faire une pause (longue d'un mois dans le cas de **La Ligne verte**) entre les épisodes.

Après coup, il apparaît évident que ce trait *dickensien* de King faisait de lui un excellent candidat au feuilleton.

10. LES AUTRES ADAPTATIONS D'ŒUVRES DE KING

par
Hugues Morin

Les œuvres de King ont plusieurs fois été adaptées à l'écran (cinéma ou télévision). Quelques histoires ont également été présentées sous d'autres formes...

• Quatre œuvres ont été jouées sur scène. La première, **Carrie** [A31], a été adaptée en comédie musicale. *Carrie - The Musical* [D4a] a été présenté en première américaine à Broadway le 12 mai 1988, après avoir été joué en Europe. Les représentations cessèrent trois jours plus tard, soit le 15 mai 1988, et *Carrie - The Musical* est considéré depuis comme le plus grand flop de l'histoire de Broadway. Pourtant, l'accueil du public a été plutôt bon et il y a même eu des ovations ! Malheureusement, le spectacle a été lapidé par la presse, ce qui a constitué la principale cause de son échec.

Un an plus tard, toutefois, *Rage* [D4b], pièce adaptée du roman [A43], a aussi été présentée sur scène aux États-Unis, tout d'abord à Gloucester en 1989, puis à Los Angeles en 1990. Deux ans plus tard, c'est au tour de *Misery* [D4c], également adaptée du roman [A120], d'être produite pour la scène, d'abord en Angleterre, puis à Montréal, en 1995. En 1996, la pièce de théâtre **Le Corps** [D4d], adaptée de la novella du même nom [A87], a été jouée en France. La première a eu lieu le vendredi 24 mai 1996 à 20 h 30. Une tournée a été envisagée, mais aucune représentation au Québec n'est prévue.

• Outre les adaptations scéniques d'œuvres de King, plusieurs adaptations audio ont été réalisées. Il existe deux types de produits audio tirés d'œuvres de King. Il y a d'abord les cassettes de livres lus. Dans ce domaine, presque toutes les œuvres de King ont fait l'objet d'enregistrements sonores. Il existe également de véritables adaptations, qui constituent plus qu'une simple lecture d'un roman ou d'une nouvelle.

C'est le cas de *The Mist (in 3D)* [D4e], par *ZBS production*, en 1984. L'enregistrement propose une adaptation de la novella **Brume** [A63], d'une durée de 90 minutes, qui comprend des effets sonores un peu comme s'il s'agissait d'un radio-roman. La seconde adaptation du genre est celle de *The Monkey* [D4f] – un radio-roman adapté de la nouvelle **Le Singe** [A61] –, produite cette fois pour la radio à l'occasion du spécial *The 1985 Halloween Broadcast for Unicef*, diffusé le 31 octobre 1985.

Depuis 1995, la BBC de Londres a offert à ses auditeurs deux adaptations radio d'œuvres de King. *Salem's Lot* [D4n] a été diffusée en sept épisodes en 1995, d'après un scénario de Gregory Evans. À compter du 20 février 1997, la BBC a aussi diffusé six épisodes de *Pet Sematary* [D4m], également adapté par Gregory Evans.

Parmi les nombreux enregistrements sonores de livres de King (" livres lus "), notons ceux dont la lecture est assurée par King lui-même ; *The Dark Tower : The Gunslinger* [D4g], *The Dark Tower II : The Drawing of the Three* [D4h], *The Dark Half* [D4i], *The Dark Tower III : The Waste Lands* [D4j] et *Needful Things* [D4k]. Stephen King était aussi du groupe de lecteurs assurant la version audio des nouvelles de **Rêves et Cauchemars** [A148] : *Nightmares and Dreamscapes* [D4l].

• En plus de ces différentes adaptations, on trouve également du matériel vidéo à propos de King : bien sûr, la majorité des adaptations télévisuelles et cinématographiques, mais aussi des enregistrements vidéo de prestations publiques de King.

An Evening with Stephen King [D4o] est une production montrant la performance de King lors d'une séance publique qui servit à amasser des fonds pour construire une nouvelle aile à la bibliothèque municipale de Bangor. La séance comprenait notamment la lecture du premier chapitre du roman **Désolation** [A170], qui n'était pas encore publié à ce moment.

Enfin, *The Rock Bottom Remainders* [D4p] est une cassette qui résume le projet du groupe rock auquel participe Stephen King. Interviews et extraits de spectacle font partie du contenu de cette cassette pour le moins originale.

11. SOUS LE MASQUE DE RICHARD BACHMAN

par
Daniel Conrad

" Mais qui se cache sous le masque de Richard Bachman ? "
Même les néophytes savent que ce genre de question a toujours fait les délices des milieux littéraires où la rumeur, la désinformation organisée et la recherche du *scoop* occupent à plein temps les mauvaises langues et les curieux pathologiques. Dans le cas de Richard Bachman, les passions se sont exacerbées au point de transformer la rumeur en ultimatum et, ainsi, de forcer Stephen King à avouer publiquement l'utilisation du pseudonyme incriminé.

Pourtant, au jeu du chat et de la souris, l'écrivain américain a fait preuve d'un réel talent de manipulateur imaginatif pour reculer l'échéance de cet aveu. En dehors de toute considération mercantile ou analyse de la genèse de cet autre nom de plume, il est intéressant de constater que Richard Bachman a acquis auprès du lectorat de King – et de l'auteur lui-même – une consistance et une existence pour le moins inhabituelles dans le grand jeu de l'utilisation d'identités multiples, phénomène très courant dans le milieu de la science-fiction et du fantastique américain. Richard Bachman ne peut raisonnablement pas être considéré comme un simple pseudonyme à vocation commerciale ou alimentaire (au contraire d'un Dean Ray Koontz qui ne s'est jamais caché d'avoir usé et abusé de noms d'emprunt afin d'être publié régulièrement et de pouvoir vivre de sa plume [1]) mais comme la face cachée, la *part des ténèbres* ou le double schizophrénique d'un auteur fantastique de tout premier plan.

Au fur et à mesure de la publication de ses cinq romans, entre 1977 et 1984, Richard Bachman s'est vu doter d'une histoire personnelle de plus en plus étoffée et, fait rarissime dans l'édition pour un pseudonyme, d'un visage sur la quatrième page de couverture de **La Peau sur les os** [A102] en 1984, son dernier roman paru avant d'être démasqué (c'est Richard Manuel, un proche de Kirby McCauley, l'agent et ami de King, qui prêta ses traits à Richard Bachman). D'un simple nom sur la couverture de **Rage** [A43] en 1977, Bachman est pratiquement devenu un être vivant grâce aux antécédents familiaux saupoudrés parcimonieusement au gré des publications, aux anecdotes réalistes qui firent de lui un homme issu de la classe moyenne américaine et à une photographie qui lui a donné aux yeux des lecteurs une personnalité visuelle.

Richard Bachman est né à New York où il a passé son enfance avant de devenir hippie, comme un certain nombre d'Américains nés après la Seconde Guerre mondiale, mais cela ne l'a pas empêché de faire la guerre du Vietnam et de devenir un vétéran reconnu par ses pairs. Ensuite, il a travaillé dix ans dans la marine marchande après quatre années passées dans les garde-côtes, puis il s'est installé avec sa famille dans le New Hampshire où il s'occupait d'une ferme de taille moyenne spécialisée dans les produits laitiers pendant la journée et où il écrivait ses romans la nuit. Bachman s'est marié avec une jeune femme répondant au doux prénom de Claudia Inez et de leur

---

1 Encore que, seul point commun entre ces deux auteurs, George Beahm affirme dans son ouvrage **Tout sur Stephen King** [Da5] que King désirait que Bachman fasse la même carrière que le pseudonyme le plus connu de Dean R. Koontz, Leigh Nichols, qui réussit à avoir autant de succès que Koontz lui-même.

union est né un petit garçon, victime à l'âge de six ans d'un malheureux accident au cours duquel il s'est noyé. En 1981, les médecins lui diagnostiquent une tumeur au cerveau qui est opérée avec succès grâce à l'audace du chirurgien. Son visage, ornant le dos de la jaquette de **La Peau sur les os** [A102], est ravagé par les cicatrices. C'est en février 1985 qu'il meurt brusquement d'un " cancer du pseudonyme " lorsque le *Daily News* de Bangor publie les révélations de Stephen King confirmant qu'il est bien Richard Bachman, l'auteur de cinq romans publiés par New American Library ; **Rage** [A43] en 1977, **Marche ou crève** [A56] en 1979, **Chantier** [A73] en 1981, **Running Man** [A82] en 1982, **La Peau sur les os** [A102] en 1984, et d'un sixième inachevé, **Misery** [A120]), qui ne paraîtra qu'en 1987 sous la signature de Stephen King[2].

Voilà résumée en quelques lignes la vie de cet auteur fantôme qui, loin de l'ombre pesante de son auguste géniteur, connut un succès d'estime, voire un certain succès, avec **La Peau sur les os** [A102] (28 000 exemplaires vendus en *hardcover*). Stephen King s'est amusé, après la disparition de son alter ego, à répertorier et à enrichir, pour la presse avide de détails inutiles, la vie fictive de son pseudonyme avec de nombreuses informations biographiques et autres anecdotes amusantes, notamment dans sa fameuse préface de *The Bachman Books* [A111] intitulée *Why I Was Bachman* [A112] (" Pourquoi j'étais Bachman ")[3].

Mais qu'en est-il de la genèse de ce personnage forgé avec un machiavélisme bon teint, une détermination farouche et un sens aigu de la manipulation bon enfant ?

---

[2] Sources principales utilisées pour la biographie de Richard Bachman : **Tout sur Stephen King** par George Beahm [Ca5] ; Phénix n° 29 **Stephen King sous toutes les coutures** (Voir [Ca3]) ; **Dossier Phénix** n° 2 [Ca3] ; *The Bachman Books* [A111] ; *The Stephen King Story* de George Beahm [Ca7] et préface de Charles Verrill dans **Les Régulateurs** [A171].

[3] *The Bachman Books* [A111] vient d'être réédité avec une nouvelle préface intitulée *The Importance of Being Bachman* [A113] (" L'importance de l'existence de Bachman ").

Le fait est que Stephen King n'en était pas à son coup d'essai en matière d'identités d'emprunt. Mais l'utilisation du nom de John Swithen [D7d] pour une nouvelle policière intitulée *The Fifth Quarter* [A23] ou la première tentative avortée d'édition par New Americain Library en 1977 de **Rage** [A43], alors intitulé *Getting It On* [D3d], sous le pseudonyme de Guy Pillsbury [D7b] relèvent plus de la décision de différencier les genres explorés par un jeune auteur novice, dans le premier cas, et d'une volonté maladroite de faire paraître des romans jugés

atypiques dans l'œuvre d'un Stephen King en pleine ascension dans le monde impitoyable des auteurs de best-sellers dans le second cas. Pourtant, à bien des égards, Guy Pillsbury est l'ancêtre incontestable de Richard Bachman. King, désirant voir publier des romans inédits et décalés par rapport au reste de sa production, commençait à entrevoir la possibilité de prendre un pseudonyme. Mais les plans d'une future carrière pour ce second nom de plume n'étaient certainement pas encore arrêtés comme ils le furent pendant la courte existence de Bachman. Preuve en est le choix du nom de son grand-père paternel, Guy Pillsbury, qui s'avéra très vite limpide pour les milieux littéraires, d'autant plus que le manque de précautions élémentaires pour protéger ce nouvel anonymat provoqua de nombreuses fuites qui tuèrent dans l'œuf ce premier essai.

Alors King décide, après mûre réflexion, de tenter à nouveau l'aventure en se garantissant de toute indiscrétion et crée Richard Bachman parce qu'au moment de choisir un pseudonyme il a sous les yeux un roman de Richard Stark (pseudonyme de Donald Westlake !) et qu'il écoute un disque de *Bachman-Turner Overdrive*. Plus de clins d'œil à la famille, de références attachées à sa vie privée ; Richard Bachman est un nom sans rapport direct ou indirect avec Stephen King. Seuls Kirby McCauley et un nombre très restreint de personnes travaillant pour N.A.L. sont informés de la véritable identité de l'auteur de **Rage** [A43], qui paraît en cette fin d'année 1977. Mais King ne se sent pas encore obligé de donner une véritable épaisseur à la personnalité de Bachman. Certes, il exige la plus grande discrétion des personnes dans le secret mais, en novice de l'art du camouflage, il commet la faute qui le perdra. Si l'écrivain, en butte aux bruits de couloirs de plus en plus insistants, a fait déposer les quatre derniers romans de Bachman à la Librairie du Congrès de Washington (afin de conserver les copyrights) par Kirby McCauley, il se charge en personne du dépôt de **Rage** 4 [A43]. Naïveté ? Non, Stephen King n'a pas encore établi de plans définitifs pour l'œuvre future de son pseudonyme et ne peut imaginer qu'un étudiant fouineur du nom de Steve Brown découvrira la supercherie sept ans plus tard à cause de cette unique, mais grossière, erreur.

Il semble inutile de disserter sur les motivations profondes qui poussèrent Stephen King à imaginer ce subterfuge. D'autres l'ont fait et le feront encore longtemps, ne reculant devant

---

4   Source : **Dossier Phénix** n° 29 [Ca3]. Référence tirée de l'article de Jean-Daniel Brèque : " L'étrange cas du Dr King et de Mister Bachman " [Db27]. D'autres sources, non vérifiées, affirment que King a déposé lui-même son dernier roman **La Peau sur les os** [A102] et non pas **Rage** [A43]. Je suis beaucoup plus enclin à croire l'affirmation de Jean-Daniel Brèque, spécialiste reconnu et un des traducteurs français de Stephen King. En plus des connaissances de Brèque, l'hypothèse **Rage** [A43] est non seulement réaliste, mais aussi beaucoup plus logique. Comment King, non plus débutant mais vieux renard de l'édition en 1984, aurait-il pu commettre une faute si grossière dans une période agitée où les rumeurs commençaient à lézarder la façade Bachman ?

aucune supposition, si grotesque soit-elle, pour résoudre ce mystère. Quelques hypothèses farfelues, pourtant, reviennent souvent,
telles que la volonté de King de publier des ouvrages moins aboutis
que ses précédents romans, de gagner encore plus d'argent en écrivant sous deux noms différents, ou encore de permettre à son *nègre*
(certains ont vu des différences de style dans l'œuvre de King au
point qu'ils soupçonnèrent Bachman d'être un des travailleurs
de l'ombre de l'auteur) de publier ses propres romans en guise
de remerciement pour ses bons et loyaux services. Stephen King,
quant à lui, explique qu'un ensemble de circonstances l'ont
amené à faire ce choix. Ses premiers livres se vendant fort bien,
son éditeur Doubleday voyait d'un mauvais œil le fait de publier
plus d'un roman par an de peur de saturer le marché et de
désamorcer le succès grandissant du faiseur de best-sellers. Mais
King possède dans ses tiroirs des manuscrits de romans de
jeunesse inédits, voire refusés par certains éditeurs et retravaillés
au fil des ans, qu'il souhaite voir édités. Ces romans n'appartiennent pas à son domaine de prédilection ou tout au moins à
l'étiquette que lui collent les lecteurs, à savoir la littérature fantastique. L'écrivain subit les premiers effets pervers de la gloire :
le succès public, qui se porte plus volontiers sur le nom de l'auteur
que sur l'œuvre (les critiques parlent du "nouveau King à quatre
millions de dollars" et les lecteurs fidèles achètent "un livre de
King" sans forcément se préoccuper du titre et du contenu), mais
aussi la transformation de son nom en marque de commerce. Un
comble pour un écrivain qui a toujours rêvé d'une véritable reconnaissance littéraire ! Stephen King parle dans certains entretiens
d'un pari personnel visant à gravir de nouveau les stations du
chemin de croix de l'écrivain vers le succès sans rien devoir à
ces quelques lettres géantes argentées ou dorées qui ornent la
couverture de ses romans : STEPHEN KING. Bien plus complexes
sont les raisons qui menèrent à la naissance et au développement
littéraire et biographique de cette seconde identité, mais seul
King les connaît.

Getting It On [D3d], rebaptisé par la suite **Rage** [A43], est né au printemps 1966 de la plume d'un élève de collège d'enseignement secondaire passionné d'écriture et fut terminé en 1971. **Rage** [A43] constitue le premier essai romanesque du jeune King et, détail souvent ignoré, faillit être le premier ouvrage publié par l'écrivain sous son nom. En effet, William G. Thompson fut chargé de lire le manuscrit envoyé par King à Doubleday en 1971, en remplacement du directeur littéraire en congé de maladie. Thompson, séduit, tenta de convaincre l'éditeur de publier *Getting It On* [D3d] après réécriture, mais n'y parvint malheureusement pas.

À dix-huit ans, Stephen King est très critique vis-à-vis du système éducatif américain et n'hésite pas à faire exploser dans des proportions dramatiques la rage contenue depuis bien trop longtemps de son personnage Charlie Decker, un collégien qui lui ressemble beaucoup. **Rage** [A43] est le récit transcrit à la première personne d'un jeune homme acculé au désespoir par ses problèmes familiaux et scolaires qui, dans un instant de folie dévastatrice et libératrice, tue son professeur de mathématiques et prend toute sa classe en otage. Durant une journée entière, il va essayer de transcender l'acte monstrueux qui l'a conduit à cette situation inextricable afin de faire comprendre aux autres élèves que, derrière la façade très respectable de l'institution scolaire, œuvrent des forces puissantes qui n'aspirent qu'à ôter le libre arbitre, les premiers feux de la révolte contre le système et la lueur de liberté individuelle présente en chaque adolescent au seuil de l'âge adulte, ceci afin de fabriquer à la chaîne des citoyens modèles unis par des valeurs officielles et préétablies qui resteront dans le droit chemin.

Derrière ce bref résumé d'une fiction qui peut paraître bien banale ou prétentieuse, se cache un roman noir extrêmement bien construit où les qualités de narrateur, la finesse de la description psychologique des personnages réalistes et le don indéniable de Stephen King pour la progression du suspense et des coups de théâtre augurent des prédispositions de l'auteur que l'on retrouvera dans ses productions futures. Mais **Rage** [A43] est surtout un pamphlet vitrioleur d'une profondeur surprenante pour un jeune écrivain sur les valeurs inculquées par le système éducatif américain et sur la volonté de façonner la conscience des élèves en fonction de schémas de pensée et de modèles comportementaux politiquement et socialement corrects. Un véritable procès contre les bien-pensants gouvernementaux et les défenseurs d'une vertu officielle que mènera Charlie Decker devant ses camarades de classe transformés, à leur corps défendant, en membres d'un jury chargé de juger une certaine vision de la société américaine. Des jurés qui basculent petit à petit du côté de l'accusation avant de regagner les rangs de la doctrine officielle lorsque Charlie est finalement neutralisé. Une victoire de courte durée mais une victoire tout de même. **Rage** [A43] reste un constat effrayant du mal-être d'une certaine jeunesse et King/Bachman n'a pas hésité à jouer le jusqu'au-boutiste de manière logique et implacable.

Marche ou crève [A56] a été rédigé pendant l'automne 1966 et le printemps 1967 lorsque Stephen King était étudiant de première année à l'université. Proposé en 1967 au concours du premier roman *Bennett Cerf/Random House*, il fut rapidement rejeté. Pourtant, **Marche ou crève** [A56] est la plus grande réussite de King/Bachman, un livre-culte qui réunit toutes les qualités d'un très grand roman : concision, suspense, personnages très fouillés, atmosphère sombre et, surtout, un sens de la narration infaillible.

Dans un futur proche, l'Amérique est devenue une dictature militaire fasciste où la grande distraction populaire est un marathon aux règles cruelles. Cent adolescents au départ. Ils ne peuvent s'arrêter sous aucun prétexte, mais doivent maintenir une certaine allure et aller jusqu'au bout de leurs forces pour être le seul et unique vainqueur. Car lorsqu'une des règles est enfreinte, le fautif écope d'un avertissement puis, après trois avertissements, il est abattu d'une balle dans la tête par les militaires-arbitres. Nous suivons le périple de Ray Garraty au gré de ses rencontres, de ses pensées, de ses souffrances et de son passage à l'âge adulte en quelques heures sous la pression d'événements de plus en plus horribles, jusqu'au final inéluctable et éprouvant.

Jeu de cirque impitoyable, cette longue marche est une critique virulente de l'Amérique libérale qui prône la compétition à tout-va et l'individualisme forcené. L'une des constantes dans l'œuvre de King/Bachman (à l'exception de **La Peau sur les os** [A102]) est la vision politique d'une Amérique ultra-libérale. King ne se cache pas d'être un Démocrate et avoue une certaine répulsion face aux Républicains conservateurs et puritains. Les quatre premiers romans de King/Bachman

forment une critique sans concession du conservatisme pur et dur, d'une certaine attirance de la masse puritaine vers l'extrême-droite fascisante américaine, et surtout une démonstration terrifiante des ravages d'une politique d'élimination des canards boiteux chère à Reagan et à Bush. Cette dimension politique, présente dans les romans de Bachman, est accompagnée d'une dimension sociale que l'on retrouve dans la quasi-totalité des romans de King. L'humanisme de l'auteur ne peut s'accommoder des dérives dangereuses de la politique des années soixante-dix et quatre-vingt qui aboutirent à un véritable drame social : des millions d'Américains jetés sur les routes et exclus du système. **Marche ou crève** [A56] demeure un chef-d'œuvre palpitant et qui donne matière à réflexion bien après que le lecteur a tourné la dernière page. Frisson ultime, la citation de John F. Kennedy en ouverture du roman, détournée de façon magistrale par Richard Bachman au meilleur de sa forme !

Chantier [A73] ressemble sur certains points à **Rage** [A43]. Il n'appartient ni à la science-fiction ni au fantastique, mais à la littérature générale. Critique sévère de la politique américaine des années soixante-dix après la " crise pétrolière ", **Chantier** [A73] apparaît surtout comme une œuvre sociale où la marginalisation et le désespoir entraînent Barton Dawes, le personnage principal, dans une spirale descendante qui débouchera sur une apocalypse de feu et de mort.

Barton Georges Dawes est un citoyen ordinaire qui doit faire face à une série de drames personnels qui s'apparente à une véritable conspiration du destin et des autorités : le décès de son fils Charlie terrassé par un cancer, la perte de son emploi dans une blanchisserie qui doit être détruite pour laisser place à un tronçon d'autoroute, l'expropriation de sa maison où survivent les souvenirs de son fils et, enfin, le départ de sa femme Mary. Dawes va progressivement sombrer dans le désespoir le plus noir et décide, envers et contre tout, de se battre contre le cancer urbanistique, politique et social qui a ruiné sa vie, une sorte de revanche sur le cancer qui a emporté son fils.

Autant dire que la fin dramatique est prévisible mais incontournable. Ce pessimisme est un trait commun des romans signés sous le pseudonyme de Bachman. La vision du monde est terriblement sombre, l'espoir n'est plus de mise dans un système gangrené et les personnages de King/Bachman n'ont plus rien à perdre. **Chantier** [A73] est certainement le roman le plus abouti en ce qui concerne la description psychologique et la déchéance sociale du personnage, un roman très littéraire qui privilégie l'étude d'un problème de société et les tourments d'une de ses victimes au détriment peut-être de l'action, absente des trois quarts du livre, ce qui suggère une fausse impression d'immobilisme malsain.

Running Man [A82] est le pendant de **Marche ou crève** [A56], une autre parcelle de l'histoire d'une Amérique proche sous la coupe, non plus des militaires, mais des médias. La force du pouvoir médiatique comme arme de domination mentale et de contrôle des masses populaires n'en est que plus perfide et insidieuse, mais ô combien efficace !

Chômeur, Benjamin Stuart Richards a un gros besoin d'argent afin de sauver sa fille Catherine, âgée de dix-huit mois et gravement malade. L'Amérique est surpeuplée, polluée, sans avenir et les citoyens les plus pauvres n'ont plus de couverture sociale. Une seule solution : participer à "La Grande Traque", un jeu télévisé à très forte audience de la chaîne de télévision omnipotente Libertel. Poursuivi par les Traqueurs du Réseau bien décidés à le tuer et dénoncé par les citoyens avides de toucher une somptueuse récompense, Ben Richards doit tenir un mois pour gagner. Le record de survie étant de huit jours, le lecteur sait à l'avance que les dés sont pipés. L'émission retransmise en direct est le succès le plus populaire de tous les temps, une nouvelle forme d'opium du peuple destinée à faire oublier la sordide réalité quotidienne. Ben Richards va tenter de résister mais comprendra vite que le piège est imparable et choisira une fin dantesque en s'attaquant au cœur même du vice en une dérisoire tentative de rédemption du peuple américain.

Running Man [A82] est avant tout un roman d'action et si les messages politiques et sociaux sont toujours de mise, ainsi que la dénonciation du pouvoir médiatique (et des émissions de télé-délation qui fleurissent dans tous les pays suivant le modèle des programmes de *Trash-TV* des États-Unis), **Running Man** [A82] n'est pas aussi travaillé que les précédents livres de l'auteur. King affirme l'avoir écrit un week-end en moins de 72 heures, et malheureusement le lecteur est tenté de le croire. Non pas que l'histoire soit mauvaise ou ennuyeuse, mais simplement parce qu'elle n'est pas aussi profonde et réaliste que les précédentes – Ben Richards se prend pour une nouvelle sorte de moralisateur fleur bleue, les personnages sont stéréotypés à outrance, les situations sont convenues...

La Peau sur les os [A102] est la goutte qui a fait déborder le vase et a provoqué la mort prématurée de Richard Bachman. Ce roman paraît totalement décalé par rapport au reste de la production de King/Bachman parce que **La Peau sur les os** [A102] est un roman fantastique, qu'il utilise les schémas narratifs de Bachman (le système du compte à rebours présent dans la plupart des œuvres de ce dernier) et de King (propension obsessionnelle à citer les marques, récit déstructuré action/pensée) et qu'il ne contient pas la substantifique moelle des précédents ouvrages : le message critique de fond et la concision de la forme. De plus, **La Peau sur les os** [A102] n'est pas une œuvre de jeunesse mais c'est le seul roman de King/Bachman à avoir été écrit après ses premières publications sous son véritable nom.

William Halleck est un avocat heureux en affaires et en amour, obèse comme une bonne partie des Américains et il mène une vie de notable fade mais harmonieuse dans sa petite ville de Fairview. À la suite d'un jeu érotique conjugal, il tue accidentellement une gitane en la renversant. Le procès est expédié et Halleck lavé de toute accusation. Taduz Lemke, un vieux gitan, père de la victime, lui pose une main sur la joue et prononce un seul mot : «*Maigris*». Le sort est jeté et Halleck perd de plus en plus de poids jusqu'à entrevoir la possibilité de sa propre mort. Une course insensée pour annuler le sort le conduit, après bien des péripéties, à devoir sacrifier quelqu'un de sa famille pour assurer sa survie.

La Peau sur les os [A102] est un bon roman d'horreur, mais la noirceur des précédents romans ne se retrouve plus guère que dans l'humour noir et un final particulièrement cruel. Richard Bachman n'hésite même pas à citer Stephen King dans la longue énumération des valeurs commerciales américaines et à dédier ce roman à certains de ses proches : Jim Bishop et Burt Hatlen. Trop King pour Bachman, ce livre n'a fait que confirmer les soupçons des milieux littéraires et encou-

rager Steve Brown à faire ses recherches à la Bibliothèque du Congrès afin de démasquer Stephen King. Pourtant certains critiques se laissent prendre au piège et l'un deux n'hésite pas à clamer que **La Peau sur les os** [A102] de Richard Bachman aurait pu être un bon roman de Stephen King, si ce dernier avait su écrire [5]. D'autres ne s'y trompent pas, d'autant plus que Stephen King a confirmé que, dans son planning, **La Peau sur les os** [A102] devait être un King et **Cujo** [A71] un Bachman. En effet, ce dernier roman, terrifiant, exempt pour l'intrigue principale de toute implication fantastique, est d'une cruauté

---

5   Source : **Tout sur Stephen King**, par George Beahm [Ca5].

typiquement bachmanienne (surtout le final du roman, acceptable pour les lecteurs de Bachman, impardonnable pour une grande partie des fans de King). De plus, King s'attaque à un autre tabou américain : l'enfant. Supprimez le cadre de la petite ville de Castle Rock chère à King et les apparitions du fantôme de Frank Dodd, le tueur psychopathe de **Dead Zone** [A57], et vous n'y verrez que du feu. Dommage qu'au dernier moment l'écrivain ait changé d'avis.

À la différence de ses confrères adeptes de l'utilisation de pseudonymes, Stephen King a réussi à donner une certaine unité à l'œuvre de son autre identité. Unité de style, concis et épuré ; unité d'atmosphère, pessimisme et noirceur oppressante ; unité de personnages, désespérés et marginalisés ; unité de schème narratif, compte à rebours et spirale descendante, et enfin unité de lieu, une Amérique un peu décalée mais parfaitement imaginable. Autant dire l'inverse de ce qui a fait le succès des romans de Stephen King : éléphantiasis littéraire, personnages solides bien ancrés dans la réalité quotidienne, nostalgie des années cinquante et soixante, combat perpétuel pour garder l'espoir... Même si Stephen King affirme ne pas avoir prémédité un cadre précis et concordant pour les romans publiés sous le nom de Bachman, les ressemblances et caractéristiques communes sont trop évidentes pour n'être que des coïncidences : Stephen King n'a pas fait paraître n'importe quel roman sous la signature de Bachman. Le critique, s'il connaît bien la biographie de l'auteur, peut même aller jusqu'à affirmer que Richard Bachman, pour ses quatre premiers romans, est l'incarnation du radicalisme de l'étudiant Stephen King. Charlie Decker, le héros de **Rage** [A43], n'est-il pas ce Stephen King aux cheveux longs, barbu, aux yeux exorbités, au sourire dévoré par les dents gâtées, armé d'un fusil à pompe qui menaçait les lecteurs de *The Maine Campus* du 15 janvier 1969 avec en légende, au pied de cette couverture fameuse : «*Study, Dammit !*», autrement dit : « Étudie, bordel ! » ? Bachman n'est-il pas le fantôme de ce jeune homme passé du conservatisme nixonien au radicalisme militant et engagé, luttant pour une société démocratique, pour les droits des étudiants et l'amélioration de la vie quotidienne sur le campus, contre la guerre du Vietnam, contre les institutions universitaires élitistes et dépassées, supportant les grèves estudiantines et celle des cueilleurs de raisins californiens entre 1966 et 1970 ? Bachman est la facette politique de King, son espace de profonde liberté de parole que sa célébrité oblige à camoufler, car même le " Bestsellasaurus Rex 6" se doit d'être politiquement correct !

Dans les révélations qui suivirent la découverte de la véritable identité de Richard Bachman, Stephen King a reconnu que **Misery** [A120] devait être le sixième Bachman. **Misery** [A120] possède toute la noirceur et la folie de **Rage** [A43] ou de **Marche ou crève** [A56], à la différence qu'au lieu d'avoir affaire à un drame collectif, le lecteur assiste à un terrible huis clos entre Annie Wilkes, une fan démente, et Paul Sheldon, un écrivain prisonnier de Misery Chastain, sa création littéraire. Mais le roman de Bachman aurait-il été exactement le même que celui qui est paru sous le nom de King ? Le *happy end*, certes dur et éprouvant, ne serait pas dans la lignée des cinq premiers ouvrages. Cela, seul King le sait. Seule certitude, Richard Bachman, illustre inconnu, pouvait se permettre bien plus de choses que le célèbre romancier d'horreur Stephen King.

La relation particulière entre King et son pseudonyme n'a jamais faibli. Par jeu ou réelle complicité inexplicable, Stephen King a toujours entretenu la mémoire de son cher jumeau défunt en n'hésitant pas à dédier son roman **La Part des ténèbres** [A132] à feu Richard Bachman : « J'exprime toute ma reconnaissance à feu Richard Bachman pour son aide et son inspiration. Jamais ce livre n'aurait vu le jour sans lui. » Il faut bien avouer que la lutte entre Thad Beaumont, écrivain, et son pseudonyme Georges Stark n'est qu'une histoire romancée de l'aventure du

6   Surnom donné à Stephen King par les critiques américains.

duo King/Bachman. On y retrouve le fouineur Frederick Clawson (Steve Brown), la dualité fraternelle de Beaumont/Stark, la vie de plus en plus consistante du pseudonyme Stark (Bachman) dont le patronyme a été retiré du prénom de Bachman en guise de clin d'œil et tant d'autres choses encore. Roman hommage à une création qui a pris vie, roman sur la folie créatrice et les dangers de l'écrivain trop enclin à prendre d'autres identités, **La Part des ténèbres** [A132] semblait être le chant du cygne pour Richard Bachman.

Mais Stephen King a visiblement pris trop de plaisir à côtoyer pendant de longues années son alter ego, et le laisser reposer paisiblement au fond de sa tombe semble au-dessus de ses forces. Car le double de King possède sa propre vie et demande à sortir de temps en temps pour se rappeler au bon souvenir de ses lecteurs. Fin 1996, deux romans sortent presque simultané-ment : **Désolation** [A170] signé King et **Les Régulateurs** [A171] signé Bachman. Pour justifier cette nouvelle utilisation du nom du défunt pseudonyme, Stephen King n'a pas hésité à clamer que Claudia Inez, la femme de Richard Bachman, venait de découvrir un manuscrit inédit, oublié dans la cave de la ferme familiale. La préface des **Régulateurs** [A171] rédigée par Charles Verrill, qui tente d'expliquer les mystères de la découverte de ce manuscrit inédit (tout en ayant soin beaucoup plus de laisser planer des questions que d'apporter des réponses), est véritablement savoureuse. Plus incroyables encore, les propos de Stephen King sur "*La Voix*" qui lui a ordonné d'écrire ce roman, de remettre son chapeau de Bachman parce que ce devait être un roman de Bachman et d'y aller (remarque amusante, cette dernière expression est d'ailleurs la traduction approximative de *Getting It On*) [7]. Alors, délire mystique ? Crise de schizophrénie ? Sénilité précoce ? Ou bien, poursuite de ce petit jeu roublard auquel se livre Stephen King depuis des années dès que l'on évoque Richard Bachman ?

───────────────

[7]   Interview publiée par *The Publishers Weekly*, 5 août 1996.

Les Régulateurs [A171] est un roman étrange apporté à l'édifice Bachman, en ce sens qu'il n'aborde pas les thèmes récurrents de l'auteur, plonge dans un fantastique bien plus débridé encore que celui de **La Peau sur les os** [A102], mais utilise indéniablement les recettes narratives de Richard Bachman.

Wentworth, petite ville de l'Ohio, n'a rien de bien particulier à proposer aux touristes de passage, et encore moins à ses habitants. Les habitants de Poplar Street, une rue comme tant d'autres dans un quartier résidentiel, sont des Américains moyens, des perdants ou des déçus de la vie. Mais par un chaud après-midi d'été, l'horreur va s'abattre sur Poplar Street quand des véhicules futuristes et improbables, conduits par des extraterrestres et des cow-boys aussi étranges que sanguinaires, vont semer  la mort parmi les habitants de cette rue. De massacres en tueries, les rescapés vont tenter de survivre aux raids dévastateurs des régulateurs et aux dangers d'une réalité qui s'effrite inexorablement. Poplar Street bascule dans une autre dimension, soumise à la volonté de Tak, une entité vicieuse partagée entre une cruauté millénaire et un imaginaire puéril puisé dans l'esprit de l'enfant qu'elle colonise. Le groupe de survivants, de moins en moins nombreux, tente en vain de s'unir malgré les différences et les traumatismes pour affronter Tak et sortir de ce cauchemar sanglant pendant que Seth, l'enfant autiste, livre une guerre à l'intérieur de la guerre contre l'esprit qui le possède.

Les Régulateurs [A171] est un roman d'action pure et dure, percutant et haletant, un huis clos étouffant à la dimension d'une rue mais qui souffre un peu d'être une pièce dans un diptyque formé avec le second roman **Désolation** [A170]. L'imaginaire est indubitablement kinguien (les Territoires parallèles, l'entité Tak et ses effets sur le monde réel est inscrite dans la lignée de la créature de **ÇA** [A117], la fascination de King pour les westerns...), mais le traitement de l'intrigue est typique de Bachman : concision du style, développement pratiquement exempt des digressions naturalistes chères à King, choix affirmé de l'efficacité, mise en place d'un compte à rebours à plusieurs niveaux (rythmé par les heures objectives de la réalité et subjectives de l'espace-temps de Tak, mais aussi par l'élimination progressive du nombre des personnages et l'arrivée imminente du bouquet final imaginé par Tak). Seul, **Les Régulateurs** [A171] est un bon roman d'action, une splendide série B, mais il acquiert une tout autre dimension lorsqu'il est lu en parallèle avec **Désolation** [A170]. Comme si Stephen King avait voulu intégrer ou digérer définitivement la facette Bachman, une espèce de fusion des esprits jumeaux qui se battent sous son crâne, à sa cosmogonie personnelle qu'il crée depuis des années (les Territoires, la Tour sombre, l'homme noir, Ça, les révélations des arcanes supérieures de notre monde et les étranges petits hommes chauves d'**Insomnie** [A157], et enfin Tak). Deux romans liés par une même folie, des personnages récurrents mais œuvrant dans deux réalités différentes (simultanées, distinctes et pourtant alternatives) très proches de la nôtre. Plus qu'un nouveau roman de Richard Bachman, **Les Régulateurs** [A171] et son double-miroir, **Désolation** [A170], marquent un tournant dans l'œuvre de King et la fin de la dichotomie King/Bachman.

Mais la cave de Richard Bachman recèle peut-être encore d'autres trésors oubliés (en plus des carnets de sténo que le défunt utilisait pour ses premiers jets), car Stephen King, par le biais de Charles Verrill, laisse planer le doute. Alors peut-être l'ex-madame Bachman, ou "*La Voix*", nous réserve-t-elle d'autres agréables surprises dans les années à venir.

En conclusion et sans risque de se tromper, nous pouvons être persuadés que Richard Bachman, mort et ressuscité, a encore de beaux jours devant lui...

12. LES ŒUVRES NON PUBLIÉES DE STEPHEN KING

par
Hugues Morin

Plusieurs lecteurs de Stephen King croient que l'auteur publie absolument tout ce qu'il écrit. Avec son rythme de publication assez rapide, il est difficile de croire que King conserve inédites certaines de ses œuvres. C'est pourtant le cas (comme pour la majorité des auteurs). Écrire un texte qui n'est pas publiable pour diverses raisons est inhérent au métier d'écrivain lui-même.

Bien que la production récente de Stephen King renferme de moins en moins d'œuvres non publiées, on recense tout de même au fil des ans un certain nombre de romans et de nouvelles inédits et achevés à divers degrés. Mentionnons tout d'abord une pièce de théâtre écrite en 1969 et intitulée *The Accident* [D2k], au sujet de laquelle on ne sait pratiquement rien sauf qu'elle a remporté un prix universitaire. Parmi les romans, le plus ancien est *The Aftermath* [D2a]. Il s'agit d'un court roman de 76 pages, écrit en 1963. Plus ambitieux est le manuscrit de *Sword in the Darkness* [D2g], un roman complet de 485 pages terminé en 1970 mais jugé impubliable par l'auteur. Suit *Blaze* [D2b], un roman dont la première version remonte à 1973. Ce roman a été soumis à Doubleday en même temps que *Second Coming* [D3k]. Ce dernier a été accepté et est devenu **Salem** [A34] après une réécriture. La seconde version de *Blaze* [D2b] est demeurée inachevée. Ces trois œuvres de jeunesse sont suivies par deux romans entrepris en 1976 : *The Corner* [D2d], roman inachevé, et *Welcome to Clearwater* [D2i], également incomplet.

Le cas du roman *The Cannibals* [D2c] est différent. Il s'agit d'un manuscrit pratiquement terminé (en 1986), mais King n'a pas voulu le publier. Le roman avait en partie été commencé en 1982 mais laissé inachevé. Selon George Beahm (dans *The Stephen King Story* [Ca7]), l'histoire évoque la nouvelle **Le Goût de vivre** [A77], ainsi que le roman de J.G. Ballard, *High-Rise*. Ce serait à cause de cette dernière ressemblance (un cas d'inspiration similaire) que King n'aurait pas publié ce roman.

Le roman *The Milkman* [D2f] est un autre roman inachevé dont on sait peu de choses. Deux passages ont été publiés en tant que nouvelles, dans le recueil **Brume** [A106], soit **Livraisons matinales (laitier n° 1)** [A109] et **Grandes Roues : où l'on lave son linge sale en famille (laitier n° 2)** [A60]. Autre roman inachevé duquel King a tiré une nouvelle : *Weeds* [D2h]. Nouvelle publiée mais non traduite en français, **Weeds** [A35] a été adaptée par King en scénario pour le film **Creepshow** [B3a].

Vient ensuite le cas plus nébuleux de *The Doors* [D2e], roman inachevé retrouvé lors d'un encan bénéfice. King a donné un cahier de notes dans lequel figure un passage de ce roman, défini comme « roman non publié, inachevé, imprévu et auparavant inconnu ».

Pendant de nombreuses années, Stephen King a mentionné la suite du roman **Salem** [A34]. Il a même donné des éléments de ce roman à venir. Mais il a fini par avouer que ce roman ne serait jamais écrit. D'après l'auteur, ce fut d'abord par manque de temps, puis par désintérêt face à l'idée de cette suite.

Enfin, dernier roman non publié, un **western** (sans titre) [D2j], inachevé et totalement inconnu. King en a glissé un mot lors d'une lecture publique, mentionnant qu'il avait toujours aimé le genre et qu'il avait écrit 160 pages de ce roman.

Du côté des textes plus courts, on découvre sept histoires inédites, chacune pour une raison différente. *An Evening at*

God's [D2l] est une courte pièce de théâtre, écrite au début de 1990 et dont le manuscrit a été vendu à un encan bénéfice. *Charlie* [D2m] a été refusée par divers magazines de SF à la fin des années cinquante. La seule mention existante de la nouvelle *Keyholes* [D2n] est une version non terminée de cette histoire incluse dans un cahier de notes offert par King lors d'un autre encan bénéfice, en 1988. La nouvelle *Pinfall* [D2o] a été originalement écrite pour figurer au sommaire du film **Creepshow 2**, mais a été retirée du projet par la suite. King ne l'a jamais publiée. *Squad D* [D2p] est une nouvelle entièrement terminée et prévue au sommaire de l'anthologie de Harlan Ellison, *The Last Dangerous Visions*. L'anthologie n'est toujours pas publiée et ne le sera probablement jamais : elle était d'abord prévue pour la fin des années soixante-dix ! Enfin, signalons *Time in a Glass That Ran* [D2q], une nouvelle de huit pages dont on ne connaît pas le résumé et dont le manuscrit repose à l'Université du Maine à Orono.

On pourrait également inclure dans la liste des œuvres non publiées celles que King n'a tout simplement pas écrites ! Bien entendu, il doit exister plusieurs idées que l'auteur n'a pas développées par la suite. Toutefois, dans diverses interviews ou notes, il lui est arrivé de mentionner quelques histoires qu'il aurait aimé/aimerait écrire. Parmi ces références, on trouve l'histoire des **Loups-Garous de la Nouvelle-Angleterre** [D2s], celle du **Manège pour enfants** [D2t], celles de **La Salle de bains des dames de l'aéroport** [D2w] et de **La Mort de Mr. Todd** [D2u], enfin celle de **L'Index d'Andy Clutterbuck** [D2r]. Pour une autre de ces histoires non écrites, King mentionne même le titre éventuel : *The Rats Are Loose on Flight 74* [D2v].

13. IMAGES DU "*INSOMNIA TOUR*"

par
Hugues Morin (texte)
et
Jim Lawrence (photos)

Au cours de l'automne 1994, à l'occasion de la sortie du roman *Insomnia* [A157], Stephen King entreprit une tournée promotionnelle peu ordinaire. À cheval sur sa moto, une Harley-Davidson 1986, il sillonna les États-Unis afin d'offrir à ses fans dix séances de signature se tenant chez autant de libraires indépendants.

Par ce geste, King désirait sensibiliser le public américain aux problèmes vécus par ces libraires, en butte à la politique des "prix coupés" des grandes surfaces. « Je m'inquiète des effets des livres à rabais sur la culture populaire américaine », expliquait King lors de son arrêt à la Cornell University Bookstore, le 6 octobre 1994.

De fait, cette pratique réduit non seulement la diversité littéraire aux seuls 20 best-sellers présentés à grand renfort de publicité, mais elle contribue aussi à la diminution du chiffre d'affaires des librairies indépendantes qui, elles, doivent supporter le large éventail de livres qu'elles proposent.

Voici donc quelques photos de cette tournée originale, prises en après-midi lors du passage de King à la *Cornell University Bookstore*. Le soir même, devant 4700 personnes venues l'entendre à la Cornell Alberding Files House, King offrait une lecture publique avant de reprendre, le lendemain, sa tournée pour se rendre à Columbus, en Ohio.

À cheval sur sa Harley-Davidson 1986,
Stephen King fait son entrée dans la ville.

Plusieurs personnes, attendant impatiemment l'arrivée du « maître »,
enregistrent l'événement pour la postérité.

À peine le moteur de son bolide est-il éteint que plusieurs
fans, ***Insomnia*** en main, s'empressent autour de lui.

Seul sur sa moto au milieu de la foule, King
commence une séance de signature improvisée.

Sous le flash des appareils photo, la séance de signature se poursuit...

... sous l'œil attentif d'une des organisatrices de la rencontre.

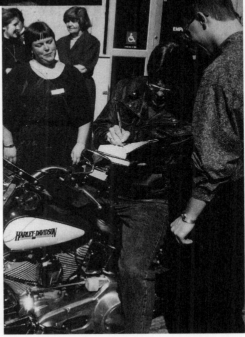

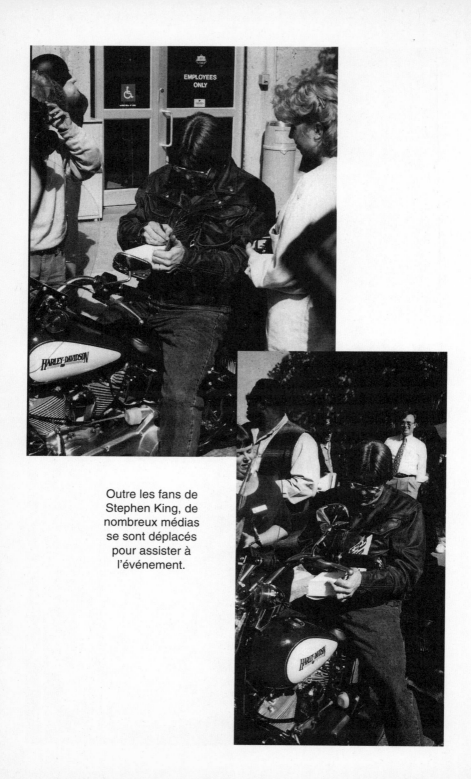

Outre les fans de Stephen King, de nombreux médias se sont déplacés pour assister à l'événement.

Finalement, King entre dans les locaux de la Cornell
University Bookstore, serrant la main de tous les
employés présents sur les lieux.

Stephen King profite de l'occasion – et des nombreux journalistes ! – pour
exprimer son inquiétude face aux pratiques inadmissibles des
« grandes surfaces » et réaffirmer son soutien aux libraires indépendants,
à la grande joie de ces derniers.

Enfin, après la longue séance de signature, King
autographie encore plusieurs exemplaires d'*Insomnia*.
Ces livres, portant la marque du « maître », seront en vente
exclusivement à la Cornell University Bookstore.

DEUXIÈME PARTIE

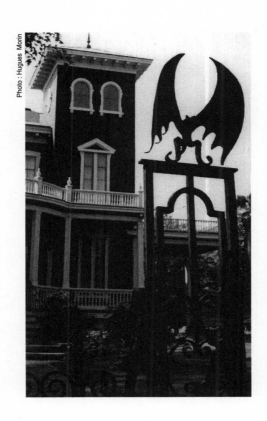

Photo : Hugues Morin

14. Commentaires sur les œuvres de Stephen King disponibles en français

par
Hugues Morin

Carrie [A31]

Carrie n'est pas le premier roman écrit par King, mais il s'agit de son premier roman publié. King avait auparavant écrit cinq romans (dont trois ont été publiés par la suite sous le pseudonyme de Richard Bachman). **Carrie** est toutefois l'un des livres les plus connus de l'auteur, même si ce n'est pas son roman le plus lu.

Le lectorat francophone a découvert **Carrie** en 1976, l'année de la sortie du film tiré du livre [B1a]. La structure mi-narrative, mi-documentaire (il s'agit de documentaires fictifs, créés par King) de ce roman lui est propre et ne se retrouve pratiquement pas dans les autres œuvres de King. À l'origine, **Carrie** devait être une nouvelle et l'auteur lui a ajouté tout l'aspect documentaire pour en faire, après une première lecture de l'éditeur, le roman que l'on connaît.

L'anecdote est maintenant bien connue : après avoir rédigé les premières pages (la scène des règles sous la douche, à l'école), King trouve qu'il n'y connaît rien et jette le manuscrit. Sa femme Tabitha le récupère, trouve que le passage est très bon et encourage King à poursuivre cette histoire.

Dès les premiers paragraphes, le lecteur est placé devant un phénomène paranormal. King n'hésite pas à afficher clairement les couleurs de son roman ; pluie de pierres, télékinésie, etc. Mais en plus de relever directement du fantastique, ce premier roman publié permet de découvrir plusieurs des thèmes chers à King, lesquels reviendront à maintes reprises dans les œuvres futures. On pense au personnage d'adolescent différent, incompris, comme le Arnie de **Christine** [A92], les jeunes de **ÇA** [A92], la petite Charlie du roman du même nom et plusieurs autres. L'opposition entre le monde des adolescents et celui des adultes est également déjà exploité avec ce roman.

Comme pour les premiers romans de l'auteur, **Carrie** est un roman court. Il est par le fait même exempt de ces longueurs qui lui seront fréquemment reprochées par la critique, à tort ou à raison, lors de la parution de plusieurs de ses œuvres futures.

La traduction française de ce premier King n'est pas des meilleures, le *slang* rural de la Nouvelle-Angleterre étant notamment traduit par de l'argot urbain français. Pour le lecteur francophone hors Hexagone, la chose peut dérouter. Le traducteur corrigera d'ailleurs cette version (mais en conservant le parigot) pour l'édition de 1994.

SALEM [A34]

De l'aveu même de Stephen King, **Salem** est une imitation littéraire de **Dracula**. **Salem** aborde le thème du vampirisme de manière classique, à la "pieu dans le cœur", par opposition à la vague moderne amorcée par *Entretien avec un vampire* de Anne Rice en 1976.

Salem a été écrit juste après **Carrie** [A31], mais contrairement à ce dernier, où les multiples points de vue étaient amenés par les documents fictifs, **Salem**

adopte une narration complexe et touchant plusieurs niveaux. L'action de **Salem** se situe dans une petite ville du Maine, aux États-Unis, et l'auteur dresse des portraits de gens " normaux " qui ont à faire face à un phénomène "anormal", procédé qui va devenir la marque de commerce de Stephen King. Grâce à un style très personnel, l'auteur a ainsi pu s'approprier cette thématique classique pour en faire une œuvre forte et originale.

Avec ce roman, l'éditeur de King l'avait prévenu : « Si vous écrivez un livre sur les vampires à la suite d'un livre sur une fille qui peut faire bouger les choses par la force de son esprit, vous allez être classé [...] comme auteur d'histoires d'horreur. » Ce à quoi King avait répondu que personne aux États-Unis ne pouvait gagner sa vie en écrivant des histoires d'horreur !

SHINING / L'ENFANT LUMIÈRE [A42]

Shining est d'abord une histoire de maison hantée, inspirée par **La Maison hantée** de Shirley Jackson et **Le Masque de la mort rouge**, d'Edgar Allan Poe. Mais comme il l'avait fait avec **Salem** [A34], King reprend ici un thème classique et le sert à sa manière. Ainsi, il y développe des personnages très forts, bien campés. Mais le point central de l'histoire étant la « hantise » de l'établissement, King réussit à faire de l'*Overlook Hotel* un des personnages même de son histoire. À tel point que ce qui reste de la lecture de ce roman est davantage constitué d'images de l'hôtel ou des phénomènes issus de l'hôtel que des personnages eux-mêmes. Et, évidemment, ce mot bizarre : Tromal (*Redrum* dans la version originale).

Le roman est construit autour de plusieurs thèmes récurrents chez King, notamment l'éclatement de la cellule familiale. Présent dans **Carrie** [A31], avec une mère obsédée par la religion, présent aussi dans **Christine** [A92] et dans **ÇA** [A117], ce thème du bris de la cellule familiale est ici poussé à l'extrême, avec la folie et la possession du père, qui en font un meurtrier.

Originalement écrit comme une tragédie en cinq actes, le roman a été remanié et publié sans le prologue. Ce prologue a été publié sous forme de nouvelle, mais jamais en français [voir A75].

Shining est l'un des rares romans de King dont l'action ne se déroule pas en Nouvelle Angleterre. Cela s'explique par le fait que l'auteur a écrit le premier jet de ce roman alors qu'il habitait Boulder, au Colorado, État où l'action se situe. L'Overlook est inspiré d'un hôtel bien réel, le *Stanley Hotel* de Estes Park.

Avec **Shining**, il ne fait plus aucun doute que King a un immense talent de raconteur d'histoires, particulièrement d'histoires de peur. La progression de l'horreur y est subtile et terriblement efficace. La publication de **Shining** a donc valu à King d'être véritablement classé comme auteur d'horreur.

Le roman a été adapté pour le cinéma en 1980. Après l'adaptation de **Carrie** [B1a] et celle de **Salem** [B2a] (en mini-série), l'adaptation de **Shining** [B1b] allait véritablement ouvrir toute grande la porte à l'adaptation de presque toutes les histoires de Stephen King pour l'écran.

RAGE [A43]

Rage est le premier roman de Richard Bachman, pseudonyme utilisé par King. Il s'agit d'un des tout premiers romans écrits par King, entre 1966 et 1971, c'est-à-dire bien avant **Carrie** [A31]. Cependant, le lecteur francophone n'a pu lire **Rage** qu'en 1990, alors que King avait déjà avoué qu'il était l'auteur se cachant derrière Bachman. L'amateur de King, dont le plus récent livre en français à cette époque était **La Part des ténèbres** [A132], s'est ainsi vu proposer sans trop de précautions un roman d'adolescence de l'auteur.

La critique, pas nécessairement au courant de l'origine du manuscrit, a été sévère.

Pour des commentaires plus détaillés sur les œuvres publiées sous ce pseudonyme par King, le lecteur se référera à l'article "Sous le masque de Richard Bachman" de Daniel Conrad.

DANSE MACABRE [A49]

Il s'agit du premier recueil de nouvelles de Stephen King. Ce recueil permit au lecteur francophone de découvrir King en tant que nouvelliste, puisque la plupart de ses nouvelles précédentes, publiées dans des magazines, n'avaient pas été traduites.

Danse macabre est sans conteste le recueil de King qui comprend le plus de nouvelles d'horreur brute. Il donne aussi un excellent panorama des possibilités de King ; non seulement l'auteur y visite-t-il ses thèmes fétiches, comme le vampirisme, avec **Celui qui garde le ver** et **Un dernier pour la route**, ou encore le fantôme de la fin du monde, avec **Une sale grippe**, qui utilise le thème développé dans **Le Fléau** [A54/A134], mais il y exploite aussi plusieurs aspects que les lecteurs de ses romans ne connaissent pas. L'horreur technologique de **Poids lourds**, de **La Presseuse** et de **Petits soldats** est révélatrice d'une des obsessions de l'auteur, qu'il développera dans **Christine** [A92], entre autres. King livre aussi dans ce recueil certains de ses textes les plus sanglants, avec **La Presseuse**, **Poste de nuit**, **Désintox inc.** et **La Pastorale**, par exemple.

Le petit chef-d'œuvre de ce recueil demeure **Le Croque-Mitaine**, brillante histoire axée sur le thème du " Monstre dans le placard ", au sens littéral. L'auteur exploitera plus tard ce thème, au sens figuré, dans le roman **Cujo** [A71], mais avec moins de brio que dans cette nouvelle.

Pour plus de détails sur la place de la nouvelle dans l'écriture de Stephen King, le lecteur se reportera à l'article de Guy Sirois "Un baiser dans le noir – Quand Stephen King se fait nouvelliste".

LE FLÉAU [A54]

Pour pouvoir publier ce roman en 1978, Stephen King a dû accepter de retrancher environ 400 pages du manuscrit original. Il s'agissait d'une décision purement financière de la part de l'éditeur, qui ne pouvait envisager de publier un roman aussi long (et donc le vendre à un prix en conséquence assez élevé) compte tenu de la popularité relative de Stephen King à cette époque.

Notons que la traduction française porte à juste titre la mention "adapté", car la version américaine y a elle-même été amputée d'environ 300 pages. C'est dire que le lecteur francophone a eu droit à la moitié seulement du manuscrit original écrit par King. Bien que cette version adaptée ne soit pas réellement un mauvais roman, elle contient plusieurs problèmes de lien narratif.

Le roman complet – en version intégrale – a été publié en 1990 et l'édition "adaptée" de 1978 n'est plus rééditée depuis. Commentons donc plus en détail la version complète de Stephen King.

LE FLÉAU – Version intégrale [A134]

La plupart des lecteurs considèrent ce roman comme l'œuvre majeure de Stephen King. Après en avoir publié une première version (amputée), King a finalement publié la version complète de son roman, beaucoup plus longue que la première édition, mais dans laquelle les ajouts semblent justifiés.

Le nombre incroyable de personnages de cette histoire explique en partie ces ajouts. Dans l'édition initiale, plusieurs personnages étaient soit absents, soit simplement esquissés. Plusieurs scènes ont gagné en intensité grâce à ces ajouts.

Cette œuvre est d'abord un roman de "fin du monde", thème qui était souvent abordé dans les tout premiers textes (non publiés pour la plupart) de l'auteur. Ici, King imagine une mutation du virus de la grippe, virus qui se répand à une vitesse incroyable dans la population et cause un taux de mortalité extrêmement élevé. King lance son épidémie à partir d'une base d'expérimentation de l'Armée, thème également récurrent dans ses premiers textes et qui allait revenir épisodiquement par la suite, notamment dans ses scénarios pour la télévision.

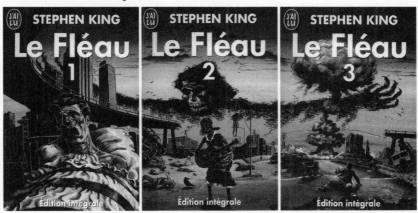

Ce roman comporte deux faiblesses, selon moi. L'auteur nous aiguille d'abord sur une histoire de fin du monde avec cette épidémie, il dresse des portraits incroyablement saisissants des réactions des survivants, puis il bifurque tout à coup vers une quête plus mystique, révélant par le fait même qu'il s'agit là d'un énième épisode de la guerre entre le Bien et le Mal. Même si ce changement de direction est amené plus subtilement dans la version intégrale, où il passe beaucoup mieux, il reste à mon avis une maladresse.

La seconde faiblesse est un manque de justification narrative. L'ultime combat entre les forces du Bien, représentées par la troupe de Mère Abigaïl, et les forces du Mal, représentées par Randall Flagg et ses recrues, aura finalement lieu par accident, rendant ainsi quasi inutile le long périple des troupes de Mère

Abigaïl. Cet élément peut décevoir le lecteur, bien qu'on puisse aussi y voir une métaphore sur l'aléatoire, thème qu'on retrouvera dans l'œuvre de King, bien plus tard toutefois.

Rappelons que le personnage de Randall Flagg, personnifiant en quelque sorte le Mal, est devenu au fil des récits un personnage important de l'œuvre de King dans son ensemble. (Voir aussi **La Tour sombre** [A83/A121/A141] et les commentaires sur **Les Yeux du dragon** [A100].)

MARCHE OU CRÈVE [A56]

Ce roman, le second publié sous le pseudonyme de Bachman, a été offert au lecteur francophone en 1989, avec le nom de King apparaissant entre parenthèses sur la couverture, sous celui de Bachman. Il s'agit sans conteste du chef-d'œuvre de Richard Bachman, bien que cette opinion puisse être contestée depuis le " retour " de celui-ci avec **Les Régulateurs** [A171]. En effet, la lecture de ce plus récent roman de Bachman et celle de **Désolation** [A170] conjointement constitue une expérience unique.

Pour des commentaires plus détaillés sur les œuvres publiées sous ce pseudonyme par King, le lecteur se référera à l'article "Sous le masque de Richard Bachman" de Daniel Conrad.

DEAD ZONE (L'Accident) [A57]

Disons-le sans hésiter, **Dead Zone** est l'un des meilleurs romans de Stephen King, sinon le meilleur. Il se démarque des précédents romans de l'auteur par son ton plus subtil et plus intimiste. L'histoire tourne encore autour d'un personnage central " anormal " : ici, il s'agit d'un prescient. Mais le personnage de John Smith est devenu prescient à la suite d'un accident, ce n'est pas chez lui un don inné. De plus, il s'agit d'un personnage adulte, ce qui le différencie notablement des adolescents qu'on trouve habituellement chez King.

La trame narrative s'étend également sur une période plus longue que dans les histoires précédentes de l'auteur. L'intrigue ne se limite pas au point de vue ou aux aspects paranormaux de John Smith, mais chevauche plusieurs niveaux, notamment à travers l'histoire d'une enquête policière sur un psychopathe meurtrier, par la description de jeux politiques et par le traitement de la responsabilité sociale et de la culpabilité. Sur ces derniers thèmes, King tisse une œuvre très profonde et d'une justesse étonnante.

En outre, **Dead Zone** est le premier roman de l'auteur à se situer dans la ville (fictive) de Castle Rock, qui prendra énormément d'importance dans l'œuvre de King.

Dead Zone est LE roman qui va définir le " style Stephen King ", car avec Castle Rock, King parvient à *construire* la petite ville qu'il avait tenté d'esquisser dans **Carrie** [A31] et **Salem** [A34] (entre autres).

Encore en 1995, l'auteur déclarait que, d'après lui, il s'agissait de son meilleur roman. On peut difficilement le contredire ; le roman possède en effet toutes les qualités de l'écriture de King et est à peu près exempt des tics de l'auteur, la longueur étant le premier auquel on peut penser.

CHARLIE [A64]

Charlie est un roman unique dans l'œuvre de King. Bien que s'apparentant à **Cujo** [A71] et à **Dead Zone** [A57] par sa structure et par son petit côté "préoccupation sociale", il étonne, car il ne constitue pas un roman d'horreur.

On a qualifié ce livre de roman de science-fiction (à cause de son justificatif : Charlie est pyrokinétique par suite des expériences scientifiques qui ont été faites sur ses parents, lors de sa conception). À mon avis, il s'agit plutôt d'un roman d'aventures (espionnage), malgré les détails science-fictionnels ou fantastiques qui parsèment l'histoire.

La trame est linéaire ; King nous raconte l'histoire de Charlie, essentiellement de son point de vue à elle, qui est, encore une fois, un personnage "anormal". L'histoire est narrée comme une longue fuite/poursuite, qui emprunte beaucoup à la tradition du roman d'aventures, que ce soit en littérature générale ou en espionnage.

Avec **Charlie**, Stephen King est surtout identifié à un style personnel très particulier, utilisant pratiquement toujours la même base fondamentale : le personnage anormal, affublé d'un don fantastique, se révèle un être malheureux.

Notons que la thématique des expériences scientifiques, exploitée auparavant dans **Le Fléau** [A54/A134], va revenir constamment au fil des œuvres de King.

CUJO [A71]

Le point fort de **Cujo**, c'est l'idée selon laquelle l'horreur peut naître de choses naturelles, simplement par accident, sans aucune malveillance de quiconque. Ce roman exclut l'élément *kingien* habituel du personnage doté de possibilités paranormales.

Le roman est axé sur quelques coïncidences et un accident qui aboutissent à la souffrance et à la mort. L'horreur est traitée sur le principe du " ça pourrait arriver à tout le monde, même vous ". En ce sens, le traitement se rapproche de ce que l'auteur avait fait dans **Dead Zone** [A57].

Un peu comme **Carrie** [A31], ce roman " souffre " d'une grande réputation due à son sujet, malgré un lectorat plus réduit. Cette réputation semble provenir de l'adaptation cinématographique qui en a été tirée.

Même s'il n'est pas très long, il s'agit du premier roman de King à véritablement souffrir de longueurs, dues au fait que l'auteur hésite entre le roman d'horreur et le drame social et familial. À valser entre les deux, on ne goûte vraiment ni l'un ni l'autre et on finit par trouver faible un des deux thèmes, voire les deux.

Vous trouverez quelques considérations sur **Cujo** dans l'article de Daniel Conrad, " Sous le masque de Richard Bachman ", puisqu'à l'origine King prévoyait publier **Cujo** sous ce pseudonyme.

Après son changement de stratégie, il a modifié certains éléments du manuscrit et l'a sorti sous le nom de King. Un de ces éléments est l'introduction, dans laquelle il fait directement référence aux événements narrés dans **Dead Zone** [A57], **Cujo** devenant ainsi le second roman qui se déroule à Castle Rock. Plus qu'une simple référence, cet ajout est l'une des seules indications de la possible intervention paranormale justifiant les événements de **Cujo**.

Cujo marque l'entrée en scène de la maison Albin Michel. Il semble qu'avant l'arrivée de cet éditeur, les autres maisons ayant publié King en français (Gallimard, Williams-Alta et J.-C. Lattès) n'aient pas réalisé le potentiel commercial de l'auteur. Albin Michel devient, à compter de cette date, l'éditeur presque exclusif des œuvres de King en français (en première édition).

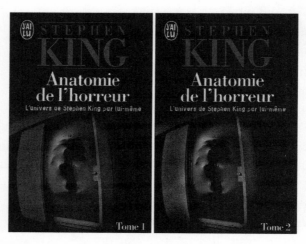

ANATOMIE DE L'HORREUR / PAGES NOIRES [A72]

Danse Macabre, en version originale anglaise, ne doit pas être confondu avec le recueil *Night Shift*, dont le titre francophone est aussi **Danse macabre** [A49].

Anatomie de l'horreur n'est pas un roman. Il s'agit d'un essai portant sur l'horreur et le fantastique autant en littérature qu'au cinéma, à la télévision ou à la radio. Ce passionnant essai démontre à quel point King connaît son sujet et en maîtrise les ficelles. Encore aujourd'hui, il est considéré à juste titre comme l'un des meilleurs essais du genre. Et même si sa publication remonte à plus de 15 ans, son propos n'a pas vieilli, la démonstration demeure brillante.

Le lecteur francophone a justement dû attendre près de 15 ans avant de pouvoir lire cet essai acclamé par la critique.

Chacun des deux volumes de l'édition française comprend une préface de J.-P. Croquet, absente de la version originale, ainsi que des notes supplémentaires, expressément rédigées pour le lecteur francophone. Ces notes font état des titres français des œuvres et des auteurs cités par King dans son ouvrage.

CHANTIER [A73]

Chantier est le troisième roman publié sous le nom de Bachman. C'est un roman de jeunesse (il avait été écrit juste après **Carrie** [A31]), certainement l'un des plus efficaces de cette période d'écriture.

Le lecteur francophone a pu le découvrir avant **Rage** [A43] et **Marche ou crève** [A56], la publication des romans de Bachman en français s'étant effectuée dans un inexplicable (et déroutant) désordre.

Pour des commentaires plus détaillés sur les œuvres publiées sous ce pseudonyme par King, le lecteur se référera à l'article "Sous le masque de Richard Bachman" de Daniel Conrad.

CREEPSHOW [A78]

Ce livre est l'adaptation en bande dessinée des scénarios écrits par King pour le film à sketches du même nom. Certains de ces scénarios étaient eux-mêmes adaptés de nouvelles de King.

Il s'agit essentiellement d'histoires à mi-chemin entre l'absurde et le *gore*, s'inspirant ouvertement (comme un hommage) des histoires de ce genre publiées par EC Comics.

Ajoutons quelques notes pour les collectionneurs : l'édition française est la seule édition *hardcover* de ce livre au monde, **La Fin solitaire de Jordy Verrill** est l'adaptation d'une nouvelle intitulée *Weeds* [A35] (non disponible en français) et **La Caisse** est l'adaptation de la nouvelle *The Crate* [A55] (non disponible en français !).

RUNNING MAN [A82]

Running Man est le quatrième roman publié sous le pseudonyme de Bachman. Notez que pour la toute première édition française, ce roman a été publié sous le nom de Stephen King, à la fois sur la première et sur la quatrième de couverture (avec toutefois le nom de Richard Bachman, entre parenthèses, sur la première).

Pour des commentaires plus détaillés sur les œuvres publiées sous ce pseudonyme par King, le lecteur se référera à l'article " Sous le masque de Richard Bachman " de Daniel Conrad.

LE PISTOLERO – La Tour sombre -1 [A83]

Il s'agit d'un roman regroupant les cinq premières nouvelles de ce cycle, unique dans l'œuvre de King. Ce qui semblait être simplement une mystérieuse série de fantasy est devenue par la suite une œuvre majeure, autant selon l'opinion de l'auteur que de l'avis de ses lecteurs. Véritable saga qui devrait compter sept volumes (King en a publié quatre à ce jour), la trame de **La Tour sombre** sert également à King pour créer une sorte de cohérence dans l'ensemble de sa production littéraire et il semble que le cycle deviendra son œuvre la plus importante.

J'attire votre attention sur la réédition de France Loisirs, un omnibus qui regroupe les trois premiers volumes de la série en français. Il s'agit de la seule édition de ce roman, **Le Pistolero**, publiée en grand format, les éditions J'ai lu l'ayant publiée directement en format de poche.

Pour une analyse approfondie de cette série, le lecteur peut se reporter à l'article de Laurine Spehner, "La Tour sombre : la quête de Roland de Gilead".

DIFFÉRENTES SAISONS [A84]

Différentes saisons est un recueil de novellas. Texte essentiellement plus long que la nouvelle, mais plus court que le roman, la novella est une formule méconnue du lectorat. La publication de novellas est d'autant plus difficile que peu de revues en prennent, faute d'espace.

Différentes saisons, comme son titre l'indique, nous fait découvrir une facette différente de l'auteur, qui propose trois histoires de littérature générale – excluant tout élément surnaturel – et une histoire d'une veine plus fantastique.

Dans la postface, King traite de la difficulté de publier des novellas, *a fortiori* s'il ne s'agit pas d'horreur, dans son cas. Au moment de cette publication, l'étiquette d'écrivain d'horreur est indissociable du nom de Stephen King. Ce recueil est un défi pour l'auteur, en plus d'être sa première manifestation évidente d'une volonté de prendre ses distances par rapport à l'étiquette qui lui est accolée.

La novella **Le Corps** est largement autobiographique. King l'a située dans ce qui est devenu le " cycle " Castle Rock, avec **Cujo** [A71] et **Dead Zone** [A57].

Notons aussi que les deux meilleures adaptations cinématographiques jamais réalisées à partir d'œuvres de King sont tirées de ce recueil : **À l'ombre de Shawshank** [B1t] et **Compte sur moi**, tiré de la novella **Le Corps** [B1j].

Cette dernière comprend également le texte de deux nouvelles plus courtes de King, attribuées à l'un des personnages, Gordon Lachance [D7c]. Il s'agit des textes **Stud City** [A12] et **La Revanche de Gros Lard Hogan** [A33].

Notons enfin que chacune des éditions françaises porte la mention "Roman" alors qu'il s'agit d'un recueil !

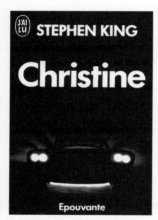

CHRISTINE [A92]

Christine marque un retour aux sources pour le lecteur de King : moins de préoccupations sociales que dans **Charlie** [A64], **Dead Zone** [A57] ou **Cujo** [A71], une bonne vieille histoire surnaturelle (voiture hantée, cette fois) et le milieu des adolescents et des cellules familiales déficientes.

Christine est aussi l'un des premiers romans de King narré à la première personne (par Dennis, l'ami de Arnie, le personnage principal). Après le premier tiers (et l'hospitalisation de Dennis), la narration se fait à la troisième personne. Dennis redevient le narrateur dans la troisième partie du roman. Ces brusques changements de points de vue déroutent le lecteur et affaiblissent un peu le texte.

Christine est une œuvre qui comporte un certain cynisme, chose plutôt rare dans les précédents romans de l'auteur. La sexualité y est en outre plus explicite, même si cet aspect des histoires n'a jamais été véritablement exploité directement dans la littérature de King (même par la suite).

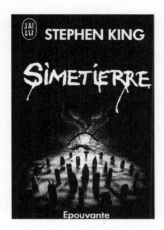

SIMETIERRE [A93]

Souvent considéré comme le plus terrifiant roman de Stephen King, **Simetierre** est certainement l'œuvre la plus noire de l'auteur. Dans cette histoire, chacun des personnages se retrouve face à la mort, au sens propre comme au sens figuré. King y tisse une trame extrêmement serrée, poussant les personnages vers les extrêmes, en une réelle tragédie.

Certaines scènes de ce roman sont parmi les plus fortes de la littérature de King. Au point qu'il faudra parfois plusieurs pages avant de réaliser que les événements ne sont pas le rêve (ou le cauchemar) d'un personnage, qu'il n'y a pas d'artifice, que l'histoire se poursuit bel et bien dans cette direction.

Les personnages sont tous à la fois sympathiques et pathétiques et, au fil de la lecture, il nous semble que chacun d'eux s'enfonce de plus en plus profondément, motivé par des sentiments plus abominables les uns que les autres. La finale du roman respecte cette logique.

Et cette finale, pourtant "téléphonée" (un fait courant dans l'œuvre de King), est totalement dénuée de l'optimisme qui caractérise la fin de plusieurs des romans précédents, tels **Christine** [A92], **Le Fléau** [A54/A134] ou **Dead Zone** [A57]. Ces derniers ne sont pas affublés de *happy end* idiotes, mais n'en demeurent pas moins des romans dotés d'une fin optimiste. Au contraire, **Simetierre** offre la finale la plus noire de toutes les œuvres de King.

La fin de ce texte, pourtant, est plus semblable à la chute d'une nouvelle qu'à la conclusion d'un roman. Ainsi, la lecture laisse une impression d'inachevé, ce qui est fort probablement le cas, les personnages s'étant enfoncés à un tel degré dans l'horreur qu'on n'ose imaginer la suite.

La réputation de ce roman résulte autant de l'attitude de l'auteur à son égard que du texte lui-même. En effet, King ne voulait pas publier cette œuvre, qu'il jugeait trop horrible. Or, il a dû la publier à la suite de disputes contractuelles avec son éditeur. Après la publication, King n'a participé à aucune activité de promotion de son roman, le dernier publié par Doubleday (à part la réédition du **Fléau** [A134] en version intégrale, dont l'éditeur avait déjà les droits).

L'ANNÉE DU LOUP-GAROU [A94]

Cette nouvelle est née d'un projet de calendrier ! Chacune des douze sections prévues, une par mois, devait être assez courte pour accompagner une illustration sur un calendrier. King a accepté sans grand enthousiasme l'idée de ce projet et il a écrit tant bien que mal les six premiers volets. Mais l'auteur se sentait véritablement étouffé par le format prévu, qu'il trouvait trop court (il s'était fixé un maximum de 500 mots par épisode !).

Puis il eut une idée, la fébrilité le prit et il écrivit les six autres volets sans tenir compte de la limite d'espace imposée pour la publication en calendrier. Le texte final était bien trop long et le projet a été modifié pour aboutir à un petit livre illustré par de nombreuses œuvres de Berni Wrightson, l'illustrateur prévu pour le calendrier.

Cette histoire n'a pas pour but de renouveler la thématique du loup-garou. King s'attarde plutôt aux réactions de ses personnages, en particulier de Marty, le personnage principal, un adolescent dont " l'anormalité " (il est handicapé physique) n'est cette fois pas due à des causes surnaturelles. L'idée du loup-garou s'est en quelque sorte imposée d'elle-même à l'origine du projet (le calendrier, les douze mois, une histoire par mois…).

Il s'agit d'une histoire amusante, qui prend véritablement son envol lors du septième volet, les six premiers, très courts, souffrant effectivement des limites imposées au départ à l'auteur.

LES YEUX DU DRAGON [A100]

Il était une fois... Ces simples mots donnent bien le ton de ce roman totalement différent des autres romans de l'auteur. King a écrit ce conte pour sa fille (alors jugée trop jeune pour lire les romans d'horreur écrits par son père !). Le roman adopte le ton bon enfant du conte et de nombreuses incursions du narrateur (omniscient) parsèment l'histoire. King télégraphie *tous* ses effets : il annonce d'avance les finales avant même de narrer l'aventure. Il est certainement un des rares auteurs à pouvoir se permettre ce biais sans que le lecteur perde son intérêt pour l'intrigue. Il réussit avec **Les Yeux du dragon** à garder notre attention par le *comment* alors que nous connaissons d'avance le *quoi*.

L'action des **Yeux du dragon** se déroule dans un royaume, avec son bon Roi, sa belle Reine, ses Princes héritiers... et bien entendu un méchant, le magicien et conseiller du Roi : Flagg. Le méchant magicien est le lien qui unit ce roman au reste de l'œuvre de King.

C'est de la littérature pour adolescent, mais même le lecteur adulte se laisse prendre par cet amusant conte qui ne concède rien au style habituel de l'auteur.

Il aura fallu attendre plus de dix ans avant de pouvoir enfin en lire une version française, lorsqu'Albin Michel l'a publiée en édition à couverture rigide avec des illustrations originales exclusives.

Le Talisman des territoires [A101]

À part une nouvelle d'enfance, coécrite avec son ami Chris Chesley [A1i], et quelques pages d'une nouvelle écrite en groupe pour une cause humanitaire [voir A104], il s'agit du seul texte de King écrit en collaboration avec un autre auteur (car d'aucuns considèrent qu'il a parfois écrit en collaboration avec un certain Bachman, mais c'est une tout autre histoire !).

Le Talisman est le récit d'une quête. Une longue quête, se déroulant sur une longue distance et une longue période de temps. Mélange de *fantasy* et d'horreur, mais privilégiant la *fantasy*, le roman a surpris, à sa sortie. De la part des auteurs du *Dragon flottant* et du **Fléau** [A134], le lectorat attendait une véritable histoire d'horreur, mais les auteurs ont plutôt décidé de raconter cette quête, en s'inspirant de Tolkien, de Mark Twain et du *Magicien d'Oz* (on y trouve toutefois des références à Lovecraft).

L'histoire mélange avec brio la simplicité classique de la quête en *fantasy* – l'opposition du Bien et du Mal –, une structure de mondes parallèles et une intrigue qui se révèle plus complexe qu'une simple quête.

Les territoires et la structure des mondes du **Talisman** est un des thèmes que l'on retrouve dans d'autres œuvres de King, comme **Insomnie** [A157], **Les Yeux du dragon** [A100] et, évidemment, la série **La Tour sombre** [A83/A121/A141].

Le Talisman des territoires a profité, lors de sa sortie, d'une promotion monstre, faisant du roman un immense succès commercial. Mais la critique, qui s'attendait à un roman d'horreur, a été sévère et a reproché aux auteurs la longueur du roman.

LA PEAU SUR LES OS [A102]

La Peau sur les os est le cinquième roman de Richard Bachman, le dernier publié avant que King n'avouât qu'il se cachait derrière ce pseudonyme. L'identité de King a été officiellement révélée par un lecteur qui est allé vérifier " qui " avait enregistré les copyrights des romans de Bachman ; King en avait enregistré un lui-même...

La Peau sur les os devait à l'origine être publié sous le nom de King, alors que **Cujo** [A71] devait être le cinquième Bachman. Il s'agit du seul des romans de Bachman à être basé sur un élément surnaturel et le seul à contenir un clin d'œil typique de King... à Stephen King (en excluant bien entendu **Les Régulateurs** [A171] !)

La Peau sur les os est aussi le premier des romans de Bachman à ne pas être un des romans de jeunesse de Stephen King (les quatre autres avaient tous été écrits en partie avant la publication de **Carrie** [A31]).

Pour des commentaires plus détaillés sur les œuvres publiées sous ce pseudonyme par King, le lecteur se référera à l'article " Sous le masque de Richard Bachman " de Daniel Conrad.

BRUME [A106]

C'est le troisième recueil de King et le second à proposer des nouvelles courtes. Il comprend une introduction de King, quelques notes sur les textes et vingt-deux nouvelles.

À mon avis, **Brume** est le meilleur recueil de nouvelles de King à ce jour. Cette sélection de textes montre plusieurs facettes de l'auteur, contrairement à **Danse macabre** [A49] qui ne contenait pratiquement que des nouvelles d'horreur brute. Les nouvelles de **Brume** sont plus subtiles et la nouvelle éponyme demeure un des meilleurs textes de King, tous genres littéraires confondus.

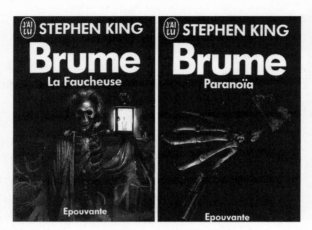

Stephen King atteint des sommets de terreur avec quelques-uns des textes de ce recueil, comme **Le Goût de vivre** ou encore **L'Excursion**, qui sont parmi ses plus efficaces. L'auteur nous propose aussi de revisiter Castle Rock, qui prend encore de l'importance, avec entre autres **Le Raccourci de Mme Todd** et **Le Camion de l'oncle Otto**.

Ce recueil propose pour la première fois au lecteur francophone des poésies de King, textes rarissimes dans son œuvre (il en a publié neuf dans sa carrière ; les deux inclus dans ce recueil sont les seuls traduits en français).

Fait à noter, aucune édition française de ce livre, que ce soit chez Albin Michel ou J'ai lu, n'inclut la nouvelle ***The Revelations of 'Becka Paulson*** [A99], publiée dans la première édition américaine seulement.

Pour plus de détails sur la place de la nouvelle dans l'écriture de Stephen King, le lecteur se reportera à l'article de Guy Sirois "Un baiser dans le noir – Quand Stephen King se fait nouvelliste".

Peur bleue [A110]

Ce livre regroupe trois textes. Le premier est un avant-propos de Stephen King, le second la nouvelle **L'Année du loup-garou** [A94], publiée ici sous le titre **La Nuit du loup-garou** (sans les illustrations de l'édition originale). Le troisième texte est le scénario complet du film tiré de cette nouvelle, scénario signé King et intitulé **Peur bleue**, d'après le titre français du film *Silver Bullet* [B1h].

Fait intéressant, la réédition de ce livre chez France Loisirs est la seule édition française publiée en grand format.

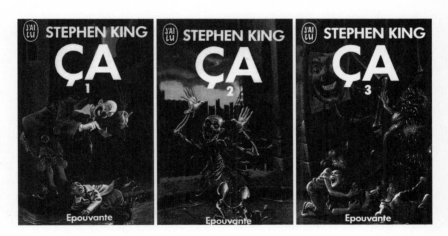

ÇA [A117]

La plupart des lecteurs considèrent **Le Fléau** [A54/A134] comme l'œuvre majeure de King. Mais avant sa réédition en version intégrale, il ne faisait aucun doute que **ÇA** était l'œuvre maîtresse de l'auteur.

ÇA est un tournant important dans l'œuvre de King, car il s'agit du dernier de ses romans dont un des thèmes principaux est l'adolescence. Comme s'il voulait souligner ce passage de l'auteur à des thèmes plus adultes, le roman valse entre deux époques, l'adolescence et l'âge adulte des mêmes personnages.

ÇA offre aussi une intrigue plus complexe que les précédents romans de King (si l'on excepte **Le Talisman** [A101], écrit en collaboration). L'auteur fait en quelque sorte la somme de tous ses thèmes favoris et règle ses comptes dans une œuvre très dense. Comme il en a maintenant l'habitude, il multiplie ici les références à plusieurs de ses histoires, accentuant l'impression du lecteur de se trouver à une croisée des chemins. La finale, mi-optimiste, mi-pessimiste, un peu comme dans le cas de **Dead Zone** [A57], donne une allure mythique à toute l'histoire, qui demeure une des plus fortes de l'auteur à ce jour.

Après la publication de **ÇA**, King tourne la page sur plusieurs de ses thèmes favoris pour en aborder d'autres avec des degrés de réussite variables.

Notez que les éditions Albin Michel, après avoir offert **ÇA** en un seul volume au départ, ont abandonné ce format pour publier le roman, dès les tirages subséquents, en deux volumes. La réédition de France Loisirs ne compte qu'un seul volume.

Une édition allemande a précédé de quelques semaines la version américaine. Cette première édition mondiale de *IT* s'intitule *ES* (Phantasia, 1986) et diffère légèrement du texte de l'édition américaine, l'éditeur allemand ayant acheté les droits de la première version transmise par King à son éditeur américain !

MISERY [A120]

Après avoir publié l'histoire complexe et très longue de ÇA [A117], King nous a offert un court roman, ne comportant que deux personnages, les autres étant relégués à des rôles de figurant. Avec son intrigue très simple – un écrivain qui se retrouve prisonnier d'une " fan numéro un" qui est aussi une psychopathe –, **Misery** est un roman d'une terrifiante efficacité.

Ce roman est le premier dans lequel King explore une facette de l'écriture, thème nouveau dans son œuvre mais qu'il abordera de différents points de vue par la suite. La construction du roman est ingénieuse, mélangeant l'histoire de cet écrivain et de sa lectrice au texte du roman que ce dernier doit écrire pour elle. L'interaction de la réalité de l'écrivain et du roman qu'il écrit ainsi que son utilisation littérale de l'écriture comme thérapie ajoutent une dimension particulière au typique huis clos / suspense.

L'horreur dans **Misery**, le lecteur s'en rend compte au fil des pages, réside dans l'extrême crédibilité du personnage central. Il ne s'agit plus ici de fantômes, de vampires ou de pyrokinésie, phénomènes grâce auxquels le lecteur peut s'abriter derrière l'aspect surnaturel, mais bien d'une horreur que l'on peut retrouver dans la réalité. **Misery** est un roman d'horreur, mais aussi un roman de littérature générale. L'aspect terrifiant du personnage de Annie Wilkes, c'est que l'on peut la rencontrer à tous les coins de rue. Et la structure du roman, un huis clos, permet à l'auteur d'accentuer cette facette de l'histoire. De plus, faire de la victime un écrivain rend possible à la fois une identification à ce personnage du lecteur qui lit King depuis un certain temps et une identification (négative) à sa lectrice, juste un peu plus folle que le fan moyen. Un procédé vraiment diabolique.

LES TROIS CARTES – La Tour sombre -2 [A121]

Cinq ans après la publication du premier livre de la série **La Tour sombre**, King poursuit son cycle de *fantasy* avec ce roman, beaucoup plus long que le précédent, démontrant qu'il prend une certaine assurance à visiter ce monde (et ce style) particulier.

Ce second livre est construit davantage comme un roman que le précédent, qui regroupait cinq courts volets. Contrairement à la fin du premier livre, il apparaît évident, à la fin de celui-ci, que le cycle sera fort long, ce que l'auteur ne cache pas dans ses commentaires.

J'attire votre attention sur la réédition de France Loisirs, un omnibus regroupant les trois premiers volumes de la série en français. Il s'agit de la seule édition de ce roman, **Les Trois Cartes**, publiée en grand format, les éditions J'ai lu ayant été les premières à le publier, et donc directement en format de poche.

Pour une analyse approfondie de cette série, le lecteur peut se reporter à l'article de Laurine Spehner, "La Tour sombre : la quête de Roland de Gilead".

LES TOMMYKNOCKERS [A122]

Les Tommyknockers marque un retour au style de **ÇA** [A117] par sa structure narrative plus complexe, ses nombreux personnages et sa ville (fictive) du Maine où est observé un phénomène particulier. Mais la comparaison entre les deux romans s'arrête là.

Les thèmes abordés ici sont différents de ceux des premiers romans de King. Plus d'adolescents ou de personnage "anormal" doté d'un don quelconque. Nous avons plutôt une panoplie de gens "normaux" (du moins aussi normaux que les deux protagonistes de **Misery** [A120]), qui font face à un phénomène *extérieur*.

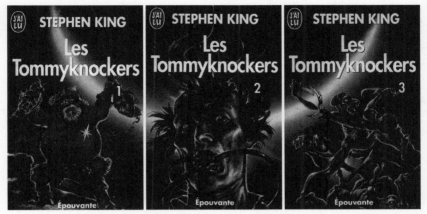

King poursuit (en partie) son exploration de l'écriture avec deux personnages principaux qui sont écrivains. Il touche ici un genre cher à ses toutes premières œuvres (nouvelles publiées en fanzine), c'est-à-dire la science-fiction, qu'il n'avait fait qu'effleurer jusqu'alors dans quelques nouvelles. Ce penchant pour la SF se trouvera de nouveau exploité par la suite, notamment dans les scénarios que l'auteur signera pour la télévision.

C'est avec ce roman que certains " défauts " de l'écriture de King deviennent plus apparents : sa SF peu convaincante, par exemple, ou encore les longueurs, en particulier lors de la finale, littéralement interminable.

LA PART DES TÉNÈBRES [A132]

Tout comme **Misery** [A120], **La Part des ténèbres** est un roman qui traite du thème de l'écrivain et de l'écriture. **Misery** [A120] examinait l'aspect de l'influence de la littérature sur le lecteur (et de l'influence de la vie de l'écrivain sur son œuvre) ; **La Part des ténèbres** tente l'inverse et s'attarde au degré d'emprise que peut atteindre la fiction sur l'auteur. D'ailleurs, à la lecture de **La Part des ténèbres**, il est difficile de ne pas songer à Stephen King et à Richard Bachman, surtout lorsque Thad Beaumont se voit obligé de dévoiler qu'il se cache derrière le pseudonyme de George Stark, un petit futé ayant découvert la véritable identité de Stark !

En situant (en partie) son récit dans la petite ville de Castle Rock, King visite une fois de plus sa ville-fétiche et lui fait prendre une importance grandissante dans l'ensemble de son œuvre.

Enfin, sur un plan différent, on peut y voir une référence à la fois au *Frankenstein* de Mary Shelly et au *Dr Jekyll et Mr Hyde* de Robert Louis Stevenson. Dans le premier cas, en considérant George Stark, le pseudonyme devenu vivant (et hors de contrôle), comme la création de Thad Beaumont ; dans le second cas, plus évident, en considérant Stark comme le Mr Hyde de Jekyll / Beaumont. Un roman fort, sur l'emprise de la fiction mais aussi sur l'identité.

Notez qu'une édition britannique a précédé la sortie de la première édition américaine. Cette première édition mondiale du roman porte le même titre que l'édition américaine : ***The Dark Half*** (Hodder & Stoughton, 1989, 413 p.)

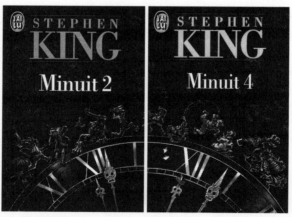

MINUIT 2 / MINUIT 4 [A135]

Il s'agit d'un recueil de quatre novellas, que les éditeurs français ont préféré séparer en deux recueils de deux novellas chacun. Chaque novella est accompagnée d'une introduction de l'auteur.

Avec ce second recueil consacré à la novella – en plus de celle qui avait été publiée dans **Brume** [A63] – King devient un des auteurs publicisant le plus ce genre littéraire. Il y est d'ailleurs parfaitement à l'aise, faisant de quelques-unes de ces novellas ce que l'on pourrait qualifier de court roman, par leur ambition, leur structure et leur longueur.

C'est le cas des **Langoliers**. Une histoire qui commence comme du fantastique, bifurque vers la science-fiction pour se terminer quelque part à la frontière entre les deux genres. L'idée à la base est très brillante et le traitement ne manque pas d'originalité. Ce texte débute comme un épisode de *Twilight Zone* et il aurait grandement gagné en popularité s'il avait été publié comme un court roman plutôt que noyé dans un recueil. L'explication à la base de la chute rappelle, *a posteriori*, un des éléments de la conception du monde exploitée dans le roman **Insomnie** [A157].

Notons que la seconde novella de ce recueil, **Vue imprenable sur jardin secret**, reprend le thème de l'écrivain et de la fiction ; King y observe encore une fois l'emprise de la fiction sur l'auteur, en adoptant un point de vue différent de celui qu'il avait exploité dans **La Part des ténèbres** [A132]. Il en ressort une histoire qui ne surprend pas vraiment le lecteur et qui forme une espèce de trilogie sur ce thème, avec **Misery** [A120] et **La Part des ténèbres** [A132].

Le Policier des bibliothèques est une histoire d'horreur typiquement kingienne : l'horreur surnaturelle issue de la vie courante. Même si elle est moins ambitieuse, l'idée (et son développement) rappelle en partie le roman **ÇA** [A117], surtout par l'utilisation courante du flashback.

La quatrième novella, **Le Molosse surgi du Soleil,** est une histoire qui se déroule dans la ville de Castle Rock. Cette histoire fait en quelque sorte le lien entre les romans **La Part des ténèbres** [A132] et **Bazaar** [A142]. On y trouve un certain confort de lecture à reconnaître plusieurs des personnages secondaires qui peuplent les histoires de Castle Rock. Cette novella est construite un peu comme la précédente et se termine un peu de la même manière. Il ne s'agit pas d'une histoire réellement terrifiante, mais elle permet à l'auteur de "mettre la table" pour ce qui adviendra de Castle Rock dans **Bazaar** [A142].

La lecture de ce recueil donne l'occasion de remarquer que les finales de King sont pratiquement toutes beaucoup plus optimistes depuis la publication de **Simetierre** [A93]. Une seule œuvre longue fait véritablement exception à cette remarque : **La Peau sur les os** [A102]. Mais ne s'agit-il pas d'un roman de Bachman ?

TERRES PERDUES – La Tour sombre -3 [A141]

C'est le troisième volet de cette série et il est publié quatre ans après le second volume. Ce troisième volet annonce le titre de ce qui sera le quatrième : *Wizard and Glass* [A177]. Cependant, les amateurs devront attendre de nombreuses années – jusqu'en 1997, en réalité – avant de pouvoir lire la suite des aventures de Roland et de ses compagnons.

Tout comme pour le deuxième volume de cette série, j'attire votre attention sur la réédition de France Loisirs, un omnibus regroupant les trois premiers volumes de la série en français. C'est la seule édition de ce roman, **Terres perdues**, publiée en grand format, les éditions J'ai lu ayant été les premières à le publier, et donc directement en format de poche.

Pour une analyse approfondie de cette série, le lecteur peut se reporter à l'article de Laurine Spehner, " La Tour sombre : la quête de Roland de Gilead ".

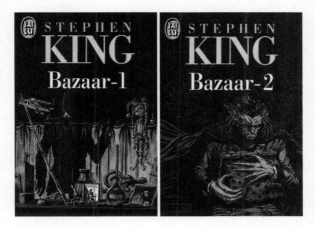

BAZAAR [A142]

Bazaar est le roman avec lequel Stephen King quitte le monde de Castle Rock. On y retrouve donc une majorité de personnages connus, dont on a lu les aventures (ou mésaventures) dans les romans comme **Cujo** [A71], **Dead Zone** [A57] et **La Part des ténèbres** [A132] ou encore dans des nouvelles et novellas comme **Le Raccourci de Mme Todd** [A97], **Le Molosse surgi du Soleil** [A139], etc.

Avec ce roman, King met fin à ses visites à Castle Rock pour mieux passer à autre chose. Tous les romans subséquents seront d'une facture différente (à part **Insomnie** [A157], mais voir cette entrée pour plus de détails). Le style de King évolue et le roman lui-même montre une bonne progression de l'anecdote vers l'apocalypse. La narration à multiples points de vue est l'une des plus complexes de King depuis ÇA [A117]. Toutefois, Castle Rock compte tellement de personnages, à propos desquels King nous raconte une panoplie de mésaventures diverses, que le roman souffre de certaines longueurs. Le " style " King (la petite ville comme microcosme de la société) est un peu moins habilement intégré à l'histoire. Les nombreuses digressions sur tel ou tel personnage chers à l'auteur nuisent parfois au suspense d'ensemble.

La finale est particulièrement bien amenée, par contre, et rappelle l'univers lovecraftien, tout comme le personnage central rappelle étrangement l'homme noir de King, Randall Flagg, que l'on a pu voir à l'œuvre dans **Le Fléau** [A54/ A134], **Les Yeux du dragon** [A100] et la série **La Tour sombre** [A83/A121/A141], entre autres.

Notons qu'après cette " fin " de Castle Rock, King nous offrira une espèce de visite post-**Bazaar** à la ville-fantôme, avec la réédition en recueil d'une de ses premières nouvelles, dont l'ambiance rappellera Castle Rock **Ça vous pousse dessus** [A29].

Le lecteur francophone se voit (encore !) offrir une traduction médiocre. Je prends pour exemple le passage mettant en scène le " fantôme " du grand lanceur de baseball Sandy Koufax. Visiblement, le traducteur ne connaît ni Koufax ni le baseball. Il semble avoir traduit au hasard les mots de King. À un moment, en plus de ne rien pouvoir comprendre à la scène de baseball, on a l'impression que Koufax ne lance pas, mais qu'il est au bâton ! ! ! Autre exemple (pathétique, celui-là) : la traduction d'un panneau, dans la vitrine du magasin de Gaunt, qui se lit comme suit dans la version française : « Vous dites bonjour, je dis au revoir, au revoir, au revoir, je ne sais pas pourquoi vous dites bonjour et moi au revoir ». Ici, la référence est pratiquement impossible à entrevoir autrement qu'en faisant l'effort de "retraduire" le passage en anglais et de comprendre qu'il s'agit en fait des premières paroles de la chanson *Hello Goodbye* des Beatles ! ! ! (*You say goodbye, I say hello, hello, hello, I don't know why you say goodbye I say hello.*)

Enfin, autre choix consternant, le titre français du roman, qui comporte une inexplicable faute d'orthographe volontaire (le double " a "), probablement là pour faire référence au titre du roman **Simetierre** [A93]. Pourtant, aucun rapport avec ce roman, ni avec le titre original donné par King à **Bazaar**, *Needful Things*.

JESSIE [A145]

Voilà un roman qui se démarque complètement de tous les précédents de l'auteur. Par son sujet – un huis clos dont le personnage central est prisonnier –, le roman rappelle **Misery** [A120], mais la comparaison s'arrête là : alors que **Misery** [A120] traitait du pouvoir de la fiction sur le lecteur, **Jessie** a pour toile de fond l'inceste, les relations hommes-femmes en général et leurs relations sexuelles en particulier.

Le roman se différencie également par l'absence d'élément surnaturel. Bien qu'une certaine altérité soit maintenue en toile de fond jusqu'à la toute fin, King ne la laisse jamais prendre le pas sur l'histoire qu'il veut raconter. Cette histoire est simple : une femme, prisonnière par accident, doit se démener avec ses souvenirs, ses fantômes personnels et l'urgence de trouver un moyen de se sortir de sa situation embarrassante.

Jessie est un roman qui a dérouté les fans. Il est pourtant très efficace. Mais les fans de la première heure, les fans d'horreur dans le style des nouvelles de **Danse macabre** [A49] ou de la colère finale de **Carrie** [A1], n'ont pas aimé cette nouvelle façon d'écrire de King.

Notons que l'on trouve dans ce roman de nombreuses références à une autre histoire de King, inédite alors mais écrite à la même époque : le roman **Dolores Claiborne** [A147]. Mais à y regarder de plus près, on s'aperçoit que ce lien est le seul élément surnaturel de cette histoire.

DOLORES CLAIBORNE [A147]

Il est évident qu'avec ce roman (lui aussi très particulier), Stephen King confirme qu'il a pris une direction différente.

Dolores Claiborne est un roman relativement court et la narration à la première personne – très rare dans l'œuvre de King – prend ici une place importante, puisque tout le roman est en fait un monologue – et non pas un journal. Dolores *parle*, elle n'écrit pas. Ici et là surgissent des questions qu'elle pose à ses interlocuteurs, mais King ne nous fait jamais connaître directement les réponses. Nous "n'entendons" que la voix de Dolores.

Au-delà de sa structure, **Dolores Claiborne** est un autre roman dépourvu d'aspects surnaturels (outre ses nombreuses références à **Jessie** [A145]). Et comme **Jessie** [A145], **Dolores Claiborne** est l'histoire d'une femme et une histoire d'inceste.

Avec ce second roman fort différent des précédents, King crée une certaine attente pour l'avenir. Les fans n'ayant pas apprécié **Jessie** [A145] n'apprécient pas davantage ce roman, qui est pourtant une brillante réussite sur tous les plans. King a décidé clairement de faire de l'horreur plus subtile, psychologique, sa manière privilégiée de raconter une histoire.

Avec ces deux romans, l'auteur applique ce qu'il appelle, dans son essai **Anatomie de l'horreur** [A72], la méthode idéale de raconter une histoire de peur, chose qu'il n'avait réussie jusque-là avec constance que dans ses textes plus courts (novellas principalement).

La version française a le défaut de prêter à Dolores un langage urbain (argot parisien) alors qu'elle est une femme de la campagne (elle parle le *slang* rural américain dans la version d'origine). Ce choix enlève beaucoup de saveur au texte original de King. Il faut dire qu'après tant d'années d'utilisation de cette méthode par les traducteurs français, le lecteur n'ayant lu King qu'en version française doit être persuadé *qu'il écrit véritablement comme ça* (et que les Américains de la Nouvelle-Angleterre parlent réellement comme ça !). À ce stade, plusieurs lectrices et lecteurs, habitués aux traductions, ne remarquent même plus si la traduction est bonne ou médiocre…

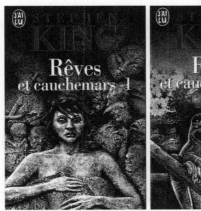

RÊVES ET CAUCHEMARS [A148]

Remarquons tout d'abord que les éditions françaises ne comprennent pas les textes **Head Down** [A154] (article) et **Brooklyn August** [A19] (poème), pourtant inclus dans la version originale anglaise du recueil (encore un choix de l'éditeur français).

Ce recueil de nouvelles permet par contre au lectorat francophone de découvrir quelques nouvelles publiées auparavant en édition de collection seulement, telles **La Cadillac de Dolan** et **Mon joli poney**.

Le recueil est un intéressant mélange de plusieurs des styles abordés par King au fil des ans. Il propose à la fois des textes d'horreur et des nouvelles de genres différents, policier et littérature générale, par exemple : un bref retour sur un Castle Rock fantôme avec **Ça vous pousse dessus** ; un scénario de court métrage qui se classe parmi les plus efficaces histoires d'horreur de King avec **Désolé, bon numéro** ; une visite lovecraftienne avec **Crouch End** ; une histoire de Sherlock Holmes avec **Le Docteur résout l'énigme** ; etc.

Un des textes qui retient l'attention est **La Cadillac de Dolan**, une novella qui démontre encore une fois à quel point King est à l'aise dans ce format. Il en va de même avec **La Dernière Affaire d'Umney**, une histoire très intelligente qui est, en plus, un brillant pastiche de Raymond Chandler – une des meilleures nouvelles écrite par King, tous genres confondus.

On notera aussi que l'édition française comporte (encore et toujours !) des curiosités de traduction typiquement françaises, tel le titre de la nouvelle *The Ten O'Clock People*, **La Tribu des dix plombes**, une expression peut-être en vogue en France mais tout à fait inconnue hors de l'Hexagone. Même après plus de vingt ans de traduction, il semble que les traducteurs français se refusent à traduire King dans un français plus *international*.

Pour plus de détails sur la place de la nouvelle dans l'écriture de Stephen King, le lecteur se reportera à l'article de Guy Sirois "Un baiser dans le noir – Quand Stephen King se fait nouvelliste".

INSOMNIE [A157]

Insomnie marque un net recul de la " manière " King par rapport aux deux romans précédents. On retrouve le style propre aux histoires de Castle Rock. Et en situant cette histoire à Derry, dans le Maine, l'auteur ne pouvait pas éviter d'évoquer les événements de **ÇA** [A117] et de faire d'**Insomnie** un roman qui rappelle justement ce dernier à plusieurs points de vue.

En réalité, il s'agit d'un roman dont l'écriture est antérieure à celle de **Jessie** [A145] et de **Dolores Claiborne** [A147]. King n'en était pas satisfait et ne l'avait donc pas publié. Depuis quelques années, Stephen King semblait de plus en plus pris par son cycle de **La Tour sombre** [A83/A121/A141]. Et c'est probablement cette préoccupation qui est à l'origine de la réécriture d'**Insomnie**. Car outre le retour à un style qu'il paraissait avoir abandonné, **Insomnie** se taille une place à part dans l'œuvre de King en tant que roman intimement lié à la série **La Tour sombre** [A83/A121/ A141].

Si on considère la réécriture et la publication de ce roman aux allures de **ÇA** [A117], mais avec les références explicites à l'univers de la Tour, et que l'on considère l'importance de plus en plus grande de l'homme en noir (qui apparaît la plupart du temps sous les traits de Randall Flagg), on réalise qu'au fil des ans King se sert en quelque sorte de son cycle pour donner une cohérence accrue à presque toute son œuvre. C'est dans cette optique que se situe le roman **Insomnie**, qui lie divers univers à celui de la Tour (ici ceux de Derry, Haven, Castle Rock, etc.). Sur ce plan, on peut dire qu'il s'agit d'un bon roman.

Cependant, pris comme une histoire totalement indépendante – par un lecteur ayant peu lu King, par exemple – il est beaucoup moins fort puisqu'il tire la majeure partie de son intérêt de son imbrication avec le reste de l'œuvre de King. Les précédentes tentatives de l'auteur pour lier des romans entre eux étaient mieux réussies, car King avait toujours su en faire des romans *individuels* aussi forts. Ce qu'il ne réussit pas avec **Insomnie**.

Cette lecture du seul roman **Insomnie** dévoile, un peu comme **Les Tommyknockers** [A122], les meilleures et les pires facettes de l'écriture de King. On trouve cependant un peu plus de " meilleur " que de " pire " dans **Insomnie** que dans **Les Tommyknockers** [A122].

LA LIGNE VERTE [A163]

La Ligne verte est une œuvre importante dans le cheminement de King puisque c'est là son premier véritable feuilleton.

Voyez l'article "La Ligne verte : King chez Dickens", pour
des commentaires plus détaillés sur cette œuvre qui démontre
que King peut très bien réussir dans tous les formats littéraires.
Portez une attention particulière à la section *King en France et
au Québec* de cet article, section qui détaille certains choix de
traduction pour le moins discutables. Vous y trouverez quelques
exemples de cas où King a été plutôt mal servi par le traducteur.
L'un de ces cas montre d'ailleurs une incohérence (un anachro-

nisme majeur) qui pourrait être attribuée à l'auteur alors qu'elle découle d'un ajout du traducteur !

ROSE MADDER [A162]

Au moment où nous terminions cet essai, Albin Michel confirmait la publication de **Rose Madder** pour l'automne 1997. La parution hâtive de **Désolation** [A170] et des **Régulateurs** [A171] a forcé l'éditeur à modifier ses plans pour la sortie française de ce roman.

Rose Madder raconte l'histoire de Rosie McClendon qui, après quatorze ans de violence conjugale, quitte son mari pour refaire sa vie. Mais le mari (qui est policier) ne l'entend pas ainsi et se lance à sa poursuite. Au fil de sa quête, il sombre lentement dans la folie, n'hésitant pas à tuer ceux qui lui font obstacle.

Rose Madder forme, avec **Jessie** [A145] et **Dolores Claiborne** [A147], une sorte de trilogie puisqu'il partage avec eux deux marques distinctives : un personnage central féminin d'un certain âge et le même genre de préoccupation sociale. Cette fois, King s'attaque à la violence faite aux femmes, thème qu'il avait effleuré dans **Insomnie** [A157] et qu'il pousse à fond ici.

Cependant, contrairement aux deux autres romans de cette « trilogie » qui pouvaient être qualifiés de « réalistes », **Rose Madder** flirte avec le surnaturel, même si King traite celui-ci plus à la manière du conte qu'à celle du roman d'horreur traditionnel. L'élément surnaturel est un tableau très particulier (il donne son titre au roman) qui rappelle, par certaines caractéristiques, le fameux miroir de Lewis Carroll. Son importance dans l'intrigue est indéniable et il lie aussi, comme le rappelle Laurine Spehner dans son article "La Tour sombre : la quête de Roland de Gilead", l'univers de Rosie McClendon à celui de Roland.

DÉSOLATION [A170]

Désolation a profité d'une forte campagne de promotion, puisque le roman a été publié en même temps que le roman **Les Régulateurs** [A171], paru sous le pseudonyme de Richard Bachman. Ces romans jumeaux mettent en scène plusieurs personnages communs, mais se situent toutefois dans des univers différents.

Désolation raconte l'histoire d'un groupe de voyageurs qui se voient tous arrêtés et séquestrés alors qu'ils étaient de passage sur une autoroute déserte du Nevada. Un policier les interpelle sur l'autoroute et les emmène dans la petite ville minière de Désolation, où il semble que tous les habitants soient morts. En réalité, le groupe de voyageurs devra se battre contre une entité maléfique appelée Tak, qui a été accidentellement libérée par une explosion ouvrant une ancienne galerie de la mine.

Ce roman rassure les fans qui n'aiment pas la méthode psychologique des dernières années, puisqu'il marque le retour en force d'une certaine forme d'action absente des trois romans précédents de King. Par contre, sur le plan du suspense, il souffre de quelques longueurs, heureusement pas trop nombreuses.

Sous des oripeaux différents, on a toutefois l'impression que King nous refait le coup du **Fléau** [A54/A134] avec **Désolation**, mais en rétrécissant son champ d'action à une ville plutôt qu'au pays. En effet, la première partie du roman met en scène un petit groupe de personnes survivant à un phénomène dévastateur, et la seconde partie nous emporte vers une lutte entre le Bien et le Mal, ici personnifiés par Dieu et Tak plutôt que par Mère Abigaïl et Randall Flagg.

Le plaisir de lecture qu'offre **Désolation** est toutefois décuplé par la lecture de son jumeau [voir A171] dont le traitement parallèle fait preuve d'une grande originalité et fournit au lecteur une savoureuse expérience.

LES RÉGULATEURS [A171]

C'est le sixième roman publié sous le pseudonyme de Richard Bachman, et le premier après que la véritable identité de Bachman eut été dévoilée.

Les Régulateurs raconte l'histoire des habitants d'une petite ville de l'Ohio, les banlieusards de Poplar Street, qui sont tout à coup aux prises avec des four-gonnettes futuristes dont les occupants assassinent les passants.

Ce roman met en scène des personnages qui étaient de l'aven-ture de **Désolation** [A170], mais il se déroule dans un univers différent, c'est-à-dire qu'il n'y a pas de continuité entre les deux romans, aucun des deux ne se déroulant avant ou après l'autre dans la vie de ces personnages. D'ailleurs, chaque personnage est *altéré* d'une manière ou d'une autre d'un roman à l'autre.

Les Régulateurs est un roman plus violent que **Désolation** [A170], mais il est aussi plus court et exempt des quelques longueurs de son jumeau. Il en est d'autant plus efficace. Évidem-ment, chacun de ces deux romans décuple le plaisir de lire l'autre. Et même si **Les Régulateurs** met aussi en scène un groupe de personnes aux prises avec l'entité maléfique Tak, son traitement est totalement différent de celui de **Désolation** [A170] et n'a aucune commune mesure avec **Le Fléau** [A54/A134].

Notez que les versions françaises ont été publiées deux mois seulement après les versions originales américaines, obligeant du même coup Albin Michel à repousser d'une saison la publi-cation de **Rose Madder** [A162]. Et j'insiste encore une fois sur les problèmes de traduction, car d'autres bizarreries se trouvent dans la version française de ce roman. Cela est d'autant plus agaçant que certaines références à **Désolation** [A170] n'ont pas été traduites de la même manière, le lecteur francophone perdant ainsi le clin d'œil au passage. À titre d'exemple, notons que dans **Désolation** [A170], Kirsten Carver est surnommée " Pie " par son frère. Dans la version française, il la surnomme "la Puce". Dans les **Régulateurs**, David Carver surnomme Kirsten " Pie " également, et c'est ce terme de " Pie " qui a été conservé dans la version française, causant un biais de traduction entre les deux romans et faisant disparaître la référence croisée du surnom, qui n'est plus le même !

Pour des commentaires plus détaillés sur les œuvres publiées sous ce pseudonyme par King, le lecteur se référera à l'article "Sous le masque de Richard Bachman" de Daniel Conrad.

15. Informations (triviales) sur quelques œuvres non traduites

par
Hugues Morin

People, Places and Things, Volume I [A1]

Il s'agit de la première publication d'un texte de Stephen King (publication amateure par l'auteur et son frère David). Il semble qu'un seul exemplaire, incomplet, des deux tirages effectués, retrouvé par hasard par King lui-même en 1985, ait pu survivre.

The Stars Invaders [A2]

Seconde publication amateure de King, c'est un livret racontant la résistance des derniers humains à une invasion extraterrestre... Publié sous le nom de Steve King.

I Was a Teenage Grave Robber [A3]

Première nouvelle de King qu'il n'a pas éditée lui-même. Publication dans deux fanzines, dans *Comics Review* d'abord, puis dans *Stories of Suspense*, sous le titre *In a Half-World of Terror* [A3], 1966.

The Glass Floor [A4]

Première publication professionnelle de King. Extrêmement difficile à trouver jusqu'à ce que King en permette la réédition, dans *Weird Tales* (automne 1990).

Harrison State Park '68 [A5]

Le premier poème publié par King.

Brooklyn August [A19]

Poème, réédité dans **The Unseen King** [Ca8], puis dans le recueil **Nightmares and Dreamscapes** [A37]. Le recueil a fait l'objet d'une traduction française, mais elle ne reprend pas ce poème, qui demeure donc inédit en français !

The Hardcase Speaks [A20]

Poème publié avec une faute dans le nom de l'auteur, ce qui l'a exclu pendant de nombreuses années des bibliographies officielles publiées sur King. La seule publication du poème mentionne : *By Stephan King*.

Weeds [A35]

Cette nouvelle a été adaptée au cinéma dans **Creepshow** [B3a] (**La Fin solitaire de Jordy Verrill**) et a par la suite fait l'objet d'une publication sous la forme d'une BD [A78] adaptée du film, publiée en français.

The Cat from Hell [A38]

Une première publication – un segment de 500 mots seulement – a eu lieu dans le cadre d'un concours invitant les lecteurs de *Cavalier* à compléter l'histoire. Les versions gagnantes ont été publiées, avec l'histoire complète de King, dans le numéro de juin 1977 de *Cavalier*. Non seulement la nouvelle ne sera jamais traduite, mais le film adapté de ce texte [B4b1] ne le sera pas non plus. Il y eut de nombreuses rééditions, dont *Year's finest Fantasy* (1978 et 1979) et *Magicats!* (1984).

The King Family and the Farting Cookie [A48]

Cette nouvelle humoristique a été écrite pour ses enfants Naomi et Joe. Elle est connue aussi sous le titre **The King Family and the Wicked Witch**.

The Crate [A55]

Cette nouvelle a été adaptée au cinéma dans **Creepshow** [B3a] (**La Caisse**) et a par la suite fait l'objet d'une publication sous la forme d'une BD [A78] adaptée du film, publiée en français.

Before the Play [A75]

Ce prologue au roman **Shining** [A3] a été retiré du roman dans sa version finale et n'a jamais été publié avec le roman par la suite. Sa publication en tant que nouvelle dans *Whispers* demeure à ce jour la seule édition complète de ce texte puisque le *TV Guide* en a réédité certaines parties en 1997 lors de la diffusion de la mini-série adaptée du roman.

Skybar [A76]

Ce texte est composé d'un premier segment de quatre paragraphes, puis d'une conclusion, laissant aux auteurs en herbe le loisir d'écrire la partie centrale !

The Plant : The Opening Segment of an Ongoing Work [A89]

The Plant est un récit épistolaire, constitué de lettres, mémos, articles, etc. L'action se déroule dans le monde de l'édition, où un écrivain soumet un manuscrit, *True Tales of Demon Infestations*, manuscrit qui comprend des photos de ce qui semble un réel sacrifice humain. L'éditeur appelle la police, qui découvre que les photos sont un trucage. L'auteur, enragé, jure de se venger de l'éditeur. Un jour, ce dernier reçoit une mystérieuse plante par courrier...

Il s'agit là du premier volet d'une histoire inachevée. À l'origine, l'idée derrière l'édition de *The Plant* était de pallier la banalité des traditionnelles cartes de Noël. Stephen King a donc offert en 1982, en guise de carte de Noël, le début d'une histoire. Le tirage, limité à 200 exemplaires numérotés et signés par l'auteur, demeure la seule édition de ce texte aujourd'hui. Aucune autre édition n'a été prévue.

The Plant — Part Two [A95]

C'est le second segment de cette histoire [voir A89], publié à Noël 1983 et offert en guise de carte par l'auteur. Il y eut deux tirages limités : 26 exemplaires numérotés de A à Z et 200 exemplaires numérotés, l'ensemble des 226 copies signées bien sûr par King.

Heroes for Hope : Starring the X-Men [A104]

Participant à la campagne contre la famine en Afrique, King collabore à cette histoire rédigée par une douzaine d'auteurs, chacun y allant de quelques pages.

The Plant — Part Three [A114]

Deux ans après le second volet [voir A95], la troisième partie de cette histoire est publiée en édition limitée (226 exemplaires : A à Z et 1 à 200, signés par King) à Noël 1985. C'est le dernier chapitre publié par l'auteur, l'histoire demeurant inachevée à ce jour. Elle le restera probablement puisque King a avoué en avoir cessé l'écriture après la sortie du film *La Petite Boutique des horreurs*, lequel met en scène une plante carnivore... exploitant ainsi une des idées derrière *The Plant*.

The Plant ayant fait l'objet d'une seule édition, limitée, et étant demeuré inachevé, tout porte à croire qu'aucune traduction ne sera jamais offerte au public francophone. Même en version originale, les trois volets de *The Plant* représentent l'œuvre la plus rare de Stephen King. Sur le marché des collectionneurs, chaque exemplaire d'un chapitre se vend entre 2000 $ et 3000 $US.

Nightmares in the Sky [A127]

Ce livre n'est pas une fiction de Stephen King. Il s'agit d'un album grand format de photos de gargouilles réalisées par f-stop Fitzgerald (si si, c'est son prénom !). King y signe l'ensemble du texte accompagnant les photos, texte qui est un essai sur les gargouilles. Ce bouquin est un superbe objet, les photos sont saisissantes. Le texte de King, accompagné de quelques photos, a aussi été publié dans le numéro de septembre 1988 du magazine *Penthouse*.

Letters from Hell [A128]

Letters from Hell est un poster 18" x 24" tiré à 500 exemplaires et signé par King. Cette affiche reproduit un article de King sur les lettres qu'il reçoit de lecteurs, dont la plupart sont particulièrement bizarres. King en profite pour répondre à ces lettres. Les réponses sont aussi délirantes que certaines questions ! L'article en question a aussi été publié, sous le titre *Ever ET Raw Meat ? and Other Weird Questions*, d'abord dans le *New York Times Book Review* (1987), puis dans *Twilight Zone Magazine* (1988), puis dans *Writer* (1988), *Castle Rock* (sous le titre de *Letters from Hell*, 1988) et *Book Talk* (1989).

Jhonathan and the Witches [A146]

C'est la première publication de la première nouvelle écrite par King, alors qu'il avait neuf ans !

The Killer [A155]

• La nouvelle a été soumise à Forest J. Ackerman au milieu des années soixante, mais elle n'a été publiée pour la première fois que 30 ans plus tard... par Ackerman !

Lucky Quarter [A160]

Cette nouvelle a été éditée et distribuée dans *USA Weekend* à titre de supplément du dimanche !

Lunch at the Gotham Café [A161]

Cette novella a remporté le *Bram Stoker Award* de la meilleure novella de 1995.

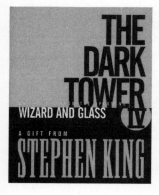

An Exerpt from the upcoming The Dark Tower IV : Wizard and Glass [A173]

Ce livret est une édition limitée des deux premiers chapitres du très attendu quatrième volume de la série **La Tour sombre**. Le livret n'était pas destiné à la vente, mais offert aux acheteurs de **Désolation** [A170] et des **Régulateurs** [A171] en version originale.

Six Stories [A174]

Il s'agit d'un recueil publié par la maison de microédition de Stephen King, et donc d'une édition limitée. King n'annonce aucune réédition pour le grand public avant l'an 2000.

The Dark Tower IV : Wizard and Glass [A177]

Le très attendu quatrième volet de la série **La Tour sombre** [A83/A121/A141] qui avait été laissé en plan depuis la publication de **Terres perdues** [A141] en 1991.

L'action de *Wizard and Glass* reprend là où **Terres perdues** [A141] s'était arrêté : Roland et ses compagnons, passagers du train suicidaire Blaine le Mono, sont engagés dans une curieuse joute de devinettes qui décidera de leur destin.

Après la résolution de ce problème épineux, le groupe s'installera pour la nuit et Roland parlera de sa jeunesse. *Wizard and Glass* se présente donc comme l'histoire d'un jeune pistolero de 14 ans, de Susan Delgado, le grand amour de sa vie, et de leur romance maudite.

À suivre...

Everything's Eventual [A178]

Selon une information reçue au printemps 1997, cette nouvelle serait publiée dans le numéro d'octobre-novembre 1997 de *Fantasy and Science Fiction*. Cette information n'est toujours pas confirmée au moment de terminer ce livre.

The Little Sisters of Eluria : A Dark Tower Novella [A179]

Selon une information reçue au printemps 1997, cette novella constituant une partie du cycle de *Dark Tower* [A83/A121/A141] serait publiée dans l'anthologie *Legends : The book of Fantasy* que prépare Robert Silverberg pour 1998. Cette information n'est pas confirmée au moment de terminer ce livre.

16. BIBLIOGRAPHIE DE STEPHEN KING (VERSIONS ORIGINALES ET VERSIONS FRANÇAISES)

par
Hugues Morin

NOTES : Les entrées sont inscrites selon leur date de première publication américaine. Le type d'œuvre est indiqué entre parenthèses (roman, nouvelle, recueil, essai, poème). Les indications des éditions françaises suivent la mention V.F. (version française). Ce document contient toutes les histoires publiées par King (plus quelques essais lorsqu'ils sont publiés en livre). Il ne signale pas toutes les rééditions américaines et internationales ; seules quelques rééditions plus " particulières " sont mentionnées. Les données françaises citent toutes les éditions et rééditions, à l'exception des éditions club (sauf lorsque l'édition club offre une particularité intéressante).

1960

A1. *People, Places and Things*, Volume I (recueil), par Stephen King & Chris Chesley, Triad Publishing Company, 1960, 18 p. ; rééd. 1964.
• Recueil de 18 nouvelles, dont huit de King, neuf de Chesley et une collaboration des deux auteurs ; comprend les nouvelles suivantes de King :

A1a. « The Hotel at the End of the Road »
A1b. « I've Got to Get Away »
A1c. « The Dimension Warp »
A1d. « The Thing at the Bottom of the Well »
A1e. « The Stranger »
A1f. « I'm Falling »
A1g. « The Cursed Expedition »
A1h. « The Other Side of the Fog »
A1i. « Never Look Behind You » (avec Chesley)

1964

A2. « The Stars Invaders » (nouvelle), Triad Inc and Gaslight Books, 1964, 17 p.

1965

A3. « I Was a Teenage Grave Robber » (nouvelle), dans *Comics Review*, 1965. Repris dans *Stories of Suspense*, 1966, sous le titre « In a Half-World of Terror ».

1967

A4. « The Glass Floor » (nouvelle), dans *Startling Mystery Stories*, automne 1967. Repris dans *Weird Tales*, automne 1990. (Note : c'est la première œuvre pour laquelle King a reçu des droits d'auteur.)

1968

A5. « Harrison State Park '68 » (poème), dans *Ubris*, automne 1968.

A6. « Here There Be Tygers » (nouvelle), dans *Ubris*, printemps 1968. Repris dans *Skeleton Crew*, 1985. V.F. : « En ce lieu les tigres », dans *Brume*, 1987.

A7. « Cain Rose Up » (nouvelle), dans *Ubris*, printemps 1968. Repris dans *Skeleton Crew*, 1985. V.F. : « La Révolte de Caïn », dans *Brume*, 1987.

A8. « Strawberry Spring » (nouvelle), dans *Ubris*, automne 1968. Repris dans *Night Shift*, 1978. V.F. : « Le Printemps des baies », dans *Danse macabre*, 1980.

1969

A9. « The Dark Man » (poème), dans *Ubris*, printemps 1969. Sous le nom de Steve King.

A10. « Night Surf » (nouvelle), dans *Ubris*, printemps 1969. Repris dans *Night Shift*, 1978. V.F. : « Une sale grippe », dans *Danse macabre*, 1980.

A11. « The Reapers Image » (nouvelle), dans *Startling Mystery Stories* 2, printemps 1969. Repris dans *Skeleton Crew*, 1985. V.F. : « L'Image de la faucheuse », dans *Brume*, 1987.

A12. « Stud City » (nouvelle), dans *Ubris*, automne 1969. Repris sous le pseudonyme de Gordon Lachance dans *Greenspun Quarterly* n° 45, automne

1970. Repris sous le pseudonyme de Gordon Lachance dans la novella « The Body », dans *Different Seasons*, 1982. V.F. : « Stud City », sous le pseudonyme de Gordon Lachance dans la novella « Le Corps », dans *Différentes saisons*, 1986.

1970

A13. « Donovan's Brain » (poème), dans *Moth*, 1970. Sous le nom de Steve King.

A14. « Silence » (poème), dans *Moth*, 1970. Sous le nom de Steve King.

A15. « Slade » (nouvelle), dans *The Maine Campus* (juin-juillet-août 1970).

A16. « Graveyard Shift » (nouvelle), dans *Cavalier*, octobre 1970. Repris dans *Night Shift*, 1978. V.F. : « Poste de nuit », dans *Danse macabre*, 1980.

1971

A17. « The Blue Air Compressor » (nouvelle), dans *Onan*, janvier 1971. Repris dans *Heavy Metal*, juillet 1981 [version révisée].

A18. « [Sans titre] » débutant par : In the Key-Chords of Dawn (poème), dans *Onan*, 1971.

A19. « Brooklyn August » (poème), dans *Io*, 1971. Repris dans *The Unseen King* (voir Ca8), puis dans *Nightmares and Dreamscapes*, 1993.

A20. « The Hardcase Speaks » (poème), dans *Contraband*, 1971. Sous le nom de Stephan King (l'orthographe est une erreur de l'éditeur).

A21. « I am the Doorway » (nouvelle), dans *Cavalier*, mars 1971. Repris dans *Night Shift*, 1978. V.F. : « Comme une passerelle », dans *Danse macabre*, 1980.

1972

A22. « Suffer the Little Children » (nouvelle), dans *Cavalier*, février 1972. Repris dans *Nightmares and Dreamscapes*, 1993. V.F. : « Laissez venir à moi les petits enfants », dans l'anthologie *Territoires de l'inquiétude – 1*, 1991. Repris dans *Rêves et Cauchemars*, 1994.

A23. « The Fifth Quarter » (nouvelle), sous le pseudonyme de John Swithen, dans *Cavalier*, avril 1972. Repris sous le nom de Stephen King dans *Twilight Zone Magazine*, février 1986, puis dans *Nightmares and Dreamscapes*, 1993. V.F. : « Le Cinquième Quart », dans *Rêves et Cauchemars*, 1994.

A24. « Battleground » (nouvelle), dans *Cavalier*, septembre 1972. Repris dans *Night Shift*, 1978. V.F. : « Petits soldats », dans *Danse macabre*, 1980.

A25. « The Mangler » (nouvelle), dans *Cavalier*, décembre 1972. Repris dans *Night Shift*, 1978. V.F. : « La Presseuse », dans *Danse macabre*, 1980.

1973

A26. « The Boogeyman » (nouvelle), dans *Cavalier*, mars 1973. Repris dans *Night Shift*, 1978. V.F. : « Le Croque-Mitaine », dans *Danse macabre*, 1980.

A27. « Trucks » (nouvelle), dans *Cavalier*, juin 1973. Repris dans *Night Shift*, 1978. V.F. : « Poids lourds », dans *Danse macabre*, 1980.

A28. « Gray Matter » (nouvelle), dans *Cavalier*, octobre 1973. Repris dans *Night Shift*, 1978. V.F. : « Matière grise », dans *Danse macabre*, 1980.

A29. « It Grows on You » (nouvelle), dans *Marshroots*, automne 1973. Repris dans *Whispers*, août 1982, puis dans *Weird Tales*, été 1991, et dans *Nightmares and Dreamscapes*, 1993. V.F. : « Ça vous pousse dessus », dans *Rêves et Cauchemars*, 1994.

1974

A30. « Sometimes they come back » (nouvelle), dans *Cavalier*, mars 1974. Repris dans *Night Shift*, 1978. V.F. : « Cours, Jimmy, cours », dans *Danse macabre*, 1980.

A31. *Carrie* (roman), Doubleday, 1974, 199 p. V.F. : *Carrie* – traduit par Henri Robillot – Gallimard NRF, 1976, 227 p. ; (rééd.) J'ai lu, 1978, 253 p. ; (rééd.) Albin Michel, 1994, 278 p. (nouvelle traduction, revue et corrigée, de Henri Robillot).

1975

A32. « The Lawnmower Man » (nouvelle), dans *Cavalier*, mai 1975. Repris dans *Night Shift*, 1978. V.F. : « La Pastorale (travaux des champs et des jardins) », dans *Danse macabre*, 1980. Repris sous le titre « La Pastorale », dans le collectif *Histoires à lire*, France Loisirs, 1994, 188 p.

A33. « The Revenge of Lard Ass Hogan » (nouvelle), sous le pseudonyme de Gordon Lachance , dans *Cavalier*, mars 1975. Repris sous le pseudonyme de Gordon Lachance dans la novella « The Body », dans *Different Seasons*, 1982. V.F. : « La Revanche de Gros Lard Hogan », sous le pseudonyme de Gordon Lachance dans la novella « Le Corps », dans *Différentes saisons*, 1986.

A34. *Salem's Lot* (roman), Doubleday, 1975, 439 p. V.F. : *Salem* – traduit par Christiane Thiollier et Joan Bernard – Williams-Alta, 1977, 408 p. ; (rééd.) Presses Pocket, 1979, 388 p. ; (rééd.) J.-C. Lattès, 1989, 1181 p. [dans un omnibus précédé de *Shining/L'Enfant lumière* [A42] et suivi de *Danse macabre* [A49]].

1976

A35. « Weeds » (nouvelle), dans *Cavalier*, mai 1976. Adapté en BD sous le titre « The Lonesome Death of Jordy Verrill », dans *Creepshow*, 1982. V.F. : « La Fin solitaire de Jordy Verrill », dans *Creepshow*, 1983.

A36. « The Ledge » (nouvelle), dans *Penthouse*, juillet 1976. Repris dans *Night Shift*, 1978. V.F. : « La Corniche », dans *Danse macabre*, 1980.

A37. « I Know What You Need » (nouvelle), dans *Cosmopolitan*, septembre 1976. Repris dans *Night Shift*, 1978. V.F. : « L'Homme qu'il vous faut », dans *Danse macabre*, 1980.

1977

A38. « The Cat from Hell » (nouvelle), dans *Cavalier*, mars et juin 1977.

A39. « Children of the Corn » (nouvelle), dans Penthouse, mars 1977. Repris dans *Night Shift*, 1978. V.F. : « Les Enfants du maïs », dans *Danse macabre*, 1980.

A40. « One for the Road » (nouvelle), dans *Maine*, mars-avril 1977. Repris dans *Night Shift*, 1978. V.F. : « Un dernier pour la route », dans *Danse macabre*, 1980.

A41. « The Man Who Loved Flowers » (nouvelle), dans *Gallery*, août 1977. Repris dans *Night Shift*, 1978. V.F. : « L'Homme qui aimait les fleurs », dans *Danse macabre*, 1980.

A42. *The Shining* (roman), Doubleday, 1977, 447 p. V.F. : *Shining/L'Enfant lumière* – traduit par Joan Bernard – Williams-Alta, 1979, 430 p. ; (rééd.) J'ai lu, 1981, 512 p. ; (rééd.) J.-C. Lattès, 1989, 1181 p. [dans un omnibus suivi de *Salem* [A34] et de *Danse macabre* [A49]] ; (rééd.) J.-C. Lattès, 1992, 430 p.

A43. *Rage* (roman), sous le pseudonyme de Richard Bachman, New American Library, 1977, 211 p. V.F. : *Rage* – traduit par Évelyne Châtelain – Albin Michel, 1990, 244 p. ; (rééd.) J'ai lu, 1993, 251 p.

1978

A44. « The Night of the Tiger » (nouvelle), dans *The Magazine of Fantasy and Science Fiction*, février 1978. V.F. : « La Nuit du tigre » – traduit par Gilbert Gauthier – dans *Fiction* 291, juin 1978.

A45. « The Gunslinger » (nouvelle), dans *The Magazine of Fantasy and Science Fiction*, octobre 1978. Repris dans *The Dark Tower : The Gunslinger*, 1982. V.F. : « Le Justicier », dans *Fiction* 302, 1979. Repris sous le titre « Le Pistolero », dans *La Tour sombre : Le Pistolero*, 1991.

A46. « The Man with a Belly » (nouvelle), dans *Cavalier*, décembre 1978.

A47. « Nona » (nouvelle), dans l'anthologie *Shadows*, par Charles L. Grant, Doubleday, 1978. Repris dans *Skeleton Crew*, 1985. V.F. : « Nona », dans *Brume*, 1987.

A48. « The King Family and the Farting Cookie » (nouvelle), dans *The Flint* (journal du Michigan), 1978.

A49. *Night Shift* (recueil), Doubleday, 1978, 336 p. V.F. : *Danse macabre* – traduit par Lorris Murail et Natalie Zimmermann – Williams-Alta, 1980, 350 p. ; (rééd.) J'ai lu, 1982, 411 p. ; (rééd.) J.-C. Lattès, 1989, 1181 p. [dans un omnibus précédé de *Shining/L'Enfant lumière* [A42] et de *Salem* [A34]] ; (rééd.) J.-C. Lattès, 1993, 350 p.
  • Recueil de 20 nouvelles composé des titres suivants :

    A50. « Jerusalem's Lot », (1re publication). V.F. : « Celui qui garde le ver »

    A16. « Graveyard Shift ». V.F. : « Poste de nuit »

    A10. « Night Surf ». V.F. : « Une sale grippe »

    A21. « I Am the Doorway ». V.F. : « Comme une passerelle »

    A25. « The Mangler ». V.F. : « La Presseuse »

    A26. « The Boogeyman ». V.F. : « Le Croque-Mitaine »

    A28. « Gray Matter ». V.F. : « Matière grise »

    A24. « Battleground ». V.F. : « Petits soldats »

    A27. « Trucks ». V.F. : « Poids lourds »

    A30. « Sometimes They Come Back ». V.F. : « Cours, Jimmy, cours »

    A8.   « Strawberry Spring ». V.F. : « Le Printemps des baies »

    A36. « The Ledge ». V.F. : « La Corniche »

    A32. « The Lawnmower Man ». V.F. : « La Pastorale (travaux des champs et des jardins) »

    A51. « Quitters Inc. », (1re publication). V.F. : « Désintox inc. »

    A37. « I Know What You Need ». V.F. : « L'Homme qu'il vous faut »

    A39. « Children of the Corn ». V.F. : « Les Enfants du maïs »

    A52. « The Last Rung on the Ladder », (1re publication). V.F. : « Le Dernier Barreau de l'échelle »

    A41. « The Man Who Loved Flowers ». V.F. : « L'Homme qui aimait les fleurs »

    A40. « One for the Road ». V.F. : « Un dernier pour la route »

    A53. « The Woman in the Room », (1re publication). V.F. : « Chambre 312 »

A54. *The Stand* (roman), Doubleday, 1978, 823 p. Repris en version intégrale en 1990 sous le même titre. V.F. : *Le Fléau* – traduit et adapté par Richard Matas – J.-C. Lattès, 1981, 458 p. ; (rééd.) J'ai lu, 1988, 572 p. Repris en version intégrale en 1991 sous le même titre.

1979

A55. « The Crate » (nouvelle), dans *Gallery*, juillet 1979. Repris dans *Creepshow* en 1982. V.F. : « La Caisse », dans *Creepshow*, en 1983.

A56. *The Long Walk* (roman), sous le pseudonyme de Richard Bachman, New American Library, 1979, 244 p. V.F. : *Marche ou crève* – traduit par France-Marie Watkins – Albin Michel, 1989, 321 p. ; (rééd.) J'ai lu, 1992, 345 p.

A57. *The Dead Zone* (roman), Viking, 1979, 426 p. V.F. : *L'Accident* – traduit par Richard Matas – J.-C. Lattès, 1983, 376 p. ; (rééd.) Le Livre de poche, 1984, 478 p. [sous le titre *Dead Zone*] ; (rééd.) J.-C. Lattès, 1993, 374 p. [sous le titre *L'Accident*]

1980

A58. « The Way Station » (nouvelle), dans *The Magazine of Fantasy and Science Fiction*, avril 1980. Repris dans *The Dark Tower : The Gunslinger*, 1982. V.F. : « Le Relais », dans *Fiction* 317, 1981. Repris dans *La Tour sombre : Le Pistolero*, 1991.

A59. « The Wedding Gig » (nouvelle), dans *Ellery Queen Mistery Magazine*, décembre 1980. Repris dans *Skeleton Crew*, 1985. V.F. : « Le Gala de noces », dans *Brume*, 1987.

A60. « Big Wheels : A Tale of the Laundry Game » (nouvelle), dans l'anthologie *New Terror* 2, par Ramsey Campbell, 1980. Repris sous le titre « Big Wheels : A Tale of the Laundry Game (Milkman #2) », dans *Skeleton Crew*, 1985. V.F. : « Les Tambours de l'angoisse », dans *Thriller* 2, traduction de J. P. Pugi, 1981. Repris sous le titre : « Grandes Roues : où l'on lave son linge sale en famille (laitier n° 2) », dans *Brume*, 1987.

A61. « The Monkey » (nouvelle), dans *Gallery*, novembre 1980. Repris dans *Skeleton Crew*, 1985. V.F. : « Le Singe », dans *Thriller* 7, 1983. Repris dans *Brume*, 1987, puis dans *Nouvelles*, 1990, et enfin dans *Le Singe*, 1994.

A62. « Crouch End » (nouvelle), dans l'anthologie *New Tales of the Cthulhu Mythos*, par Ramsey Campbell, 1980. Repris dans *Nightmares and Dreamscapes*, 1993. V.F. : « Crouch End », dans l'anthologie *Le Livre noir, nouvelles légendes du mythe de Cthulhu*, 1991. Repris dans *Rêves et Cauchemars*, 1994.

A63. « The Mist » (novella), dans l'anthologie *Dark Forces : New Stories of Suspense and Supranatural Horror*, par Kirby McCauley, Viking, 1980. Repris dans *Skeleton Crew*, 1985. V.F. : « Brume », dans *Brume*, 1987.

A64. *Firestarter* (roman), Phantasia Press, 1980, 428 p. V.F. : *Charlie* – traduit par F. M. Lennox – Albin Michel, 1984, 436 p. ; (rééd.) J'ai lu, 1986, 466 p.

1981

A65. « The Oracle and the Mountain » (nouvelle), dans *The Magazine of Fantasy and Science Fiction*, février 1981. Repris dans *The Dark Tower : The Gunslinger*, 1982. V.F. : « L'Oracle et les Montagnes », dans *Fiction* 327, 1982. Repris dans *La Tour sombre : Le Pistolero*, 1991.

A66. « The Jaunt » (nouvelle), dans *The Twilight Zone Magazine*, juin 1981. Repris dans *Skeleton Crew*, 1985. V.F. : « L'Excursion », dans *Brume*, 1987.

A67. « The Slow Mutants » (nouvelle), dans *The Magazine of Fantasy and Science Fiction*, juillet 1981. Repris dans *The Dark Tower : The Gunslinger*, 1982. V.F. : « Les Lents Mutants », dans *Fiction* 332, 1982. Repris dans *La Tour sombre : Le Pistolero*, 1991.

A68. « Do the Dead Sing ? » (nouvelle), dans *Yankee*, novembre 1981. Repris sous le titre « The Reach », dans *Skeleton Crew* », 1985. V.F. : « Le Chenal », dans *Brume*, 1987. Repris dans *Le Singe*, 1994.

A69. « The Gunslinger and the Dark Man » (nouvelle), dans *The Magazine of Fantasy and Science Fiction*, novembre 1981. Repris dans *The Dark Tower : The Gunslinger*, 1982. V.F. : « Le Justicier et l'Homme en noir », dans *Fiction* 333, 1982. Repris sous le titre « Le Pistolero et l'Homme en noir », dans *La Tour sombre : Le Pistolero*, 1991.

A70. « The Man Who Would Not Shake Hands » (nouvelle), dans l'anthologie *Shadows 4*, par Charles L. Grant, Doubleday, 1981. Repris dans *Skeleton Crew*, 1985. V.F. : « L'Homme qui refusait de serrer la main », dans *Brume*, 1987, et dans *La Ballade de la balle élastique*, 1994.

A71. *Cujo* (roman), Mysterious Press, 1981, 319 p. V.F. : *Cujo* – traduit par Natalie Zimmermann – Albin Michel, 1982, 352 p. ; (rééd.) J'ai lu, 1984, 380 p.

A72. *Stephen King's Danse Macabre* (essai) Everest House, 1981, 400 p. V.F. : *Anatomie de l'horreur I* et *Pages noires* (*Anatomie de l'horreur II*) – traduit par Jean-Daniel Brèque et annoté par Jean-Pierre Croquet – Du Rocher, respectivement 1995, 314 p. et 1996, 287 p. ; (rééd.) J'ai lu, 1997, en deux volumes de 378 p. portant le sous-titre " L'Univers de Stephen King par lui-même ".

A73. *Roadwork – a novel of the First Energy Crisis* (roman), sous le pseudo-nyme de Richard Bachman, New American Library, 1981, 247 p. V.F. : *Chantier* – traduit par Frank Straschitz – Albin Michel, 1987, 349 p. ; (rééd.) J'ai lu, 1991, 413 p.

1982

A74. « The Raft » (nouvelle), dans *Gallery*, novembre 1982. Repris dans *Skeleton Crew*, 1985. V.F. : « Le Radeau », dans *Brume*, 1987.

A75. « Before the Play » (nouvelle), dans *Whispers*, août 1982. Repris en partie dans *TV Guide*, avril 1997.

A76. « Skybar » (nouvelle), dans l'anthologie *The Do-It Yourself Bestseller*, par Tom Skilberkleit et Jerry Biederman, Doubleday, 1982.

A77. « Survivor Type » (nouvelle), dans l'anthologie *Terrors*, par Charles L. Grant, Playboy Paperbacks, juillet 1982. Repris dans *Skeleton Crew*, 1985. V.F. : « Le Goût de vivre », dans *Brume*, 1987.

A78. *Stephen King's Creepshow – A George A. Romero Film* (recueil), textes de Stephen King, dessins de Berni Wrightson, New American Library, 1982, 64 p. V.F. : *Creepshow* – traduit par Janine Bharucha – Albin Michel/L'Écho des savanes, 1983, 64 p.
  • Recueil de bandes dessinées. Texte de King adapté de ses nouvelles ou originalement écrit pour le recueil. Comprend les parties suivantes :

A79. « Father's Day », (1re publication). V.F. : « La Fête des pères ».

A35b. « The Lonesome Death of Jordy Verrill », adapté de la nouvelle « Weeds ». V.F. : « La Fin solitaire de Jordy Verrill ».

A55b. « The Crate », adapté de la nouvelle. V.F. : « La Caisse ».

A80. « Something To Tide You Over », (1re publication). V.F. : « Messes basses à marée basse ».

A81. « They're Creeping Up On You », (1re publication). V.F. : « Ça grouille de partout ».

A82. *The Running Man*, sous le pseudonyme de Richard Bachman (roman), New American Library, 1982, 219 p. V.F. : *Running Man* – traduit par Frank Straschitz – Albin Michel, 1988, 259 p. ; (rééd.) J'ai lu, 1989, 250 p.

A83. *The Dark Tower : The Gunslinger* (recueil), Donald M. Grant, 1982, 224 p. V.F. : *La Tour sombre : Le Pistolero* – traduit par Gérard Lébec – J'ai lu, 1991, 247 p. ; (rééd.) France Loisirs, 1994, 1169 p. [dans un omnibus suivi de *Les Trois Cartes* [A121] et *Terres perdues* [A141]].
  • Recueil-roman composé des cinq nouvelles suivantes :

A45. « The Gunslinger ». V.F. : « Le Pistorelo » (précédemment publié sous le titre « Le Justicier »).

A58. « The Way Station ». V.F. : « Le Relais ».

A65. « The Oracle and the Mountains ». V.F. : « L'Oracle et les Montagnes ».

A67. « The Slow Mutants ». V.F. : « Les Lents Mutants ».

A69. « The Gunslinger and the Dark Man ». V.F. : « Le Pistolero et l'Homme en noir », publiée auparavant sous le titre « Le Justicier et l'Homme en noir ».

A84. *Different Seasons* (recueil), Viking, 1982, 527 p. V.F. : *Différentes saisons* – traduit par Pierre Alien – Albin Michel, 1986, 529 p. ; (rééd.) J'ai lu, 1988, 635 p.
  • Recueil regroupant les quatre novellas inédites suivantes :

A85. « Rita Hayworth and the Shawshank Redemption ». V.F. : « Rita Hayworth et la rédemption de Shawshank ».

A86. « Apt Pupil ». V.F. : « Un élève doué ».

A87. « The Body ». (Texte comprenant les deux nouvelles « Stud City » [A12] et « The Revenge of Lard Ass Hogan » [A33], par Gordon Lachance). V.F. : « Le Corps ». (V.F. des nouvelles de Gordon Lachance : « Stud City » et « La Revanche de Gros Lard Hogan »).

A88. « The Breathing Method ». V.F. : « La Méthode respiratoire ».

A89. *The Plant : The Opening Segment of an Ongoing Work* (nouvelle), Philtrum Press, 1982, 32 p.

1983

A90. « The Word Processor » (nouvelle), dans *Playboy*, janvier 1983. Repris sous le titre « The Word Processor of the Gods », dans *Skeleton Crew*, 1985. V.F. : « Machine divine à traitement de textes », dans *Brume*, 1987.

A91. « Uncle Otto's Truck » (nouvelle), dans *Yankee*, octobre 1983. Repris dans *Skeleton Crew*, 1985. V.F. : « Le Camion de l'oncle Otto », dans *Brume*, 1987.

A92. *Christine* (roman), Donald M. Grant, 1983, 544 p. V.F. : *Christine* – traduit par Marie Milpois – Albin Michel, 1984, 349 p. ; (rééd.) J'ai lu, 1985, 378 p.

A93. *Pet Sematary* (roman), Doubleday, 1983, 373 p. V.F. : *Simetierre* – traduit par François Lasquin – Albin Michel, 1985, 477 p. ; (rééd.) J'ai lu, 1987, 570 p.

A94. *Cycle of the Werewolf* (nouvelle) – illustré par Berni Wrightson – The Land of Enchantment, 1983, 114 p. Texte repris dans *Silver Bullet*, 1985. V.F. : *L'Année du loup-garou* – traduit par François Lasquin – Albin Michel, 1986, 128 p. Texte repris sous le titre *La Nuit du loup-garou*, dans *Peur bleue*, 1986.

A95. *The Plant – Part Two* (nouvelle), Philtrum Press, 1983, 36 p.

1984

A96. « Gramma » (nouvelle), dans *Weirdbook*, printemps 1984. Repris dans *Skeleton Crew*, 1985. V.F. : « Mémé », dans *Brume*, 1987.

A97. « Mrs Todd's Shortcut » (nouvelle), dans *Redbook*, mai 1984. Repris dans *Skeleton Crew*, 1985. V.F. : « Le Raccourci de Mme Todd », dans *Brume*, 1987. Repris dans *Nouvelles*, 1990.

A98. « The Ballad of the Flexible Bullet » (nouvelle), dans *The Magazine of Fantasy and Science Fiction*, juin 1984. Repris dans *Skeleton Crew*, 1985. V.F. : « La Ballade de la balle élastique », dans *Brume*, 1987. Repris dans *La Ballade de la balle élastique*, 1994.

A99. « The Revelations of 'Becka Paulson » (nouvelle), dans *Rolling Stone*, juillet-août 1984. Repris dans *Skeleton Crew*, 1985. Repris dans l'anthologie *I Shudder at Your Touch*, par Michele Slung, Roc Book, 1991. V.F. : « Les Révélations de Becky Paulson », dans l'anthologie *22 Histoires de sexe et d'horreur*, par Michele Slung, Albin Michel, 1993, 468 p. ; (rééd.) Pocket, 1995, 466 p.

A100. *The Eyes of the Dragon* (roman), Philtrum Press, 1984, 314 p. V.F. : *Les Yeux du dragon* – traduit par Évelyn Châtelain – Albin Michel, 1996, 382 p. [édition spécialement illustrée par Christian Heinrich].

A101. *The Talisman* (roman), en collaboration avec Peter Straub, G. Putnam's Sons, 1984, 646 p. V.F. : *Le Talisman des territoires* – traduit par Béatrice Gartenberg et Isabelle Delord – Laffont, 1986, 646 p. ; (rééd.) Le Livre de poche, 1987, 1079 p. [sous le titre *Le Talisman*].

A102. *Thinner*, sous le pseudonyme de Richard Bachman (roman), New American Library, 1984, 309 p. V.F. : *La Peau sur les os* – traduit par François Lasquin – Albin Michel, 1987, 366 p. ; (rééd.) J'ai lu, 1988, 377 p.

1985

A103. « Dolan's Cadillac » (nouvelle), en cinq épisodes dans *Castle Rock : The Stephen King Newsletter*, février à juin 1985. Repris dans *Dolan's Cadillac*, 1989, puis dans *Nightmares and Dreamscapes*, 1993. V.F. : « La Cadillac de Dolan », dans *Rêves et Cauchemars*, 1994.

A104. « Heroes for Hope : Starring the X-Men » (nouvelle), dans *Marvel Comics*, 1985.

A105. « Beachworld » (nouvelle), dans *Weird Tales*, 1985. Repris dans *Skeleton Crew*, 1985. V.F. : « Sables », dans *Brume*, 1987.

A106. *Skeleton Crew* (recueil), Scream Press, 1985, 545 p. V.F. : *Brume* – traduit par Michèle Pressé et Serge Quadruppani – Albin Michel, 1987, 643 p. ; (rééd.) J'ai lu, 1989, en deux volumes intitulés : *Brume – Paranoïa*, 410 p. et *Brume – La Faucheuse*, 410 p.
   • Recueil regroupant les 23 nouvelles suivantes (22 pour les rééditions américaines et pour la version française) :
   A63.   « The Mist ». V.F. : « Brume ».
   A6.   « Here there be Tygers ». V.F. : « En ce lieu les tigres ».
   A61.   « The Monkey ». V.F. : « Le Singe ».
   A97.   « Mrs Todd's Shortcut ». V.F. : « Le Raccourci de Mme Todd ».
   A7.   « Cain Rose Up ». V.F. : « La Révolte de Caïn ».
   A66.   « The Jaunt ». V.F. : « L'Excursion ».
   A59.   « The Wedding Gig ». V.F. : « Le Gala de noces ».
   A107. « Paranoid : A Chant » (poème), (1re publication). V.F. : « Paranoïa : une mélopée ».
   A74.   « The Raft ». V.F. : « Le Radeau ».

A90. « Word Processor of the Gods ». V.F. : « Machine divine à traitement de textes ».

A70. « The Man Who Would Not Shake Hands ». V.F. : « L'Homme qui refusait de serrer la main ».

A105. « Beachworld ». V.F. : « Sables ».

A11. « The Reaper's Image ». V.F. : « L'Image de la faucheuse ».

A47. « Nona ». V.F. : « Nona ».

A108. « For Owen » (poème), (1re publication). V.F. : « Pour Owen ».

A77. « Survivor Type ». V.F. : « Le Goût de vivre ».

A91. « Uncle Otto's Truck ». V.F. : « Le Camion de l'oncle Otto ».

A109. « Morning Deliveries (Milkman #1) », (1re publication). V.F. : « Livraisons matinales (laitier n° 1) ».

A60. « Big Wheels : Tale of the Laundry Game (Milkman #2) ». V.F. : « Grandes roues : où l'on lave son linge sale en famille (laitier n° 2) » [publiée auparavant sous le titre « Les Tambours de l'angoisse »].

A96. « Gramma ». V.F. : « Mémé ».

A98. « The Ballad of the Flexible Bullet ». V.F. : « La Ballade de la balle élastique ».

A68. « The Reach ». V.F. : « Le Chenal ».

A99. « The Revelations of 'Becka Paulson ».

A110. *Silver Bullet* (recueil), New American Library, 1985, 255 p. Réédition du texte de *Cycle of the Werewolf* [A94] accompagné du scénario inédit de King. V.F. : *Peur bleue* – traduit par François Lasquin, Michel Darroux et Bernadette Emerich – J'ai lu, 1986, 278 p. ; (rééd.) France Loisirs, 1984, 299 p.

A111. *The Bachman Books : Four Early Novels* (recueil), New American Library, octobre 1985, 692 p. Réédité en 1996 par suite de l'annonce de la publication de *The Regulators* [A171] avec une nouvelle introduction de King.

• Recueil des quatre premiers romans de Richard Bachman présentés par une introduction de King :

A112. « Why I Was Bachman » (essai).

A43. *Rage*.

A56. *The Long Walk*.

A73. *Roadwork*.

A82. *The Running Man*.

• La réédition de 1996 comprend la nouvelle introduction :

A113. « The Importance of Being Bachman » (essai).

A114. *The Plant — Part Three* (nouvelle), Philtrum Press, 1985, 56 p.

1986

A115. « For the Birds » (nouvelle), dans *Bred Any Good Rocks Lately ?*, Doubleday, 1986.

A116. « The End of the Whole Mess » (nouvelle), dans *Omni*, octobre 1986. Repris dans *Nightmares and Dreamscapes*, 1993. V.F. : « Le Grand Bazar : Finale », dans *Rêves et Cauchemars*, 1994.

A117. *IT* (roman), Viking, 1986, 1138 p. V.F. : *ÇA* – traduit par William Desmond – Albin Michel, 1988, 1121 p. ; (rééd.) Albin Michel, 1988, en deux volumes intitulés *ÇA -1*, 627 p. et *ÇA -2*, 501 p. ; (rééd.) France Loisirs, 1989, 1121 p. ; (rééd.) J'ai lu, 1990, en trois volumes intitulés *ÇA-1*, 499 p., *ÇA-2*, 510 p. et *ÇA-3*, 502 p. [Note : la première édition mondiale est une édition allemande publiée sous le titre *ES*.]

1987

A118. « The Doctor's Case » (nouvelle), dans l'anthologie *The New Adventures of Sherlock Holmes : Original Stories by Eminent Mystery Writers*, par Martin H. Greenberg et Carol-Lynn Rössel Waugh, Carroll & Graff, 1987. Repris dans *Nightmares and Dreamscapes*, 1993. V.F. : « Le Docteur résout l'énigme », dans *Rêves et Cauchemars*, 1994.

A119. « Popsy » (nouvelle), dans l'anthologie *Masques II : All-New Stories of Horror and the Supranatural*, par J.N. Williamson, Maclay and Associates, 1987. Repris dans *Nightmares and Dreamscapes*, 1993. V.F. : « Popsy », dans l'anthologie *Territoires de l'inquiétude – 4* de Alain Dorémieux, Denoël, 1992, traduit par Hélène Collon. Repris dans *Rêves et Cauchemars*, 1994.

A120. *Misery* (roman), Viking, 1987, 310 p. V.F. : *Misery* – traduit par William Desmond – Albin Michel, 1989, 391 p. ; (rééd.) J'ai lu, 1991, 440 p.

A121. *The Dark Tower II : The Drawing of the Three* (roman), Donald M. Grant, 1987, 400 p. V.F. : *La Tour sombre – Les Trois Cartes* – traduit par Gérard Lébec – J'ai lu, 1991, 499 p. ; (rééd.) France Loisirs, 1994, 1169 p. [dans un omnibus précédé de *Le Pistolero* [A83] et suivi de *Terres perdues* [A141]].

A122. *The Tommyknockers* (roman), G. P. Putnam's Son, 1987, 558 p. V.F. : *Les Tommyknockers* – traduit par Dominique Dill – Albin Michel, 1989, 604 p. ; (rééd.) J'ai lu, 1993, en trois volumes intitulés

Les Tommyknockers-1, 315 p., *Les Tommyknockers-2*, 315 p. et *Les Tommyknockers-3*, 319 p.

1988

A123. « The Night Flier » (nouvelle), dans l'anthologie *Prime Evil (new stories by the masters of modern horror)*, par Douglas Winter, Donald M. Grant, 1988. Repris dans *Nightmares and Dreamscapes*, 1993, dans une version complètement remaniée. V.F. : *L'Oiseau de nuit*, anthologie *13 Histoires diaboliques*, de Douglas Winter, Albin Michel, 1990, traduction par Jean-Daniel Brèque ; (rééd.) Pocket. Repris sous le titre « Le Rapace nocturne », dans *Rêves et Cauchemars*, 1994, dans une version complètement remaniée.

A124. « The Reploids » (nouvelle), dans l'anthologie *Night Visions 5*, par Douglas E. Winter, Dark Harvest, 1988.

A125. « Sneakers » (nouvelle), dans l'anthologie *Night Visions 5*, par Douglas E. Winter, Dark Harvest, 1988. Repris dans *Nightmares and Dreamscapes*, 1993. V.F. : « Pompes de basket », dans *Rêves et Cauchemars*, 1994.

A126. « Dedication » (nouvelle), dans l'anthologie *Night Visions 5*, par Douglas E. Winter, Dark Harvest, 1988. Repris dans *Nightmares and Dreamscapes*, 1993. V.F. : « Dédicaces », dans *Rêves et Cauchemars*, 1994.

A127. *Nightmares in the Sky* (essai), par Stephen King et f-stop Fitzgerald, Viking Studio Books, 1988, 128 p.

A128. « Letters from Hell » (essai), Lord John Press, 1988.

1989

A129. « Rainy Season » (nouvelle), dans *Midnight Graffiti* 3, printemps 1989. Repris dans *Nightmares and Dreamscapes*, 1993. V.F. : « La Saison des pluies », dans *Rêves et Cauchemars*, 1994.

A130. « Home Delivery » (nouvelle), dans l'anthologie *Book of the Dead*, par John Skipp et Craig Spector, Mark V. Ziesing, 1989. Repris dans *Nightmares and Dreamscapes*, 1993. V.F. : « Accouchement à domicile », dans *Rêves et Cauchemars*, 1994.

A103b. « Dolan's Cadillac » (nouvelle), réédition du feuilleton publié dans *Castle Rock* [A103], Lord John Press, 1989, 64 p. Repris dans *Nightmares and Dreamscapes*, 1993. V.F. : « La Cadillac de Dolan », dans *Rêves et Cauchemars*, 1994.

A131. *My Pretty Pony* (nouvelle), Library Fellows of the Withney Museum, 1989, 64 p. Repris dans *Nightmares and Dreamscapes*, 1993. V.F. : « Mon joli poney », dans *Rêves et Cauchemars*, 1994.

A132. *The Dark Half* (roman), Viking, 1989, 431 p. V.F. : *La Part des ténèbres* – traduit par William Olivier Desmond – Albin Michel, 1990, 463 p. ; (rééd.) Pocket, 1993, 543 p.

1990

A133. «The Moving Finger » (nouvelle), dans *The Magazine of Fantasy and Science Fiction*, décembre 1990. Repris dans *Nightmares and Dreamscapes*, 1993. V.F. : « Le Doigt télescopique », dans *Rêves et Cauchemars*, 1994.

A134. *The Stand, Complete and Uncut Edition* (roman), Doubleday, 1990, 1153 p. V.F. : *Le Fléau – Version intégrale* – traduit par Jean-Pierre Quijano – J.-C. Lattès, 1991, 1183 p. ; (rééd.) J'ai lu, 1992, en trois volumes intitulés *Le Fléau – 1* (510 p.), *Le Fléau – 2* (506 p.) et *Le Fléau – 3* (510 p.)

A135. *Four Past Midnight* (recueil), Viking, 1990, 763 p. V.F. : en deux volumes : *Minuit 2* (A135a) et *Minuit 4* (A135b) – traduit par William Olivier Desmond – Albin Michel, 1991, respectivement 448 p. et 442 p. [aussi en coffret intitulé *Après minuit*] ; (rééd.) J'ai lu, respectivement 1993, 564 p. et 1994, 573 p.
   • Recueil regroupant les quatre novellas inédites suivantes :

   A136. « The Langoliers ». V.F. : « Les Langoliers ».
   A137. « Secret Window, Secret Garden ». V.F. : « Vue imprenable sur jardin secret ».
   A138. « The Library Policeman ». V.F. : « Le Policier des bibliothèques ».
   A139. « The Sun Dog ». V.F. : « Le Molosse surgi du Soleil ».

A140. *Nouvelles/Short Stories* (recueil) , – traduit par Michel Oriano – Presses Pocket " Bilingue ", 1990, 223 p.
   • Livre accompagné d'une cassette audio et regroupant les textes en version originale et en version française des deux nouvelles suivantes :
   A61. « The Monkey ». V.F. : « Le Singe ».
   A97. « Mrs Todd's Shortcut ». V.F. : « Le Raccourci de Mme Todd ».

1991

A141. *The Dark Tower – The Waste Lands* (roman), Donald M. Grant, 1991, 509 p. V.F. : *La Tour sombre – Terres perdues* – traduit par Jean-Daniel

Brèque et Christiane Poulain – J'ai lu, 1991, 567 p. ; (rééd.) France Loisirs, 1994, 1169 p. [dans un omnibus précédé de *Le Pistolero* [A83] et de *Les Trois Cartes* [A121]].

A142. *Needful Things* (roman), Viking, 1991, 690 p. V.F. : *Bazaar* – traduit par William Olivier Desmond – Albin Michel, 1992, 678 p. ; (rééd.) J'ai lu, 1994, en deux volumes intitulés *Bazaar – 1*, 383 p. et *Bazaar – 2*, 447 p.

1992

A143. « You Know They Got a Hell of a Band » (nouvelle), dans l'anthologie *Shock Rock*, par Jeff Gelb, Pocket Books, 1992. Repris dans *Nightmares and Dreamscapes*, 1993. V.F. : « Un groupe d'enfer », dans *Rêves et Cauchemars*, 1994.

A144. « Chattery Teeth » (nouvelle), dans *Cemetary Dance*, automne 1992. Repris dans *Nightmares and Dreamscapes*, 1993. V.F. : « Dentier claqueur », dans *Rêves et Cauchemars*, 1994.

A145. *Gerald's Game* (roman), Viking, 1992, 332 p. V.F. : *Jessie* – traduit par Mimi et Isabelle Perrin – Albin Michel, 1993, 389 p. ; (rééd.) J'ai lu, 1996, 442 p.

1993

A146. « Jhonathan and the Witches » (nouvelle), dans *First Words : Earliest Writing from Favorite Contemporary Authors*, Algonquin Books of Chapel Hill, 1993.

A147. *Dolores Claiborne* (roman), Viking, 1993, 305 p. V.F. : *Dolores Claiborne* – traduit par Dominique Dill – Albin Michel, 1993, 324 p. ; (rééd.) Pocket, 1996, 324 p.

A148. *Nightmares and Dreamscapes* (recueil), Viking, 1993, 816 p. V.F. : *Rêves et Cauchemars* – traduit par William Olivier Desmond – Albin Michel, 1994, 702 p. ; (rééd.) J'ai lu, 1996, en deux volumes intitulés *Rêves et Cauchemars – 1*, 507 p. et *Rêves et Cauchemars – 2*, 505 p.
  • Recueil regroupant les 24 nouvelles suivantes (22 dans la version française) :

  A103. « Dolan's Cadillac ». V.F. : « La Cadillac de Dolan ».
  A116. « The End of the Whole Mess ». V.F. : « Le Grand Bazar : Finale ».

A22.   « Suffer the Little Children ». V.F. : « Laissez venir à moi les petits enfants ».

A123b. « The Night Flier », (version remaniée). V.F. : « Le Rapace nocturne » (version remaniée).

A119. « Popsy ». V.F. : « Popsy ».

A29.   « It Grows On You ». V.F. : « Ça vous pousse dessus ».

A144. « Chattery Teeth ». V.F. : « Dentier claqueur ».

A126. « Dedication ». V.F. : « Dédicaces ».

A133. « The Moving Finger ». V.F. : « Le Doigt téléscopique ».

A125. « Sneakers ». V.F. : « Pompes de basket ».

A143. « You Know They Got A Hell Of A Band ». V.F. : « Un groupe d'enfer ».

A130. « Home Delivery ». V.F. : « Accouchement à domicile ».

A129. « Rainy Season ». V.F. : « La Saison des pluies ».

A131. « My Pretty Pony ». V.F. : « Mon joli poney ».

A149. « Sorry, Right Number » (scénario), (1re publication). V.F. : « Désolé, bon numéro ».

A150. « The Ten O'clock People », (1re publication). V.F. : « La Tribu des dix plombes ».

A62.   « Crouch End ». V.F. : « Crouch End ».

A151. « The House on Maple Street », (1re publication). V.F. : « La Maison de Maple Street ».

A23.   « The Fifth Quarter ». V.F. : « Le Cinquième Quart ».

A118. « The Doctor's Case ». V.F. : « Le Docteur résout l'énigme ».

A152. « Umney's Last Case », (1re publication). Repris dans *Umney's Last Case*, 1995. V.F. : « La Dernière Affaire d'Umney ».

A153. « The Beggar and the Diamond », (1re publication). V.F. : « Le Mendiant et le Diamant ».

A154. « Head Down », (1re publication).

A19.   « Brooklyn August ».

1994

A155. « The Killer » (nouvelle), dans *Famous Monster of Filmland*, 1994.

A156. « The Man in the Black Suit » (nouvelle), dans *The New Yorker*, octobre 1994. Repris dans *Six Stories*, 1997.

A157. *Insomnia* (roman), Mark V. Ziesing Books, 1994, 591 p. V.F. : *Insomnie* – traduit par William Olivier Desmond – Albin Michel, 1995, 717 p.

A158. *Le Singe* (recueil), J'ai lu (Librio), 1994, 96 p.
   • Recueil comprenant les deux nouvelles suivantes :

A61. « Le Singe » [v.f. de « The Monkey »].

A68. « Le Chenal » [v.f. de « The Reach »].

A159. *La Ballade de la balle élastique* (recueil), J'ai lu (Librio), 1994, 96 p.
 • Recueil comprenant les deux nouvelles suivantes :

A98. « La Ballade de la balle élastique » [v.f. de « The Ballad of the Flexible Bullet »].

A70. « L'Homme qui refusait de serrer la main » [v.f. de « The Man Who Would Not Shake Hands »].

1995

A160. « Lucky Quarter » (nouvelle), dans *USA Weekend* (juin/juillet 1995). Repris dans *Six Stories*, 1997.

A161. « Lunch at the Gotham Café » (nouvelle), dans l'anthologie *Dark Love*, par Nancy A. Collins, Edward E. Kramer et Martin H. Greenberg, Roc Book, 1995, 416 p. Repris dans *Six Stories*, 1997.

A162. *Rose Madder* (roman), Viking, 1995, 420 p. V.F. : *Rose Madder* – traduit par William Olivier Desmond – Albin Michel, 1997, 560 p.

A152b. *Umney's Last Case* (nouvelle), Penguin books, 1995, 88 p.
 • Réédition en petit livre de la novella parue dans *Nightmares and Dreamscapes*.

1996

A163. *The Green Mile* (feuilleton), Penguin Books, 1996. V.F. : *La Ligne verte* – traduit par Philippe Rouard – Librio (J'ai lu), 1996.
 • Feuilleton en six épisodes, publié simultanément en plusieurs langues :

A164. *The Two Dead Girls*, mars 1996, 92 p. V.F. : *Deux petites filles mortes*, mars 1996, 89 p.

A165. *The Mouse on the Mile*, avril 1996, 92 p. V.F. : *Mister Jingles*, avril 1996, 89 p.

A166. *Coffey's Hands*, mai 1996, 90 p. V.F. : *Les Mains de Caffey*, mai 1996, 90 p.

A167. *The Bad Death of Eduard Delacroix*, juin 1996, 90 p. V.F. : *La Mort affreuse d'Edouard Delacroix*, juin 1996, 91 p.

A168. *Night Journey*, juillet 1996, 90 p. V.F. : *L'Équipée nocturne*, juillet 1996, 89 p.

A169. *Coffey on the Mile*, août 1996, 138 p. V.F. : *Caffey sur la ligne*, août 1996, 93 p.

• Au printemps 1997, Penguin a publié les six parties de cette histoire en un seul volume, contenant une nouvelle introduction de King. Flammarion a promis la version française en un seule volume pour octobre 1997.

A170. *Desperation* (roman), Donald M. Grant, 1996. V.F. : *Désolation* – traduit par Dominique Peters – Albin Michel, 1996, 571 p.

A171. *The Regulators*, sous le pseudonyme de Richard Bachman (roman), Dutton, 1996 475 p. V.F. : *Les Régulateurs* – traduit par William Olivier Desmond – Albin Michel 1996, 388 p.

A172. « Blind Willie » (nouvelle), dans l'anthologie *Antheus : The Final Issue*, Ecco Press, 1996. Repris dans *Six Stories*, 1997.

A173. « An Exerpt from the upcoming The Dark Tower IV : Wizard and Glass » (extrait de roman), Penguin, 1996, 64 p.

1997

A174. *Six Stories* (recueil), Philtrum Press, 1997.
  • Recueil regroupant les nouvelles suivantes :

  A161. « Lunch at the Gotham Café ».
  A175. « L.T.'s Theory of Pet », 1re publication.
  A160. « Lucky Quarter ».
  A176. « Autopsy Room 4 », 1re publication.
  A172. « Blind Willie ».
  A156. « The Man in the Black Suit ».

A177. *The Dark Tower IV : Wizard and Glass* (roman), Donald M. Grant, 1997. J'ai lu a acquis les droits de la version française.

À PARAÎTRE (sous réserve)

[A178]. « Everything's Eventual » (nouvelle), dans *Fantasy and Science Fiction*, octobre-novembre 1997.

[A179]. « The Little Sisters of Eluria : A Dark Tower Novella », dans l'anthologie *Legends : The Book of Fantasy*, par Robert Silverberg, 1998.

17. Filmographie commentée des adaptations d'œuvres de Stephen King et des films dérivés d'œuvres de King

par
Hugues Morin

Notes : Nous avons préféré donner plus de place aux commentaires plutôt que de détailler entièrement le générique de chaque film cité. Plusieurs informations vous sont toutefois fournies sur les principaux artisans des films : réalisateur, scénariste, producteur, musicien et principaux interprètes.

B1 : Longs métrages adaptés d'œuvres de King

B1a. **Carrie** (*Carrie*) ; United Artist, 1976. 98 min. Réalisateur : Brian De Palma. Scénariste : Lawrence D. Cohen. Producteur : Paul Monash. Musique : Pino Donaggio. Interprètes : Sissy Spacek (Carrie White) ; Piper Laurie (Margaret White) ; Amy Irving (Sue Snell) ; William Katt (Tommy Ross) ; Nancy Allen (Chris Hargensen) ; John Travolta (Billy Nolan) ; Betty Buckley (Miss Collins). Adapté du roman [A31].
  • La première adaptation d'une œuvre de King à l'écran, qui a obtenu un grand succès. King est devenu mondialement connu après la sortie de ce film. Aspect paradoxal, le film est beaucoup plus connu que le roman. Malgré les très nombreuses adaptations qui ont suivi, **Carrie** demeure l'un des dix meilleurs films adaptés d'histoires de King à ce jour.

B1b. **Shining/L'Enfant lumière** (*The Shining*) ; Warner Brothers/Hawks Films, 1980. 119 min. Réalisateur et producteur : Stanley Kubrick. Scénaristes : Stanley Kubrick et Diane Johnson. Musique : Wendy Carlos, Bela Bartok, Kryzstof Penderecki, Gyorgy Ligeti, Rachel Elkin et Henry Hall. Interprètes : Jack Nicholson (Jack Torrance) ; Shelley Duvall (Wendy Torrance) ; Danny Lloyd (Danny Torrance) ; Scatman Crothers (Hallorann). Adaptation du roman [A42].

- Kubrick a rejeté le scénario proposé par King et l'auteur a toujours détesté ce film, qui trahit l'esprit du livre. Il en a d'ailleurs écrit une version différente plusieurs années plus tard [B2l]. Alors que l'attention du roman se porte sur Danny – le fils –, le film s'articule autour du thème de la folie et de l'alcoolisme de Jack, le père. Mais il n'en reste pas moins que, grâce à plusieurs scènes d'anthologie, **Shining** se classe parmi les dix meilleurs films tirés d'œuvres de King, malgré la mauvaise adaptation.

B1c. **Cujo** (*Cujo*), Warner Brothers/Taft Entertainment, 1983. 93 min. Réalisateur : Lewis Teague. Scénaristes : Don Carlos Dunaway et Lauren Currie (Barbara Turner). Producteurs : Daniel H. Blatt et Robert Singer. Musique : Charles Bernstein. Interprètes : Dee Wallace (Donna Trenton) ; Danny Pintauro (Tad Trenton) ; Daniel Hugh Kelly (Vic Trenton) ; Christopher Stone (Steve Kemp) ; Ed Lauter (Joe Camber). Adapté du roman [A71].
- King a vu son scénario rejeté (le garçon y mourait à la fin, contrairement à la version tournée). Sans être un film particulièrement réussi, **Cujo** ne présente pas les longueurs du roman, même s'il tente aussi de jouer sur deux tableaux. Les scènes avec le chien sont bien réussies.

B1d. **Dead Zone** (***The Dead Zone***), Paramount Pictures, 1983. 103 min. Réalisateur : David Cronenberg. Scénariste : Jeffrey Boam. Producteur : Debra Hill. Musique : Michael Kamen. Interprètes : Christopher Walken (Johnny Smith) ; Brooke Adams (Sarah Bracknell) ; Tom Skeritt (le shérif Bannerman) ; Martin Sheen (Greg Stilson) ; Coleen Dewurst (Henrietta Dodd) ; Nicholas Campbell (Frank Dodd) ; Herbert Lom (Dr. Sam Weizak). Adapté du roman [A57].
- Fidèlement adapté du roman, **Dead Zone** est sans conteste l'une des meilleures adaptations de King portées à l'écran. Christopher Walken est très convaincant dans le rôle de Johnny Smith. Le film, tout comme le roman, explore plusieurs aspects du personnage et la fin est plus complexe et intéressante qu'un banal *happy end* hollywoodien.

B1e. **Christine** (***Christine***), Columbia Pictures, 1983. 110 min. Réalisateur : John Carpenter. Scénariste : Bill Phillips. Producteur : Richard Kobritz. Musique : John Carpenter. Interprètes : Keith Gordon (Arnie Cunningham) ; John Stockwell (Dennis Guilder) ; Alexandra Paul (Leigh Cabot) ; Robert Prosky (Will Darnell). Adapté du roman [A92].
- Tourné sur un scénario assez fidèle au roman, le film de Carpenter offre quelques scènes intéressantes, mais l'ensemble demeure tout de même au niveau de la série B. Un bon film de série B, par contre. Les effets spéciaux avec la voiture sont fort bien réussis et l'interprétation des

trois acteurs principaux est aussi dans le ton. Par ailleurs, la musique, composée par Carpenter, est répétitive et le film en souffre un peu.

B1f. **Les Enfants de l'horreur** (***Children of the Corn***), New World Pictures, 1984. 93 min. [Aussi distribué en français sous les titres **Horror Kid** et **Les Démons du maïs**]. Réalisateur : Fritz Kiersch. Scénariste : George Goldsmith. Producteurs : Donald P. Borchers et Terrence Kirby. Musique : Jonathan Elias. Interprètes : Peter Horton (Burt Stanton) ; Linda Hamilton (Vicky Baxter) ; R.G. Armstrong (Diehl). Adapté de la nouvelle [A39].

  • **Les Enfants de l'horreur** est certainement le pire long métrage directement adapté d'une œuvre de King. L'écrivain avait écrit un scénario qui n'avait pas été retenu. On se demande pourquoi puisqu'il était à peu près impossible de faire pire que celui qui a été tourné. Stephen King a placé ce film sur sa liste des dix pires films de l'histoire du cinéma et on ne peut qu'être d'accord avec lui tellement la réalisation, l'interprétation et le scénario sont mauvais.

B1g. **Charlie** (***Firestarter***), Universal Pictures, 1984. 115 min. Réalisateur : Mark L. Lester. Scénariste : Stanley Mann. Producteur : Frank Capra jr. Musique : Tangerine Dream. Interprètes : David Keith (Andrew McGee) ; Drew Barrymore (Charlie McGee) ; Heater Locklear (Vicky McGee) ; Martin Sheen (le capitaine Hollister) ; George C. Scott (John Rainbird). Adapté du roman [A64].

  • Le scénario est très fidèle au roman d'origine, lequel est construit comme une longue fuite/poursuite. Les effets spéciaux sont réussis et Drew Barrymore (deux ans après son rôle dans E.T.) offre une interprétation correcte de Charlie. Bref, tout a l'air parfait, mais le film ne lève pas vraiment. On n'embarque pas dans cette histoire, qui prouve que la fidélité au roman ne suffit pas à faire un bon film, même si le roman fonctionnait très bien. La trame sonore de Tangerine Dream est excellente, par contre.

B1h. **Peur bleue** (***Silver Bullet***), Paramount Pictures, 1985. 95 minutes. Réalisateur : Daniel Attias. Scénariste : Stephen King. Producteur : Martha Schumacher. Musique : Jay Chattaway. Interprètes : Gary Busey (Oncle Red) ; Corey Haim (Marty Coslaw) ; Megan Follows (Jane Coslaw) ; Everett McGill (le révérend Lester Lowe/le loup-garou). Adapté de la novellette **L'Année du loup-garou** [A94].

  • Le scénario de King diffère légèrement du matériau d'origine, notamment en ce qui concerne l'importance du personnage de Jane. Le film est considéré comme moyen (film de série B) mais je dois avouer que j'ai toujours eu un faible pour cette petite histoire de loup-garou bizarroïde qui ne semble jamais se prendre vraiment au sérieux. J'ai passé un bon moment à chaque visionnement. Probablement grâce à l'interprétation de Gary Busey et Megan Follows, tous deux excellents, et de Corey Haim, qui se tire bien d'affaire dans le rôle de Marty. Notons que la publication du scénario [A110] de ce film est une chose plutôt rare.

B1i. **Les Camions maléfiques** (*Maximum Overdrive*), MGM/United Artists, 1986. 95 min. Réalisateur et scénariste : Stephen King. Producteur : Martha Schumacher. Musique : AC/DC. Interprètes : Emilio Estevez (Bill Robinson) ; Pat Hingle (Hendershot) ; Laura Harrington (Brett) ; Stephen King (un inconnu). Adapté de la nouvelle [A27].

• **Les Camions maléfiques** est le seul film écrit et réalisé par King. Le résultat prouve qu'il est bien meilleur écrivain que scénariste et réalisateur. L'ensemble ne vole pas haut, surtout parce que l'histoire d'origine ne pouvait fournir assez de matière pour un long métrage. Le film se perd quelque part entre la comédie d'horreur absurde et la fuite de deux des protagonistes auxquels on ne s'attache pas. King allait qualifier plus tard ce film d'" échec instructif ". La musique de AC/DC est un très curieux choix de la part de Stephen King (qui adore ce groupe, ce qui ne justifie pas son choix).

B1j. **Compte sur moi** (*Stand By Me*), Columbia Pictures, 1986. 110 min. Réalisateur : Rob Reiner. Scénaristes : Raynold Gideon et Bruce A. Evans. Producteurs : Raynold Gideon, Bruce A. Evans et Andrew Scheinman. Musique : Jack Nitzsche. Interprètes : Wil Weaton (Gordie Lachance) ; Richard Dreyfuss (Gordie Lachance, adulte) ; River Phoenix (Chris Chambers) ; Corey Feldman (Teddy Duchamp) ; Jerry O'Connell (Vern Tessio) ; Kiefer Sutherland (Ace Merrill). Adapté de la novella **Le Corps** [A87].

• Je classerais ce film en deuxième position. Lors de sa sortie, c'était sans conteste le meilleur film tiré d'une histoire de King. On peut trouver cette situation paradoxale, compte tenu du fait que la novella originale n'est pas une histoire d'horreur, genre de prédilection de l'auteur. On peut aussi se demander si l'horreur de King est facilement adaptable à l'écran, puisque son style littéraire n'est pas différent avec ce texte mais a pu fournir un film supérieur. Notons tout de même qu'il s'agit d'un texte très fort au départ, ce qui est avantageux pour le scénariste. Le réalisateur, Rob Reiner, a aussi réalisé plus tard l'adaptation de *Misery* [B1n], également très réussie.

B1k. **Running Man/Le Jeu du défi** (*The Running Man*), Tri-Star/Taft Entertainment, 1987. 101 min. Réalisateur : Paul Michael Glaser. Scénariste : Steven E. de Souza. Producteurs : Tim Zinneman et George

Linder. Musique : Harold Faltermeyer, John Parr, Jackie Jackson, Glen Barbee. Chorégraphie : Paula Abdul. Interprètes : Arnold Schwarzenegger (Ben Richards) ; Maria Conchito Alonso (Amber Mendez) ; Yaphet Kotto (Laughlin). Adapté du roman [A82] (de Richard Bachman).

- Ce film n'a rien à voir avec le roman de King. Il s'inscrit plutôt dans la lignée des productions hollywoodiennes typiques mettant en vedette Arnold Schwarzenegger (à cette époque). L'adaptation semble avoir été faite sur mesure pour l'acteur principal, détruisant ainsi l'intention de départ du roman. Le résultat est une tentative de thriller-SF qui ne passera vraiment pas à l'histoire.

B1l. **Simetierre vivant** (*Pet Sematary*), Paramount Pictures, 1989. 95 min. Réalisateur : Mary Lambert. Scénario : Stephen King. Producteur : Richard P. Rubinstein. Musique : Elliot Goldenthal, Dee Dee Ramone et Daniel Rey. Interprètes : Dale Midkiff (Louis Creed) ; Fred Gwynne (Jud Crandall) ; Denise Crosby (Rachel Crandall) ; Stephen King (le prêtre) ; Brad Greenquist (Victor Pascow). Adapté du roman [A93].

- **Simetierre** est filmé sur un scénario de King beaucoup moins sombre que le roman dont il est adapté. Ce ton plus léger explique sans doute la déception que l'on peut éprouver en regardant le film et ce, malgré la qualité de l'adaptation, qui est au-dessus de la moyenne. L'effet des fortes scènes du roman s'en trouve amoindri. Cela prouve en partie qu'une bonne adaptation ne donne pas nécessairement un grand film. La réalisatrice a tourné une suite [B5c], sans l'approbation de Stephen King.

B1m. **La Créature du cimetière** (*Graveyard Shift*), Paramount, 1990. 86 min. Réalisateur et producteur : Ralph S. Singleton. Scénariste : John Esposito. Interprètes : David Andrews (John Hall) ; Stephen Macht (Warwick) ; Brad Dourif (l'exterminateur) ; Kelly Wolf (Jane Wisconsky). Adapté de la nouvelle [A16].

- Il s'agit d'un banal film *gore* comme on en voit souvent. Sanglant à souhait, incohérent et prévisible, le scénario, sans s'éloigner réellement de la nouvelle, fait cent fois moins peur que le texte d'origine. Un film dont on se serait passé sans problème.

B1n. **Misery** (*Misery*), Columbia Pictures, 1990. 105 min. Réalisateur : Rob Reiner. Scénariste : William Goldman. Producteurs : Andrew Scheinman et Rob Reiner. Musique : Marc Shaiman, Liberace, Larry Grossman. Interprètes : Kathy Bates (Annie Wilkes) ; James Caan (Paul Sheldon) ; Richard Farnsworth (Buster) ; Frances Sternhagen (Virginia) ; Lauren Bacall (Marcia Sindell). Adapté du roman [A120].

• Le scénario est très fidèle au livre, à part l'élimination du " roman dans le roman " original et ses implications sur le thème abordé par King. Ce film est très réussi, et très efficace, et se classe facilement parmi les dix meilleurs films tirés d'œuvres de King. Kathy Bates a obtenu un Oscar pour son rôle principal, une première en ce qui concerne les adaptations de King à l'écran. Rob Reiner, qui avait aussi réalisé **Compte sur moi** [B1j] auparavant, devenait le premier réalisateur à adapter King avec succès deux fois de suite.

B1o. **Le Cobaye** (*The Lawnmower Man*), Allied Vision Lane Pringle Prod., 1991. 108 min. Réalisateur : Brett Leonard. Scénaristes : Brett Leonard et Gemil Everett. Producteur : Robert Pingle. Interprètes : Pierce Brosnan (Dr. Angelo) ; Jeff Fahey (Jobe). Adapté de la nouvelle [A32].

• La seule ressemblance entre le film et la nouvelle, c'est le titre ! Le film raconte une histoire de SF peu convaincante et remplie d'incohérences, dont la réalisation est axée sur les effets spéciaux. Le film a toutefois fait de la réalité virtuelle un sujet fort lucratif à Hollywood. Une suite a été tournée en 1996 [B5f] sans l'approbation de Stephen King.

B1p. **La Part des ténèbres** (*The Dark Half*), Orion Pictures, 1990 (sortie en 1993), 121 min. Réalisateur et scénariste : George A. Romero. Producteur : Declan Baldwin. Musique : Christopher Young. Interprètes : Timmothy Hutton (Thad Beaumont/George Stark) ; Amy Madigan (Liz Beaumont) ; Michael Rooker (le shérif Alan Pangborn) ; Julie Harris (Reggie DeLesseps) ; Zachary Mott (Norris Ridgewick). Adapté du roman [A132].

• Ce film se classe également parmi les dix meilleures adaptations de King, mais il lui manque un je-ne-sais-quoi pour être *vraiment* excellent. C'est une adaptation très fidèle et Tim Hutton offre une excellente performance dans le double rôle de Thad/George. Les scènes avec les oiseaux sont très efficaces et les effets spéciaux réussis. Certainement le meilleur travail de Romero sur une œuvre de King, lui qui avait surtout adapté King en sketch et court métrage.

B1q. **Les Somnambules** (*Stephen King's Sleepwalkers*), Columbia/Tristar, 1991, 89 min. [Aussi distribué en français sous le titre **La Nuit déchirée**]. Réalisateur : Mick Garris. Scénariste : Stephen King. Producteurs : Mark Victor, Michael Grais et Nabell Zahid. Musique : Nicholas Pike. Interprètes : Alice Krige (Mary Brady) ; Brian Krause (Charles Brady) ; Maedchen Annick (Tanya Robertson) ; Ron Perlman (le capitaine Soames) ; Stephen King (le gardien du cimetière). Scénario original de Stephen King.

• Mick Garris, qui allait réaliser **Le Fléau** [B2j] quelques années plus
tard, a réalisé ce film, qui a l'avantage important de ne pas pouvoir être
comparé à un livre. Par contre, l'histoire n'est pas très originale : elle
puise dans plusieurs mythes, dont celui du loup-garou. J'aurais aimé
une idée de base plus forte. Le résultat n'est pas vraiment mauvais
(malgré des erreurs de montage un peu grossières), mais il n'est pas
vraiment bon non plus. À voir pour une scène désopilante où apparaissent King, Clive Barker, Tobe Hooper, John Landis et Joe Dante. On y
voit aussi Mark Hammill, en policier.

B1r. **L'Inconnu de Castle Rock** (*Needful Things*), Castle Rock Enter-
tainment, 1993. 113 min. [Aussi distribué en français sous le titre **Le
Bazaar de l'épouvante**]. Réalisateur : Fraser Heston. Scénaristes :
W.D. Richter et Larry Cohen. Producteur : Rob Reiner. Interprètes : Ed
Harris (le shérif Alan Pangborn) ; Bonnie Bedelia (Polly Chalmers) ;
Max Von Sydow (Leland Gaunt) ; Amanda Plummer (Nettie Cobb).
Adapté du roman [A142].

• Cette histoire qui signe la fin de Castle Rock est légèrement différente
du roman d'origine. Ces modifications causent plusieurs incohérences
qui étaient pourtant absentes du roman. De plus, le film se termine par
l'abominable *happy end* hollywoodien. L'interprétation générale est
bonne, mais il est regrettable que le personnage de Alan Pangborn –
que l'on voit aussi dans **La Part des ténèbres** – ne soit pas joué par le
même acteur. Une version longue du film a été présentée à la télévision
américaine quelque temps après sous forme de mini-série.

B1s. **La Machine infernale** (*The Mangler*), New Line Cinema, 1994. 106 min.
Réalisateur : Tobe Hooper. Scénariste : Harry Alan Towers. Produc-
teurs : Harry Alan Towers, Anant Singh et Helena Spring. Musique :
Barrington Pheloung. Interprètes : Robert Englund (William Gartley) ;
Ted Levine (John Hunton) ; Daniel Matmor (Mark Jackson) ; Vanessa
Pike (Sherry Ouellette). Adapté de la nouvelle [A25].

• La réalisation de ce film *gore* a nécessité l'écriture d'une quarantaine
de versions du scénario ! Le scénario final ne ressemble que de loin à la
nouvelle, car cette dernière était trop courte pour être directement adaptée
en long métrage. Le procédé n'est pas heureux puisque le " remplissage "
n'a jamais servi les histoires de King. On se demande bien pourquoi on
continue à produire des longs métrages adaptés des nouvelles de King.
Les meilleurs longs métrages ont été tirés de romans ou de novellas.

B1t. **À l'ombre de Shawshank** (*The Shawshank Redemption*), Castle
Rock Entertainment, 1994. 142 min. [Aussi distribué en français sous le
titre **Les Évadés**]. Réalisateur et scénariste : Frank Darabont. Producteur :

244 ──────────────────────────────── STEPHEN KING

Niki Marvin. Musique : Thomas Newman. Interprètes : Tim Robbins (Andrew Dufresne) ; Morgan Freeman (Ellis "Red" Redding) ; Clancy Brown (le capitaine Byron Hadley) ; James Withmore (Brooks) ; Bob Gunton (Warden Samuel Norton). Adapté de la novella **Rita Hayworth et la rédemption de Shawshank** [A85].

• Il s'agit du meilleur film tiré d'une œuvre de King, toutes catégories confondues, ainsi que du scénario le plus fidèle à l'histoire dont il a été tiré. La réalisation et l'interprétation de ce film absolument sans faute sont également magistrales. Jusque-là, la palme de la meilleure adaptation revenait à **Compte sur moi** [B1j], de Reiner. Notons que ces deux films sont adaptés d'histoires tirées du recueil **Différentes saisons** [A16] et que dans les deux cas, il ne s'agit pas d'une histoire d'horreur, ce qui tend à démontrer qu'adapter l'horreur de King à l'écran donne de moins bons résultats qu'adapter sa littérature générale. L'efficacité de l'auteur en tant qu'écrivain n'a pas été égalée avec le passage de ses histoires à l'écran alors que deux de ses histoires de littérature générale ont pu donner des petits chefs-d'œuvres.

Le titre d'exploitation en France (**Les Évadés**) est une erreur grossière (le pluriel) et dévoile le punch de l'histoire ; ce qui démontre que King n'est pas réellement mieux servi en traduction de film qu'en traduction de livre…

B1u. **Dolores Claiborne** (*Dolores Claiborne*), Castle Rock Entertainment, 1995. 131 min. Réalisateur : Taylor Hackford. Scénariste : Tony Gilroy. Producteurs : Taylor Hackford et Charles Mulvehill. Musique : Danny Elfman. Interprètes : Kathy Bates (Dolores Claiborne) ; Jennifer Jason Leigh (Selena St. George) ; Christopher Plummer (John MacKay). Adapté du roman [A147].

• Il s'agit d'un excellent film, lui aussi parmi les dix meilleurs tirés d'œuvres de King. Le scénario diffère du roman par sa structure en plus d'en trahir parfois l'esprit, même si l'adaptation est somme toute assez fidèle à l'histoire. Il faut noter que la structure du roman, ce long monologue du personnage de Dolores, ne prêtait pas, a priori, à une adaptation fidèle. Jennifer Jason Leigh est absolument extraordinaire dans le rôle de Selena adulte, un personnage totalement absent du roman. Kathy Bates en était à son troisième rôle dans une adaptation de King pour l'écran. La réalisation de Hackford est très inventive ; il signe là un film sans faute.

B1v. **La Peau sur les os** (*Thinner*), Spelling Films, 1996. Réalisateur : Tom Holland. Scénaristes : Tom Holland et Michael McDowell. Producteurs : Richard P. Rubenstein et Mitchell Galin. Interprètes : Robert John

Burke (Billy Halleck) ; Joe Mantegna (Richie Ginelli) ; Lucinda Jenney (Heidi Halleck) ; Michael Constantine (Taduz Lemke). Adapté du cinquième roman de Bachman [A102].

• Voilà un film qui rappelle l'adaptation de **Charlie** [B1g] par sa volonté de suivre fidèlement l'histoire du roman, tout en échouant complètement à en capter l'essence. L'interprétation est correcte, sauf peut-être pour le principal protagoniste, qui ne réussit jamais à se rendre sympathique au spectateur, ce qui nuit beaucoup lorsqu'il s'agit de s'intéresser à son sort. Une déception de taille, lorsqu'on songe à l'efficacité du roman.

B1w. *Apt Pupil* [non traduit – à être distribué en 1998], Paramount Pictures, 1997. Réalisateur : Bryan Singer. Scénariste : Brandon Boyce. Musique : John Ottman. Interprètes : Ian McKellen (Arthur Denker) ; Brad Renfro (Todd Bowden). Adapté de la novella [A86].

B2 : Téléfilms et épisodes et séries télévisées

B2a. **Les Vampires de Salem** (*Salem's Lot*), Warner Brothers, 1979. 210 min. Réalisateur : Tobe Hooper. Scénariste : Paul Monash. Producteur : Richard Kobritz. Musique : Harry Sukman. Interprètes : David Soul (Ben Mears) ; James Mason (Straker) ; Lance Kerwin (Mark Petrie) ; Bonnie Bedelia (Susan Norton) ; Lew Ayres (Jason Burke). Adapté du roman [A34].

• Le scénario colle plutôt au roman, mais la réalisation a tendance à dériver vers un point de vue plus *gore* à la moindre occasion, ce qui fait de cette adaptation une œuvre beaucoup moins efficace que son roman d'origine. Une version " film " a été distribuée quelques années plus tard.

B2b. *The Word Processor of the Gods* [non traduit], *Tales from the Dark Side*, 1985. 30 min. Réalisateur : Michael Gornick. Scénariste : Michael McDowell. Producteur : William Teitler. Musique : Tom Pile et Billy Gordon. Interprètes : Bruce Davidson (Richard Hagstrom) ; Karen Shallo (Lina Hagstrom) ; Patrick Piccinini (Seth Hagstrom). Adapté de la nouvelle [A90].

• Court métrage diffusé dans le cadre de la série télévisuelle *Tales from the Darkside* le 19 novembre 1985.

B2c. *Gramma* [non traduit], *The New Twilight Zone*, 1986. 30 min. Réalisateur : Bradford May. Scénariste : Harlan Ellison. Producteur : Harvey Frand. Musique : Mickey Hart. Interprètes : Barett Oliver (George) ; Darlanne Fluegel (Mère) ; Frederick Long (Mémé). Adapté de la nouvelle [A96].

- Court métrage diffusé dans le cadre de la série télévisée *The New Twilight Zone* le 14 février 1986.

B2d. **Sorry, Right Number** [non traduit], *Tales from the Darkside*, 1987. 30 min. Réalisateur : John Sutherland. Scénariste : Stephen King. Producteur : Anthony Santa Croce. Musique : Ken Lauber. Interprètes : Arthur Taxier (Bill Weiderman) ; Deborah Harmon (Katie Weiderman). Scénario original de King.

- Sans le moindre élément d'horreur classique, ce téléfilm présente une chute d'une terrifiante efficacité. D'après moi, il s'agit du meilleur scénario original de King. L'idée est si bien amenée que la lecture du scénario (publié dans le recueil **Rêves et Cauchemars** [A149]) provoque la même réaction chez le lecteur que chez le spectateur. Cet épisode prouve sans conteste que King peut être extrêmement efficace avec une idée de départ ténue. L'épisode a été diffusé le 20 novembre 1987 dans le cadre de la série télévisée *Tales from the Darkside*.

B2e. **Le Retour** (*Sometimes They Come Back*), DeLaurentis, 1990. 99 min. [Aussi distribué en français sous le titre **Vengeance diabolique**]. Réalisateur : Tom McLoughlin. Scénaristes : Lawrence Konner et Marc Rosenthal. Producteur : Michael S. Murray. Musique : Terry Plummery. Interprètes : Tim Matheson (Jim Norman) ; Brooke Adams (Sally Norman) ; Robert Rusler (Lawson). Adapté de la nouvelle [A30].

- Il ne s'agit ni d'un excellent film, ni d'un scénario particulièrement fidèle ou même très original. Mais parmi les longs métrages adaptés d'une nouvelle, c'est celui qui tient le mieux la route. La réalisation et l'interprétation sont suffisamment bonnes pour rendre le téléfilm divertissant, à défaut d'être vraiment effrayant.

B2f. **ÇA** (*IT*), Konigsberg/Sanitski/Lorimar television, 1990. 240 min. Réalisateur : Tommy Lee Wallace. Scénaristes : Lawrence Cohen et Tommy Lee Wallace. Musique : Richard Bellis. Interprètes : Tim Curry (Pennywise/IT) ; Richard Thomas (Bill Denbrough) ; Annete O'Toole (Beverly Marsh) ; John Ritter (Ben Hanscom) ; Tim Reid (Mike Hanlon) ; Harry Anderson (Richie Tozier) ; Dennis Christopher (Eddie Kaspbrak) ; Richard Masur (Stan Uris). Adapté du roman [A117].

- Voilà une bonne adaptation télé de cet imposant roman. Il ne s'agit pas d'un chef-d'œuvre, mais l'adaptation est fidèle au roman et la longueur de la mini-série sied bien à celle du roman. La partie de l'histoire se concentrant sur la jeunesse des protagonistes est particulièrement bien réussie. La réalisation souffre un peu des limites de la diffusion télé par rapport au cinéma. Par contre, la bonne performance des acteurs mérite d'être soulignée, notamment Tim Curry dans le rôle de Pennywise le clown. Enfin, tout comme pour le roman, la " vraie nature " de ÇA a pu décevoir quelques téléspectateurs.

B2g. La Transformation (***Golden Years***), Laurel Productions, 1991. 240 min. [Aussi distribué en français sous les titres **Stephen King's Contretemps** et **Compte à rebours**]. Réalisateurs : Ken Fink, Michael Gornick et Allen Coulter. Scénaristes : Stephen King et Josef Anderson. Musique : Joe Taylor. Interprètes : Keith Szarabajka (Harlan Williams) ; Frances Sternhagen (Gina Williams) ; Felicity Hoffman (Terry Spahn) ; Ed Lauter (le général Louis Crewes) ; Stephen King (chauffeur d'autobus). Scénario original de Stephen King.

• Voici une autre production qui profite de ne pas pouvoir être comparée à une œuvre écrite. Traitant de thèmes déjà abordés par King dans différentes œuvres, mélangeant une SF peu convaincante à des aspects plus psycho-sociaux, le film n'est pas une véritable réussite. Toutefois, pour peu qu'on se laisse prendre, c'est une histoire intéressante à suivre, à défaut d'être une histoire effrayante. La réalisation est un peu molle, ce qui ne permet pas à cette production d'être véritablement efficace.

B2h. Les Tommyknockers (***The Tommyknockers***), Konigsberg/Sanitski, 1992. 240 min. (version vidéo : 120 min). Réalisateur : John Power. Scénariste : Lawrence D. Cohen. Producteurs : Frank Konigsberg et Larry Sanitski. Musique : Christopher Franke. Interprètes : Jimmy Smits (Jim Gardener) ; Joanna Cassidy (le shérif Ruth) ; Marg Helgenberger (Bobbi Anderson) ; Traci Lords (Nancy) ; Allyce Beasley (Becka Paulson) ; E.G. Marshall (Ev). Adapté du roman [A122].

• L'apparente fidélité au roman est trompeuse. Alors que le roman entoure de mystère l'origine des événements de Haven, le film brise tout de suite l'intérêt de l'histoire en nous révélant dès le départ ce qui aurait dû être gardé secret. De plus, les personnages pittoresques créés par King sont rendus insipides par une direction d'acteurs plutôt faible. Pas vraiment inintéressant comme film, mais pas vraiment réussi non plus, ce qui constitue une déception, compte tenu de l'importance du matériau de base.

B2i. *The Moving Finger* [non traduit], *Monsters*, 1992. 30 min.

• Adapté de la nouvelle [A133]. Court métrage dans le cadre de la série télévisée *Monsters*. Diffusé en avril 1992.

B2j. Le Fléau (***The Stand***), Laurel Productions, 1994, 356 min. Réalisateur : Mick Garris. Scénariste : Stephen King. Producteur : Richard Rubinstein. Musique : W.G. Snuffy. Interprètes : Gary Sinise (Stuart

Redman) ; Molly Ringwald (Frannie Goldsmith) ; Robe Lowe (Nick Andros) ; Jamey Sheridan (Randall Flagg) ; Matt Frewer (Trashcan Man : L'ordure) ; Laura San Giacomo (Nadine Cross) ; Ed Harris (le général Starkey [non crédité]) ; Adam Storke (Larry Underwood) ; Corin Nemec (Harold Lauder) ; Ruby Dee (Mère Abigaïl) ; Stephen King (Teddy Weizak) ; Kathy Bates (Rae Flowers [non crédité]) ; John Landis (Russ Dorv) ; Sam Raimi (Bobby Terry). Adapté du roman [A134].

• Le scénario de King est très fidèle à son roman. Il s'agissait d'une adaptation attendue depuis plus de quinze ans par les fans de King et les défauts les plus importants de cette production sont dus aux défauts du roman lui-même. L'histoire, d'abord, qui passe de l'épidémie à la lutte entre le bien et le mal sans véritable transition. Puis la chute, qui ne dépend pas du tout des forces du bien en présence, mais qui est due à une espèce d'accident. Quelques passages du film sont un peu mous, et il m'est apparu décevant de voir enfin Randall Flagg, qui n'arrive pas à nous terrifier alors qu'il est l'un des personnages les plus effrayants des livres de King. C'est un film qui démontre certainement les limites du cinéma, qui doit composer avec des balises importantes sur le plan des personnages, contrairement aux livres. Sans être une grande déception, cette adaptation demeure toutefois au-dessous des attentes créées par le roman. Par contre, tout comme dans le roman, les scènes d'épidémie, de sa progression et des ravages du paysage sont parmi les meilleures.

B2k. **The Langoliers** [non traduit], Laurel Productions/King, 1995. 180 min. Réalisateur et scénariste : Tom Holland. Producteur : David Koppes. Interprètes : Patricia Wettig (Laurel Stevenson) ; Baxter Harris (Rudy Warwick) ; David Morse (Brian Engle) ; Mark Lindsay Chapman (Nick Hopewell) ; Frankie Faison (Don Gaffrey) ; Tom Holland (Harker) ; Stephen King (Tom Holby). Adapté de la novella [A136].

• Voilà une excellente adaptation télévisuelle. D'abord le scénario, qui ne se contente pas d'être fidèle à la novella, mais qui en capte l'essence, en plus de réussir à en conserver tout le mystère. Ensuite la réalisation, limitée par le format télévisuel, mais qui n'en demeure pas moins inventive à plusieurs points de vue. Une des meilleures téléséries tirées d'une œuvre de King, qui exploite presque sans faute la longueur disponible (3 h) sans en abuser comme c'est le cas de **Fléau** [B2j], (6 h) par exemple. Le matériau d'origine était relativement fort, et la série ne déçoit pas le spectateur. Une seule réserve concerne la finale, qui traîne un peu en longueur pendant la dernière demi-heure (après la vision des Langoliers – plutôt bien réussis, ceux-là). Le bruit de l'approche des Langoliers est délicieusement terrifiant.

B2l. ***The Shining*** [non traduit – diffusé les 27-28 avril et le 1er mai 1997], Warner Brothers, Lakeside Productions, 1997. Réalisateur : Mick Garris. Scénariste : Stephen King. Interprètes : Steven Weber (Jack Torrance) ; Rebecca DeMornay (Wendy Torrance) ; Courtland Mead (Danny Torrance) ; Stephen King (Band Leader). Adapté du roman [A42].

• Seconde adaptation de ce roman (voir B1b) sur un scénario signé par King, cette fois, l'auteur ayant toujours été insatisfait de l'adaptation de Kubrick. Pour cette adaptation, le tournage a été effectué à l'hôtel qui avait inspiré King lors de l'écriture de son roman. Cette production comporte moins de scènes effrayantes que celle de Kubrick, mais elle est aussi exempte des nombreux tics de Kubrick (la lenteur de l'action, par exemple). Il en ressort une adaptation plus satisfaisante du roman.

B2m. ***The Night Flier*** [non traduit – à être diffusé en 1997]. Réalisateur : Mark Pavia. Scénaristes : Mark Pavia et Jack O'Donnell. Adapté de la nouvelle [A123].

B2n. ***The Revelations of 'Becka Paulson*** [non traduit] 1997. Réalisateur : Stevens Weber. Interprètes : Steven Weber ; Catherine O'Hara. Adapté de la nouvelle [A99] et diffusé dans le cadre de l'émission *The Outer Limits* le 6 juin 1997.

B3 : Films à sketches

B3a. **Creepshow/ Histoires à mourir debout** (*Creepshow*), Warner Brothers/Laurel Show, 1982. 120 min. Réalisateur : George A. Romero. Scénariste : Stephen King. Producteur : Richard Rubenstein. Musique : John Harrison. Interprètes : **Prologue** (B3a1) et **Épilogue** (B3a7) : Joe King (Billy) ; **La Fête des pères** (*Father's Day*) (B3a2) : Carrie Nye (Sylvia Grantham) ; Viveca Lindfors (Tante Bedelia) ; Ed Harris (Hank Blaine) ; Warner Shock (Richard Grantham) ; **La Mort solitaire de Jordy Verrill** (*The Lonesome Death of Jordy Verrill*) (B3a3) : Stephen King (Jordy Verrill) ; Bingo O'Malley (le père de Jordy, le professeur, le docteur) ; **Messes basses à marée basse** (*Something to tide you over*) (B3a4) : Leslie Neilsen (Richard Vickers) ; Ted Danson (Harry Wentworth) ; Gaylen Ross (Becky Vickers) ; **La Caisse** (*The Crate*) (B3a5) : Hal Holbrook (Harry Northrup) ; Adrienne Barbeau (Wilma Northrup) ; Fritz Weaver (Dexter Stanley) ; **Ça grouille de partout** (*They're creeping up on you*) (B3a6) : E.G. Marshall (Upson Pratt). Sketch 1 : scénario original de King ; Sketch 2 : adapté de la nouvelle *Weeds* [A35] ; Sketch 3 : scénario original de King ; Sketch 4 : adapté de la nouvelle [A55] ; Sketch 5 : scénario original de King.

• Il s'agit d'un film hommage aux E.C. Comics, valsant donc entre l'horreur à effets visuels et la comédie absurde. Un mélange difficile, mais qui, dans ce genre particulier, est plutôt réussi. Par contre, il s'agit d'un mélange qui ne fait pas vraiment rire (vu ses histoires horribles), ni n'effraie réellement (vu ses nombreux aspects comiques). Dans le quatrième sketch, un élément d'humour fort involontaire est désormais présent en l'acteur Leslie Nielsen, qu'il est impossible de voir sans crouler de rire depuis son rôle de Frank Drebin dans les séries *Police Squad* et *Naked Gun*. Notez que Joe King, qui joue Billy, est le fils de Stephen King.

B3b. ***Cat's Eye*** [non traduit], MGM/United Artists, 1984. 94 min. Réalisateur : Lewis Teague. Scénariste : Stephen King. Producteur : Martha Schumacher. Musique : Alan Silvestri, The Police. Comprend trois sketches : ***Quitters Inc.*** (B3b1), ***The Ledge*** (B3b2) et ***The General*** (B3b3). Interprètes : Drew Barrymore (Amanda/Our Girl) ; James Woods (Morrison) ; Alan King (Dr. Donatti) ; Kenneth McMillan (Cressner). Sketch 1 : adapté de la nouvelle [A51] ; Sketch 2 : adapté de la nouvelle [A36] ; Sketch 3 : scénario original.

B3c. **Creepshow 2** (*Creepshow 2*), New World Pictures, 1987. 89 min. Réalisateur : Michael Gornick. Scénariste : George A. Romero. Producteur : David Ball. Musique : Les Reed. Comprend trois sketches : **Le Radeau** (B3c1) (***The Raft***), **Le Vieux Chef Tête de bois** (B3c2) (***Old Chief Wooden Head***) et **L'Autostoppeur** (B3c3) (***The Hitchhicker***). Interprètes : Domenick John (Billy) ; George Kennedy (Ray Spruce) ; Lois Chiles (Annie Lansing) ; Dorothy Lamour (Martha Spruce) ; Page Hannah (Rachel) ; Stephen King (le conducteur de camion) ; Shirley Sonderegger (Madame Cavanagh) ; Tom Wright (l'autostopeur). Sketch 1 : adapté de la nouvelle [A74] ; Sketch 2 : scénario original ; Sketch 3 : scénario original.

• Ce film fonctionne sur le même principe que le premier **Creepshow** [B3a], sauf que l'hommage aux E.C. Comics est ici un peu moins bien réussi. Par contre, les sketches sont meilleurs que ceux du premier, en terme d'" histoire de peur " : plus d'efficacité et moins d'humour absurde. **Le Radeau** est bien, mais en deçà de la nouvelle dont il est tiré. La meilleure partie est celle de **L'Autostoppeur**, sur un thème éculé mais tourné avec efficacité.

B4 : Courts métrages

B4a. ***The Boogeyman*** [non traduit], Granite Entertainment, 1983, 1986. 29 min. Réalisateur, scénariste et producteur : Jeffrey C. Schiro. Musique : John Cote. Interprètes : Michael Reid (Lester Billings) ; Bert Linder (Dr. Harper) ; Bobby Persicheth (Denny). Adapté de la nouvelle [A26].
  • Disponible aux États-Unis, sur une cassette vidéo intitulée ***Stephen King's Nightshift Collection*** qui contient également le court métrage ***The Woman in the Room*** [B4b]. (Note : une cassette portant le même titre a été distribuée au Canada mais n'offre pas ces deux films [voir B4c]).

B4b. ***The Woman in the Room*** [non traduit], Granite Entertainment, 1983, 1986. 32 min. Réalisateur et scénariste : Frank Darabont. Producteur : Gregory Melton. Interprètes : Michael Cornelison (John Elliott) ; Dee Croxton (Mère ; Donna Elliott) ; Brian Libby (le prisonnier). Adapté de la nouvelle [A53].
  • Disponible en vidéo avec le court métrage ***The Boogeyman*** [B4a].

B4c. **Contes macabres** (***Stephen King's Nightshift Collection***), TIP trading, 1983. 80 min. – Segment **Les Disciples du corbeau** [B4c1] (***Disciples of the Crow***). Réalisateur : John Woodward. Scénariste : Johnny Stevens. Segment B4c1 adapté de la nouvelle **Les Enfants du maïs** [A39].
  • Ce court métrage est encore pire que le long métrage tiré de cette même nouvelle [B1f], ce qui apparaissait *a priori* tout à fait impossible tellement le long métrage était mauvais. Il s'agit sans aucun doute de la pire production avec le nom de King.

B4d. **Contes de la nuit noire** (***Tales from the Dark Side, the Movie***), Paramount, 1990. 93 min. – Segment ***The Cat from Hell*** (Segments non titrés dans la version française) (B4d1) 23 min. Réalisateur : John Harisson. Scénario : Michael McDowell et George A. Romero (*The Cat from Hell*). Producteurs : Richard P. Rubinstein et Mitchell Galin. Interprètes (*The Cat from Hell*) : David Johansen (Halston) ; Paul Greeno (Cabbie). Segment ***The Cat from Hell***, adapté de la nouvelle [A38].
  • Autres segments sans rapport avec King.

B4e. ***The Last Rung on the Ladder*** [non traduit], Talisman Production, 1987, 12 min. 30 sec. Producteur : James Cole. Scénaristes et réalisateurs : James Cole et Dan Thron. Interprètes : Adam Houhoulis, Melissa Whelden, Nat Wardell. Court métrage d'étudiant, adapté de la nouvelle [A52].

B4f. ***The Lawnmower Man*** [non traduit], New York University Student Film Production, 1987, 12 min. Producteur et réalisateur : Jim Gonis. Scénariste : Mike DeLuca. Interprètes : E.D. Philips, Andy Parks, Helen Hanft. Court métrage d'étudiant, adapté de la nouvelle [A32].

B5 : Productions dérivées d'œuvres de King

B5a. *The Boogeyman II*, Allemagne, 1983. Réalisateur : Bruce Stern, Interprètes : Shana Itall, Ulli Lommel, Suzana Love. Suite de B4a.

B5b. **Les Enfants de Salem** (*A Return to Salem's Lot*), Larco, 1987. 97 min. Réalisateur : Larry Cohen. Scénaristes : Larry Cohen et James Dixon. Producteur : Paul Kurta. Interprètes : Michael Moriarty ; Samuel Fuller. Suite de B2a avec mention " inspiré de personnages créés par Stephen King ".

B5c. **Simetierre vivant 2** (*Pet Sematary 2*), Paramount Pictures, 1992. 102 min. Réalisateur : Mary Lambert. Scénariste : Richard Outten. Producteur : Ralph S. Singleton. Interprètes : Edward Furlong ; Clancy Brown ; Anthony Edwars. Suite de B11 réalisée sans l'appui de King, qui a interdit l'utilisation de son nom.

B5d. **Les Enfants de l'horreur II - Le Sacrifice final** (*Children of the Corn II*), Fifth Avenue Entertainment, 1992. 93 min. Réalisateur : David F. Price. Producteurs : Scott A Stone et David G. Stanley. Scénaristes : A.L. Katz et Gilbert Adler. Interprètes : Terrence Knox, Paul Scherrer, Christie Clark. Suite de B1f avec mention " d'après la nouvelle ".

B5e. **Les Enfants de l'horreur III - Moisson urbaine** (*Children of the Corn III - Urban Harvest*), Park Avenue productions, 1995. Réalisateur et scénariste : Dode Levinson. Producteurs : Brad Southwick et Gary Depew. Interprètes : Daniel Cerny ; Ron Melendez ; Maki Morrow. Suite de B5d avec la mention "d'après la nouvelle".

B5f. **Le Cobaye 2** (*The Lawnmower Man II : Jobe's War*), New line, 1996. 92 min. Réalisateur et scénariste : Farhad Mann. Interprètes : Patrick Bergen ; Matt Frewer. Suite de B1o, sur un scénario sans plus de rapport avec la nouvelle de King que le premier film.

B6 : Autres

B6a. *Knightriders* [non traduit], 1981. Réalisateur et scénariste : George A. Romero. Producteur : Richard P. Rubinstein. Musique : Donald Rubinstein. Interprètes : Ed Harris (Billy) ; Amy Ingersoll (Linet). Apparitions : Stephen King (Hoagie Man) ; Tabitha King (Hoagie Man's wife).

B6b. **Baseball** [non traduit], 1994. Réalisateur : Ken Burns. Scénaristes : Ken Burns et Geoffrey C. Ward. Producteurs : Ken Burns et Lynn Novick. Avec les voix de Stephen King, Ed Harris, John Cusack, Amy Madigan, Eli Wallach, Paul Newman et plusieurs autres. Documentaire sur le baseball.

B6c. **Ghosts** [non traduit], Sony Pictures Entertainment, 1996, 35 min. Réalisateur : Stan Winston. Scénaristes : Stan Winston et Mick Garris. Producteurs : Michael Jackson, Stan Winston et David Nicksay. Concept original : Michael Jackson et Stephen King. Musique : Michael Jackson et Nicholas Pike. Interprètes : Michael Jackson (Maestro, le maire, le squelette, les goules) ; Pat Dade (Pat) ; Edwina Moore (Edwina).

• Court métrage musical basé sur un scénario original de Stephen King et articulé autour de deux chansons de Michael Jackson (*Is This Scary* et *Ghost*). Le film a été projeté en première partie de **Thinner** [B1v] dans les salles aux États-Unis à la fin de 1996, puis au Festival de Cannes en 1997.

B7 : Projets et rumeurs

B7a. **The Sun Dog** [non traduit]. Réalisateur : Stéphane Clermont. Scénaristes : Stéphane Clermont et Benoît Tisseur. Producteur : Stéphane Clermont et associés. Interprètes : Gildor Roy, Marc Labrèche, Sophie Lorain, Sonia Benezra, Béatrice Picard, Jacques Godin. Sketch 1 : adapté de la novella **Le Molosse surgi du Soleil** [A139] ; Sketch 2 : adapté de la nouvelle **Le Raccourci de Mme Todd** [A97]. Sketch 3 : adapté de la nouvelle **Laissez venir à moi les petits enfants** [A22].

• Première production d'une adaptation de King au Québec. Le film devrait être distribué en 1998.

B7b. **Chattery Teeth**. Un téléfilm de deux heures serait préparé par Mick Garris (*Sleepwalkers* [B1q], *The Stand* [B2j]). Il comprendrait deux sketches, dont l'un serait l'adaptation de cette nouvelle de King [A144].

B7c. **The Mist** est un projet qu'étudie sérieusement le scénariste-réalisateur Frank Darabont (*The Shawshank Redemption* [B1t]).

B7d. **Insomnia**. Une rumeur veut que le réalisateur David Fichner (*Alien 3, Seven*) se propose de réaliser une adaptation de ce roman [A157].

B7e. **The Talisman**. Les droits d'adaptation de ce roman [A101] ont été acquis par Steven Spielberg (*Jurassic Park, Schindler's List, E.T.*). Aucun projet de tournage n'est prévu pour l'instant.

B7f. ***Rose Red***. Scénario original de King, révisé plusieurs fois. Un projet pour le réalisateur Steven Spielberg. Un désaccord entre Spielberg et King sur l'orientation de l'histoire a fait avorter ce projet. Aucun tournage n'est prévu pour l'instant.

B7g. ***Creepshow 3*** est en projet chez Laurel Entertainment depuis un certain temps. Il prévoit un segment adapté de la novella **La Cadillac de Dolan** [A103].

B7h. ***The X Files***. Rumeur persistante de projet de scénario de King pour un épisode de cette série télévisée. Le créateur de la série, Chris Carter, s'est dit intéressé, King également. Rien d'autre de connu sur ce projet.

B7i. ***Carrie 2*** serait en projet chez Universal. King n'est pas impliqué dans ce projet de suite.

B7j. ***Children of the Corn IV*** est en projet, une énième suite dans laquelle King n'est pas impliqué.

B7k. ***The Green Mile*** est en projet. Adapté du feuilleton de King [A163]. Le réalisateur actuellement prévu pour ce projet est Frank Darabont, celui qui a scénarisé et réalisé **À l'ombre de Shawshank** [B1t].

B7l. ***Rose Madder***. Les droits de ce roman ont été acquis par la chaîne américaine HBO vers la fin de 1996.

B7m. ***The Last Rung on the Ladder***. D'après une information de dernière minute (non confirmée, donc sous réserve), King aurait cédé les droits d'adaptation de cette nouvelle [A52] au cinéaste du Maine Lucas Knight. Edge Productions envisagerait d'en faire un film pour la chaîne de télévision publique du Maine.

18. ÉCRITS SUR STEPHEN KING : BIBLIOGRAPHIE SÉLECTIVE DE RÉFÉRENCES SUR KING

par
Norbert Spehner

Ca : Livres & Thèses

Notes : cette bibliographie est sélective mais, dans cette première partie, nous avons tenté de recenser tous les ouvrages internationaux, ainsi qu'un grand nombre de thèses inédites, publiées sur l'homme et l'œuvre. L'examen de cette liste révèle une incroyable et scandaleuse indigence de l'édition en langue française. Au moment où j'écris ces lignes, un seul des nombreux ouvrages américains a été traduit en français et, exception faite du dossier publié par la revue *Phénix*, il n'y a pas d'étude originale en français sur l'écrivain le plus populaire de la seconde moitié du XXe siècle. Snobisme ? Ignorance ? Jalousie ? Anti-américanisme primaire ou simple négligence ? L'avenir nous le dira... peut-être !

Ca1 ABBOTT, Joe M. *Family Survival : Domestic Ideology and Destructive Paternity in the Horror Fictions of Stephen King*, thèse de doctorat, University of South California, 1994, 249 p.
  • Étude thématique : la famille et le père destructeur comme éléments récurrents dans l'œuvre de King.

Ca2 ANTON, Uwe. *Wer hat Angst von Stephen King ?* [Qui a peur de Stephen King ?], Munich, Tilsner, (Taschenfürher populäre Kultur, 2), illust., biblio., p. 138-158, 1994, 160 p.
  • Brève présentation chronologique de la vie et de l'œuvre de Stephen King, avec des éléments biographiques inédits.

Ca3 ARTURO, Alessandro (dir.). *Les Dossiers de Phénix : Stephen King*, Bruxelles, Éditions Claude Lefrancq, 1995, 392 p.
  • Outre quatre textes d'introduction, il y a une trentaine d'études et d'appréciations diverses réparties en trois rubriques : King et quelques grands thèmes dans son œuvre, King et le cinéma, avis de quelques auteurs sur King, et une bibliographie. Il s'agit d'une version augmentée du numéro 29 de la revue **Phénix**, " Stephen King sous toutes les coutures ", Bruxelles, décembre 1991, p. 11-241. L'ensemble, quoique étoffé, manque de direction éditoriale et il en ressort disparate, répétitif et souvent superficiel.

Ca4 BADLEY, Badley. *Writing Horror and the Body : The Fiction of Stephen King, Clive Barker, and Anne Rice*, Westport, Greenwood Press, (Contributions to the Study of Popular Culture, n° 51), 1996, 200 p.
  • Étude thématique : le corps dans la fiction fantastique. Les chapitres sur King sont intitulés :« Orality, Postliteracy, and the Early Stephen King », suivi de « Stephen King Viewing the Body ».

Ca5 BEAHM, George. *Tout sur Stephen King*, Bruxelles, Éditions Lefrancq, (coll. Attitudes Best-Sellers), 1996, 453 p. V.O. : *The Stephen King Companion*, New York / Kansas City, Andrews & Mc Meel, 1989, 365 p.
  • Un recueil de textes divers qui présentent un panoramique éclaté de la vie et de l'œuvre de King. Avec la collaboration de Joan H. Smith, Terry Steel, Michael R. Collings, Christopher Spruce, Clive Barker, Harlan Ellison, Dan R. Scapperotti, Berni Wrightson, Michael Whelan, Joe Bob Briggs, Nye Wilden & William Goldstein. Une nouvelle édition, plus récente (1995) de l'édition américaine contient 80 % de nouveau matériel. C'est cette seconde édition qui fait l'objet de la traduction française. Utile pour le lecteur non averti et qui n'est pas nécessairement un fan.

Ca6 BEAHM, George. *Grimoire*, Williamsburg, VA, GB Publishing, 1990, 64 p.
  • Opuscule dans lequel Beahm a rassemblé des textes qu'il n'avait pas inclus dans la première version de l'ouvrage précédent [Ca5]. Pour complétistes acharnés...

Ca7 BEAHM, George. *The Stephen King Story*, New York / Kansas City, Andrews & Mc Meel, introductions par Carroll F. Terrell et Michael R. Collings, illustré par Kenny Ray Linkous, biblio. : p. 235-274, 1992, 326 p.
  • Complément au volume *The Stephen King Companion* [Ca5], ce livre met en lumière la relation entre la vie et l'œuvre de King en procédant par chapitres chronologiques. Comprend de nombreuses photographies.

Ca8 BLUE, Tyson. *The Unseen King*, Mercer Island, Starmont House, (Starmont Studies in Literary Criticism, n° 26), 1989, 200 p.
• Particulièrement recommandé aux puristes puisqu'il étudie des aspects moins connus de l'œuvre de King.

Ca9 BLUE, Tyson. *Observations from the Terminator : Thoughts on Stephen King and other Masters of Horror*, San Bernardino, The Borgo Press, (I.O. Evans Studies in the Philosophy and Criticism of Literature, 27), 1996.

Ca10 BORDONI, Carlo. *La paura, il mistero, l'orrore : dal romanzo gotico a Stephen King*, Chieti : Solfanelli, (Albero et foglia, 4), 1989, 145 p.
• Panorama historique de la littérature fantastique et d'horreur qui prend King comme phare/repère et modèle pour les temps modernes.

Ca11 BORDONI, Carlo. *L'orrore nel quotidiano : Appunti per un'analisi sociologica dei romanzo di Stephen King* [L'horreur au quotidien : contribution à l'analyse sociologique des romans de Stephen King], Trieste, Edizion Lint, 1992, 111 p.

Ca12 BRASCHI, Graziano & Massino MOSCATI (dirs.). *Da Carrie a la Metà oscura* [De *Carrie* à *La Part des ténèbres*], Firenze, Arnaud, 1990.
• Recueil d'essais par des critiques italiens et biographie de King.

Ca13 BROWNE, Ray & Gary HOPPENSTAND (dirs.). *The Gothic World of Stephen King : Landscape of Nightmares*, Bowling Green, Bowling Green State University Popular Press, 1987, 143 p.
• Recueil de 16 essais critiques de niveau universitaire mais avec un minimum de jargon, un des meilleurs recueils du genre tant par la variété des thèmes abordés que par la qualité des contributions. La traduction en français d'un tel ouvrage s'impose.

Ca14 CABANNE, Bernard Marc. *Traduction et étude critique d'un conte de Stephen King : « La Calandre »*, mémoire de maîtrise, San Jose State University, 1984, xii-32 p.
• La nouvelle étudiée a été publiée en français sous le titre : **La Presseuse** [A5e].

Ca15 CAMPORA, Daniel Patrick. *Fiction in the Secondary Classroom*, mémoire, University of Toledo, 1990, 48 p.
• King, comme matériel pédagogique... À l'usage des maîtres qui se plaignent (souvent à juste titre) que leurs étudiants ne lisent pas... sauf Stephen King !

Ca16 CHRISTENSEN, Morten B. & Kristian KRISTIANSEN. *Bogen om Stephen King*, Copenhague (Danemark), Ultima, 1994, 140 p.
• Brève introduction à la vie et à l'œuvre.

Ca17 COLLINGS, Michael R. *Stephen King as Richard Bachman*, Mercer Island, Starmont House, (Starmont Studies in Literary Criticism, 10), 1985, 168 p.
• La " vie " et l'œuvre de l'alter ego de Stephen King dont les livres, d'abord ignorés par la critique et le public, connurent un franc succès (mérité) une fois sa véritable identité révélée.

Ca18 COLLINGS, Michael R. *The Annotated Guide to Stephen King : A Primary and Secondary Bibliography of the Works of America's Premier Horror Writer*, Mercer Island, Starmont House (Starmont Reference Guide, 8), 1986, 176 p.
• Première version d'une bibliographie monumentale rééditée en 1996 [Ca22].

Ca19 COLLINGS, Michael R. *The Films of Stephen King*, Mercer Island, Starmont House (Starmont Studies in Literary Criticism, 12), 1986, 201 p.
• De *Carrie* à *Silver Bullet*, une étude des adaptations cinématographiques et un examen critique de l'accueil mitigé du public. Les rapports de King avec le cinéma ont rarement été un franc succès.

Ca20 COLLINGS, Michael R. *The Many Facets of Stephen King*, Mercer Island, Starmont House (Starmont Studies in Literary Criticism, 11), avec biblio. des œuvres et des études, p. 142-18, 1985.
• De *Carrie* à *The Eyes of the Dragon*, une première analyse thématique de l'œuvre de King. La moitié de l'ouvrage est une bibliographie qui sera publiée à part sous le titre *The Work of Stephen King* [Ca22].

Ca21 COLLINGS, Michael R. *The Stephen King Phenomenon*, Mercer Island, Starmont House (Starmont Studies in Literary Criticism, 14), 1987, 144 p.
• Examine divers aspects de l'œuvre de King, avec insistance sur *IT*. Peut compléter l'ouvrage précédent mais n'en a pas la rigueur éditoriale ni l'intérêt.

Ca22 COLLINGS, Michael R. *The Work of Stephen King : An Annotated Bibliography and Guide*, San Bernardino, The Borgo Press, (Bibliographies of Modern Authors, n° 25), 1996, 480 p.
• Version actualisée et augmentée de *The Annotated Guide* [Ca18]. Bibliographie monumentale qui couvre, de façon maniaque, tous les aspects de l'œuvre et de la critique. Indispensable.

Ca23 COLLINGS, Michael & David ENGEBRETSON. *The Shorter Works of Stephen King*, Mercer Island, Starmont House, (Starmont Studies in Literary Criticism, 9), avec bibliographie des nouvelles et des poèmes : p. 187-193, 1985, 202 p.
- *Night Shift* [A5], *Creepshow* [A13], *The Dark Tower* [A15/A27/A33] sont parmi les œuvres présentées et analysées dans ce volume qui s'intéresse au nouvelliste plus qu'au romancier.

Ca24 CONNER, Jeff. *Stephen King Goes to Hollywood*, New York, New American Library (A Plume Book), 1987, 144 p.
- Guide illustré de tous les films.

Ca25 DARABONT, Frank. *The Shawshank Redemption : The Shooting Script*, New York, Newmarket Press, (A Newmarket Shooting Script Series Book), 1996, 188 p.
- Le texte intégral du scénario présenté avec préfaces de Frank Darabont et Stephen King.

Ca26 DAVIS, Jonathan P. *Stephen King's America*, Bowling Green, Bowling Green State University Popular Press, 1994, 183 p.
- Analyse pertinente et pénétrante de l'œuvre de King, avec en prime trois entrevues avec des critiques majeurs de l'horreur et du fantastique.

Ca27 ERNOULD, Roland. *The Green Mile (La Ligne verte)*, Club Stephen King Lille, France, octobre 1996.
- Publication amateure d'une étude sur le feuilleton de King. Très universitaire dans la forme (le Club est issu de l'Université de Lille), l'étude se contente de " reclasser " des citations tirées de l'œuvre sous les différents thèmes qu'elle aborde.

Ca28 GILROY, Tony. *Dolores Clairbone. A Screenplay*, Londres, Hollywood Scripts, 1994, 128 p.
- Le texte intégral du scénario.

Ca29 GOWAYED, Nadja. *Gothic Structures in Stephen King's Fiction*, thèse, Université de Graz (Autriche), 1996, 82 p.
- Étude thématique : le gothique dans l'œuvre de King.

Ca30 GREIN, Birgit. *Von Geisterschlössern und Spukhäuser : das Motiv des Gothic Castle von Horace Walpole bis Stephen King*, Wetzlar, Förderkreis Phantastik, (Schriftenreihe und Materialen der Phantastischen Bibliothek Wetzlar, 7), 1995, 99 p. (À partir de sa thèse intitulée *From the Castle of Otranto to the Overlook Hotel*, Université de Giessen, 1993.)

• Étude thématique générale, avec partie consacrée à la demeure gothique dans l'œuvre de King.

Ca31 GRETTON, Viveca. *Cracks in the King's Armour : Stephen King, Cinema and Autorship*, thèse, Université York, avec biblio., p. 156-162, 1989, 162 p. Disponible en microfiche (1991), Bibliothèque Nationale du Canada, Ottawa.
• La thèse s'intéresse principalement aux démêlés de King avec le cinéma : les réussites et les échecs. Des extraits ont été publiés dans la revue *CineAction*, n° 19-20, hiver-printemps 1990, p. 62-73.

Ca32 HEBERGER, Alexandra. *The Supernatural Depiction of Modern American Phobias and Anxieties in the Works of Stephen King*, thèse, disponible en microfiche (1994) à la Bibliothèque Nationale du Canada, Ottawa.
• Étude thématique : l'œuvre de King reflète les peurs de l'Amérique profonde contemporaine...

Ca33 HERRON, Don. (dir.) *Reign of Fear : Fiction and Films of Stephen King*, Los Angeles (CA) & Columbia (PA), Underwood-Miller, 1988, 254 p.
• Ensemble critique assez disparate (une critique de *IT* [A25] par... Whoopi Goldberg !) où le meilleur voisine avec le pire. L'anthologiste est particulièrement sévère avec son sujet !

Ca34 HORSTIG, Jessie. *Stephen King at the Movies*, New York, Starlog Press, (A Starlog/Signet Special), 1986.
• Panorama illustré, format magazine, des adaptations cinématographiques des œuvres de Stephen King. Distribué par NAL (New American Library).

Ca35 INGEBRETSEN, Edward J. (dir) *Maps of Heaven, Maps of Hell : Religious Terror as Memory from the Puritans to Stephen King*, Armonk (NY), M.E. Sharpe, 1996, 239 p.
• Étude thématique : examine l'œuvre de King sous l'angle de la religion.

Ca36 JENKINS, Greg. *Stanley Kubrick and The Art of Adaptation : Three Novels, Three Films*, Jefferson, McFarland, 1996. [À paraître]
• Une partie importante de l'ouvrage est consacrée à *Shining* [A3/B1b].

Ca37 JONES, Betina S. *All the King's Children : The Role of the Child in Stephen King's Novels*, mémoire, University of North Carolina, 1993, 65 p.
• Étude thématique : les enfants dans l'œuvre de King.

Ca38 JUNGLING, Doris. *From Innocence to Experience : The Theme of Growing Up in Stephen King's Novels*, thèse, Université de Salzburg (Autriche), 1992, 107 p.
• Étude thématique : King et le " bildungsroman " ou roman d'apprentissage.

Ca39 KEMP, Claire Juenell. *An Examination of Archetypes Pertaining to the Earth Mother Found in Selected Works of Twenty-Century Short Fiction*, mémoire de maîtrise, Mankato State University, 1983, 139 p.
• Étude, entre autres, de *Children of the Corn* [A5p].

Ca40 KENNEDY, Leslie Jo. *Standing by the Body : A Look at Cinematic Adaptation*, mémoire, Texas Tech University, 1993, 41 p.
• Sur l'adaptation cinématographique de la nouvelle *The Body* [A16c] sous le titre *Stand By Me* [B1j].

Ca41 KEYISHIAN, Amy Marjorie. *Stephen King*, New York, Chelsea House, (Pop Culture Legends), 1996, 127 p.
• La vie et l'œuvre de Stephen King présenté aux plus jeunes.

Ca42 KÖRBER, Joachim. (dir.) *Das Stephen King Buch*, Munich, Heyne Verlag, (Heyne Bücher, 7877), 1989, 604 p. Réédité en 1994.
• Important recueil de textes variés qui reprend une grande partie du matériel (bibliographie, filmographie, entrevues, essais divers) disponible dans les ouvrages américains, plus huit nouvelles. Avec de nombreuses photos.

Ca43 Le MAY, Gloria J. *The Shining : Supernatural Thriller and/or Psychological Terror*, mémoire, University of South Florida, 1991, 74 p.

Ca44 LLOYD, Ann. *The Films of Stephen King*, New York, St Martin's Press, illus., 1993, 96 p.

Ca45 LODERHOSE, Willy. *Das grosse Stephen King Filmbuch*, Bergisch Gladbach, Bastei-Lübbe, 1990, 334 p. Nouvelle édition augmentée et révisée : 1993, 523 p. (Bastei-Lübbe Taschenbuch, 13458).
• Étudie toutes les adaptations cinématographiques des œuvres de King. Avec introduction de Dino DeLaurentiis, une filmographie et une bibliographie.

Ca46 MAGISTRALE, Anthony. *Landscape of Fear : Stephen's King American Gothic*, Bowling Green, Bowling Green State Popular University Press, 1988, 132 p. Avec la collaboration de Marshall B. Tymn qui propose une bibliographie commentée des études sur Stephen King, 1980-1987, p. 125-129.

• Étude universitaire thématique compréhensible pour le lecteur moyen, par un des grands spécialistes de l'œuvre de King. Fortement recommandé.

Ca47 MAGISTRALE, Anthony. *The Moral Voyages of Stephen King*, Mercer Island, Starmont House (Starmont Studies in Literary Criticism, 25), 1989, 157 p.
   • Étude centrée sur les préoccupations littéraires et philosophiques de Stephen King.

Ca48 MAGISTRALE, Anthony. (dir.) *The Shining Reader*, Mercer Island, Starmont House, (Starmont Studies in Literary Criticism, 30), 1990, 220 p.
   • Recueil de quinze essais sur un des premiers romans.

Ca49 MAGISTRALE, Anthony. (dir.) *The Dark Descent : Essays Defining Stephen King's Horrorscape*, Westport, Greenwood Press (Contributions to the Study of Science Fiction and Fantasy, 48), 1992, 227 p.
   • Ouvrage majeur : quinze essais sur différentes facettes de l'œuvre de King.

Ca50 MAGISTRALE, Anthony. (dir.) *A Casebook on the Stand*, Mercer Island, Starmont House, (Studies in Literary Criticism, 38), 1992, 210 p.
   • Recueil d'essais qui proposent différentes lectures de ce roman épique.

Ca51 MAGISTRALE, Anthony. *Stephen King : The Second Decade, Danse Macabre to The Dark Half*, Boston, G.K. Hall (Twayne's United States Authors Series), 1992, 186 p.
   • Seconde partie de l'étude entamée par Joseph Reino [Ca60].

Ca52 MASSARON, Steffano. *Stephen King portatile*, Firenze, Polistampa, 1992.

Ca53 METZ, Cheryl L. *Stephen King : Twentieth-Century Society and Politics*, mémoire, James Madison University, 1992, 57 p.

Ca54 MORIN, Hugues. (dir.) *Stephen King : Trente ans de terreur*, Beauport, Alire, coll. Essais 001, 1997, 320 p.
   • Le livre que vous avez entre les mains !

Ca55 OKUZAWA, Seijii & Kenji KAZAMA. *Konpurito Sutivun King*, Tokyo, Byakuya-shobo, 1991, 479 p.
   • Introduction à l'œuvre de King très populaire au Japon.

Ca56 ONSURSE, Vicente A. C. *Stephen King : Letteratura Real*, mémoire, West Virginia University, 1992, 68 p.

Ca57 PAVAN, Massimiliano. *Stephen King : tra american gothic e trash literature*, thèse, Université de Bergame, Faculté des Langues et Littératures étrangères, 1991.

Ca58 PETERSON, Dana H. *Stephen King's Family Frights*, mémoire de maîtrise, University of South Florida, 1990, 73 p.
• Étude thématique : la famille dans l'œuvre de Stephen King.

Ca59 PUGLIESE, Roberto. *Stephen King*, Venezia, Officio attivita cinematografiche del comune di Venezia, (Circuito cinema, 27), 1985, 36 p.
• Étude brève des adaptations cinématographiques.

Ca60 PUTNAM, Mark. *Three Sources of Fear in the Works of Stephen King*, mémoire de maîtrise, Ohio State University, 1987, 91 p.
• Étude thématique.

Ca61 RATHBURN, Fran Miller. *Anatomy of a Best Seller : Form, Style, and Symbol in Stephen King's The Stand*, mémoire de maîtrise, Austin State University, 1981, 75 p.

Ca62 REINO, Joseph. *Stephen King : The First Decade, Carrie to Pet Sematary*, Boston, G.K. Hall (Twayne's United States Authors Series), 1988, 162 p.
• Analyse systématique de la première partie de l'œuvre, livre par livre.

Ca63 RENÉE, Pia Olesen. *Filmgys og gyserroman exemplificeret ved to Stephen King romanen og deres filmatiseringer*, Aalborg (Danemark), Bibliothekskole Aalborg Afdelingen, 1996.
• Document bibliographique et étude thématique : l'adaptation cinématographique avec, comme exemples, les romans de King adaptés à l'écran.

Ca64 ROSADO, Pedro Garcia. *As novas zonas da morte : una introducion a obra de Stephen King*, Porto (Portugal), Fantasporto, 1985, 47 p.
• Brève introduction à l'œuvre de Stephen King.

Ca65 ROSENFELD, Jill Greer. *Horror Landscape : Change in Stephen King's Work*, thèse, Harvard University, 1989, 100 p.
• Étude thématique.

Ca66 RUSSEL, Sharon A. *Stephen King : A Critical Companion*, Westport, Greenwood Press, (Critical Companions to Popular Contemporary Writers), 1996, 192 p.
• Ouvrage de vulgarisation intelligent et accessible qui examine la vie et l'œuvre, y compris des romans aussi récents que *Dolores Claiborne* [A36] et *Rose Madder* [A44].

Ca67 SAIDMAN, Anne. *Stephen King : Master of Horror*, Minneapolis, First Avenue Editions, Lerner Publications, (The Achievers), 1992, 56 p.
• Stephen King présenté à la jeunesse...

Ca68 SGAMBATI, Fred J. *The Characterisation of Evil in Stephen King's The Shining, The Stand and Firestarter*, thèse, 117 p. Disponible sur microfiche (1986) à la Bibliothèque Nationale du Canada, Ottawa.
• Étude thématique.

Ca69 SCHMITZ, Peter, MUEHLSCHWEIN, Carolin & Christian MEISSNER. *Das Stephen King Fanbuch*, Munich, Heyne Verlag, (Heyne Bücher, 33, Heyne-Mini, NR 1227), 1994, 122 p.
• L'éditeur allemand de Stephen King a publié ce livre pour les fans du maître : guide de lecture, éléments biographiques, présentés en ordre alphabétique.

Ca70 SCHWEITZER, Darrell. (dir.) *Discovering Stephen King*, Mercer Island, Starmont House, (Starmont Studies in Literary Criticism, 8), 1985, 219 p.
• Recueil d'essais couvrant diverses facettes de l'œuvre de King.

Ca71 SCHWEITZER, Darrell. (dir) *Discovering Stephen King II*, Mercer Island, Starmont House, 1988.
• Deuxième recueil d'essais d'intérêt très inégal.

Ca72 SPIGNESI, Stephen J. *The Shape under the Sheet : The Complete Stephen King Encyclopedia*, Ann Arbor (MI), Popular Culture INK, 1991, 800 p. Réédité sous le titre : *The Complete Stephen King Encyclopedia*, Chicago, Contemporary Books, 1992. (Avec 50 photos.)
• Il s'agit du livre où on répond à toutes les questions sur Stephen King, sa vie, son œuvre... Monumental ouvrage, qui détaille, entre autres sujets, tous les personnages, lieux et choses que l'on retrouve dans toutes les histoires de Stephen King. Étourdissant ! Indispensable pour les maniaques.

Ca73 STEPHAN, David. *Stanley Kubrick's Post-Structural Vision of Horror*, mémoire, University of South Florida, 1991, 38 p.
• L'étude porte essentiellement sur *The Shining* [A3].

Ca74 TERRELL, Carroll F. *Stephen King : Man and Artist*, Orono (Maine), Northern Lights Publishing Company, 1991, 247 p.
• Étude biographique et critique qui met en lumière les éléments éthiques et religieux dans les écrits de King.

Ca75 THOMPSON, Lars & Becci HAYES. *Companions to Literature : Monstermania*, Mississauga (Ont.), S.B.F. Media, 1993, 109 p.

- Ouvrage pédagogique à l'usage des étudiants de niveau secondaire et qui propose, entre autres, une analyse des textes de *Night Shift* [A5].

Ca76 UNDERWOOD, Tim & Chuck MILLER. (dirs.) *Fear Itself : The Horror Fiction of Stephen King*, New York, New American Library (A Plume Book), 1984, 277 p.
- Excellent ouvrage de vulgarisation, sous forme de recueil d'articles signés par Burton Hatlen, Chelsea Quinn Yarbro, Don Herron, Fritz Leiber, Bill Warren, Deborah L. Notkin, Charles L. Grant, Ben P. Indick, Alan Ryan, Douglas E. Winter et Marty Ketchum, Daniel J.H. Levack, Jeff Levin. Introduction par Peter Straub, préface de Stephen King et postface de George Romero.

Ca77 UNDERWOOD, Tim & Chuck MILLER. (dirs.) *Bare Bones : Conversations on Terror with Stephen King*, New York, Warner Books, 1989, 211 p.
- Stephen King parle pendant plus de deux cents pages... Les entrevues sont extraites de journaux et de magazines aussi variés que *Playboy*, *Rolling Stones* ou *The English Journal*.

Ca78 UNDERWOOD, Tim & Chuck MILLER. (dirs.) *Feast of Fear : Conversations with Stephen King*, Novato, CA, Lancaster, PA, Underwood-Miller, 1989, 282 p. Réédité par Carroll & Graf, 1992.
- Croyez-le ou non, mais King a encore des choses à dire et cela dans différentes publications et sur près de 300 pages !

Ca79 UNDERWOOD, Tim & Chuck MILLER. (dirs.) *Kingdom of Fear : The World of Stephen King*, San Francisco (CA) & Columbia (PA), Underwood-Miller, 1986. Rééd., New York, Signet Books, 1987, 316 p.
- Ce volume prend la suite de *Fear Itself* [Ca78] et propose une collection d'articles signés par Andrew M. Greeley, Robert Bloch, Bill Thompson, Ramsey Campbell, Whitley Strieber, Leslie Fiedler, Clive Barker, Harlan Ellison, Michael McDowell, William F. Nolan, Stephen P. Brown, Don Herron, Chuck Miller, Ben P. Indick, Bernadette Lynn Bosky, Thomas F. Monteleone et Tim Underwood.

Ca80 URSINI, James & Alain SILVER. *More Things That are Dreamt Of : Masterpieces of Supernatural Horror, from Mary Shelley to Stephen King, in Literature and Film*, New York, Limelight Editions, préface par William Blatty, 1994, 226 p.
- Étude générale de la littérature et du film fantastique et d'horreur avec Stephen King comme référence des temps modernes.

Ca81 VAN HILLE, Lou. *La Tour sombre : En attendant Wizard and Glass*, Club Stephen King Lille, France, mars 1996. 2e édition, revue et augmentée, sans mention de la date, quelques mois plus tard.

• Publication amateure d'une étude sur la série de *fantasy* de King. L'auteur adopte une forme très universitaire (le Club est issu de l'Université de Lille) et a une tendance à faire des liens où il n'y en a pas nécessairement, emporté par son enthousiasme pour le sujet. La majorité de l'étude est axée sur des détails très pointus.

Ca82 VAN HISE, James. *Enterprise Incidents Presents Stephen King*, Tampa (FL), New Media, 1984, 58 p.

Ca83 VAN HISE, James. *Stephen King and Clive Barker : The Illustrated Guide to the Masters of the Macabre*, Las Vegas, Pioneer Books, 1990, 146 p.

• Anthologie critique qui actualise l'ouvrage précédent [Ca80]. Avec des contributions de Kevin Mangold, Bob Strauss & Phil Gardner.

Ca84 VAN HISE, James. *Stephen King and Clive Barker : Masters of the Macabre II*, Las Vegas, Pioneer Books, 1992, 145 p.

Ca85 WINTER, Douglas. *Stephen King*, Mercer Island, Starmont House (Starmont Reader's Guide, 16), biblio., p. 111-124, 1982, 128 p. Réédité par The Borgo Press, en 1982, 128 p.

• Étude de l'œuvre de King – de *Carrie* [A31] à *Cujo* [A71] – par un observateur qualifié de la scène fantastique américaine.

Ca86 WINTER, Douglas. *Stephen King : The Art of Darkness*, New York, New American Library, 1984, 252 p. 2e édition en 1986.

• Version révisée et substantiellement augmentée de l'ouvrage précédent [Ca85]. Malgré que sa dernière publication remonte à 1986, il n'en demeure pas moins l'un des meilleurs livres sur Stephen King à ce jour. L'auteur a pu profiter de nombreuses heures d'entretien avec Stephen King lors de la préparation de son livre.

Cb : Choix d'articles

Notes : les articles sur Stephen King et son œuvre sont fort nombreux. Ils paraissent dans toute la gamme des publications : fanzines, journaux, magazines, revues académiques et recueils d'essais. Tout choix a une part d'arbitraire... Dans cette sélection internationale, nous avons retenu essentiellement les articles importants parus en revues, fanzines et recueils. On ne trouvera pas ici les bribes d'informations ou articulets qui foisonnent dans les fanzines... Pour les articles parus dans les recueils recensés dans la partie précédente, nous avons mis le titre (abrégé) et la référence entre crochets afin d'alléger la bibliographie.

Cb1 ALEXANDER, Alex E., « Stephen King's *Carrie* : A Universal Fairy Tale », dans *Journal of Popular Culture*, n° 13, 1980, p. 282-288.

Cb2 ALLEN, Mel. « Man Who Writes Nightmares », dans *Bare Bones* [Ca79], 1988, p. 73-79. Parution originale dans *Yankee*, mars 1979.

Cb3 ARTURO, Alessandro. « Stephen King : survol » suivi de « D'où viennent vos idées ? Éléments autobiographiques dans l'œuvre de King », dans *Les Dossiers de Phénix : Stephen King*, [Ca3], 1995, p. 7-35. Repris de *Phénix*, n° 29, décembre 1991, p. 25-36.

Cb4 ARTURO, Alessandro. « Combien de fois King a-t-il écrit le même roman ? Éléments magico-fantastiques dans les récits du maître de Bangor », dans *Les Dossiers de Phénix : Stephen King*, [Ca3], 1995, p. 219-223.

Cb5 ARTURO, Alessandro. « Stephen King en images », dans *Les Dossiers de Phénix : Stephen King*, [Ca3], 1995, p. 283-289.

Cb6 ASSOULINE, Pierre. « Le Phénomène Stephen King », dans *Lire*, n° 174, mars 1990, p. 35-47.

Cb7 BADLEY, Linda. « Love and Death in the American Car : Stephen King's Auto-Erotic Horror », dans *Landscapes of Nightmares* [Ca13], 1987.

Cb8 BANDLER, Michael J. « The King of the Macabre at Home », dans *Parents*, 57, janvier 1982, p. 68-72.

Cb9 BARKER, Clive. « Stephen King : Surviving the Ride » dans *Fantasy Review* 9, 1986, p. 6-8.

Cb10 BEAHM, George. « Œuvres non publiées », dans *Les Dossiers de Phénix : Stephen King*, [Ca3], 1995, p. 355-368. Texte repris de *The Stephen King Companion* [Ca5], 1989.

Cb11 BELLOWS, Keith. « King of Terror », dans *Bare Bones* [Ca79], 1988, p. 102-104. Parution originale dans *Sourcebook*, 1982.

Cb12 BERGAL, Gilles. « Docteur ès Horreur : Stephen King », dans *Écume*, n° 3, été 1982, p. 40-43. Repris sous le nom de GALLERNE, Gilbert, dans *Fenêtre secrète sur Stephen King*, n° 2 (vol. 1, n° 2), Saint-Hyacinthe, avril 1995, p. 25-35. Autre parution : dans *Phénix*, n° 29, décembre 1991, p. 11-20.

Cb13 BERGAL, Gilles. « Le roi est nu, mais vive le roi », dans *Les Dossiers de Phénix : Stephen King*, [Ca3], 1995, p. 225-228. Parution originale : *Phénix*, n° 29, décembre 1991, p. 21-24.

Cb14 BERGERON, Alain. « Stephen King : L'art de la peur », dans *Solaris*, n° 120, Gallix, hiver 1997, p. 33-37. Un extrait de l'article du même auteur publié dans le présent livre.

Cb15 BERKENKAMP, Lauri. « Reading, Writing, and Interpreting : Stephen King's *Misery* », dans *The Dark Descent* [Ca49], 1992.

Cb16 BERNARD, Maxine M. « The Religious Signifiance of Names in the Horror Fiction of Stephen King », dans *Connecticut Onomastic Review*, 3, 1990, p. 16-19.

Cb17 BERTIN, Eddy C. « Stephen King, au petit et grand écran : les films d'après Stephen King », dans *Phénix*, n° 29, Bruxelles, décembre 1991, p. 153-170.

Cb18 BESSIÈRE, Irène. « Autour de Stephen King : fantastique, littérature et cinéma », dans *Dramaxes (De la fiction policière, fantastique et d'aventures)*, Denis Mellier & Luc Ruiz (dirs.), Fontenay/St Cloud, ENS Éditions, (coll. Signes), 1995, p. 323-340.

Cb19 BIDDLE, Arthur W. « The Mythic Journey in *The Body* », dans *The Dark Descent* [Ca49], 1992.

Cb20 BLEILER, E. F. « Stephen King », dans *Supernatural Fiction Writers*, New York, Charles Scribner's Sons, 1985, p. 1037-1044.

Cb21 BLOCH, Robert. « Monsters in Our Midst », dans *Kingdom of Fear* [Ca79], 1986, p. 23-27.

Cb22 BLUE, Tyson. « The Truth about IT », dans *The Twilight Zone Magazine*, vol. 6, n° 5, décembre 1986, p. 48-49.

Cb23 BOSKY, Bernadette. « Playing the Heavy : Weight, Appetite, and Embodiement in Three Novels by Stephen King », dans *The Dark Descent* [Ca49], 1992.

Cb24 BOSKY, Bernadette. « Stephen and Peter Straub : Fear and Friendship », dans *Discovering Stephen King* [Ca68], 1985, p. 55-82.

Cb25 BOSKY, Bernadette. « The Mind's a Monkey : Character and Psychology in Stephen King's Recent Fiction », dans *Kingdom of Fear* [Ca79], 1986, p. 209-238.

Cb26 BRÈQUE, Jean-Daniel. « Stephen King, l'horreur moderne », dans *Europe*, « Le fantastique américain », n° 707, mars 1988, p. 97-104.

Cb27 BRÈQUE, Jean-Daniel. « L'Étrange cas du docteur King et de Mister Bachman », dans *Les Dossiers de Phénix : Stephen King* [Ca3], 1995, p. 241-253. Repris de *Phénix*, n° 29, Bruxelles, décembre 1991, p. 55-64.

Cb28 BROWN, Stephen P. « The Life and Death of Richard Bachman : Stephen King's Doppelgänger », dans *Kingdom of Fear* [Ca79], 1986, p. 109-126.

Cb29 BURDUCK, Michael L. « Aesthetic and Scientific Theories : Stephen King, Benjamin Rush, and Fear », dans *Grim Phantasms : Fear in Poe's Short Fiction*, New York, Garland Publishing, 1992.

Cb30 BURNS, Gail E. & Melinda KANNER. « Women, Sex and Death : The Perversion of The Female Principle in Stephen King's Fiction », dans *Sexual Politics and Popular Culture*, (Diane Raymond, dir.), Bowling Green, Bowling Green State University Popular Press, 1990, p. 158-172.

Cb31 CASEBEER, Edwin F. « The Three Genres of *The Stand* », dans *The Dark Descent* [Ca49], 1992.

Cb32 CASEBEER, Edwin F. « King as Classic : Excellence, Relevance, Endurance », dans *Trajectories of the Fantastic*, Westport, Greenwood Press, (Contributions to the Study of Science Fiction and Fantasy, n° 70), 1997.

Cb33 CASEBEER, Edwin R. « The Art of the Balance : Stephen King's Canon », dans *A Darknight's Dreaming : Contemporary Horror Fiction* (Tony Magistrale & Michael A. Morrisson), Columbia, University of South Carolina Press, 1996.

Cb34 CHEEVER, Leonard. « Apocalypse and the Popular Imagination : Stephen King's *The Stand* », dans *RE : Artes Liberales*, 8, 1981, p. 1-10.

Cb35 CHRISTENSEN, Dan. « Stephen King : Living in Constant, Deadly Terror », dans *Fangoria*, n° 3, vol. 1, 1979, p. 46-49.

Cb36 COENEN, Martin. « Interview : Stephen King », dans *Les Dossiers de Phénix : Stephen King* [Ca3], 1995, p. 37-90. Précédemment publié en plusieurs parties dans *Les Amis de Stephen King*, France.

Cb37 COHEN, Alan. « *The Stand* : Science Fiction into Fantasy », dans *Discovering Stephen King* [Ca68], 1985, p. 83-90.

Cb38 COHEN, Alan. « The Collapse of Family and Language in Stephen King's *The Shining* », dans *The Shining Reader* [Ca49], 1990, p. 47-60.

Cb40 COISNE, Gérard. « Danse macabre », dans *Les Dossiers de Phénix : Stephen King*, [Ca3], 1995, p. 277-282. Repris dans *Phénix*, n° 29, Bruxelles, décembre 1991, p. 201-206.

Cb41 COLLINGS, Michael R. « Dean R. Koontz and Stephen King : Style, Invasion, and the Aesthetics of Horror », dans *Sudden Fear : The Horror and Dark Suspense Fiction of Dean R. Koontz*, Bill Munster (dir.), Mercer Island, Starmont House, 1988, p. 45-65.

Cb42 CONRAD, Daniel. « Clive Barker/Stephen King : la guerre ? » dans *Horrifique*, n° 13 (vol. 2, n° 7), (Spécial Stephen King), Jonquière, octobre 1994, p. 43-49.

Cb43 CONRAD, Daniel. « Stephen King et le cinéma », dans *Horrifique*, n° 14, (vol. 2, n° 8) (Spécial Stephen King), novembre 1994, p. 13-23.

Cb44 CORLISS, Richard. « The King of Creep », dans *Time*, vol. 137, n° 17, 27 avril 1992, p. 62-63.

Cb45 CRAWFORD, Gary W. « Stephen King's American Gothic », dans *Discovering Stephen King* [Ca68], p. 41-45.

Cb46 CURRAN, Ronald T. « Complex, Archetype, and Primal Fear : King's Use of Fairy Tales in the *Shining* », dans *The Dark Descent* [Ca49], 1992.

Cb47 D'AMASSA, Don. « Three by Bachman », dans *Discovering Stephen King* [Ca68], 1985, p. 123-130.

Cb48 DE CAMP, Sprague. « The Glass-Eyed Dragon », dans *Reign of Fear* [Ca33], 1988, p. 63-68.

Cb49 DE FILIPPO, Marsha. « Stephen King : Bibliography » dans *The Magazine of Fantasy & Science Fiction*, (Special Stephen King), n° 475 (vol. 79, n° 6), décembre 1990. Suivi de « Stephen King », présenté par Algis Budrys.

Cb50 DE LEEUW, Marc. « Les maîtres du fantastique contemporain sont des barbus » dans *Les Dossiers de Phénix : Stephen King* [Ca3], 1995, p. 265-276. Repris de *Phénix*, n° 29, Bruxelles, décembre 1991, p. 131-141.

Cb51 DELMENDO, Sharon. « Born of [Misery] : Stephen King's (En)Gendered Text », dans *Styles of Creation : Aesthetic, Technique and the Creation of Fictional Worlds*, George E. Slusser & Eric S. Rabkin, dirs., Athens, University of Georgia Press, 1992, p. 172-180.

Cb52 DENVER, Joel. « Stephen King Takes a Stand for Records », dans *Bare Bones* [Ca79], 1988, p. 235-240. Parution originale dans *Radio and Records*, 24 février 1984.

Cb53 DEWES, Joyce Lynch. « An Interview with Stephen King », dans *Mystery*, mars 1981, vol. 2, n° 2, p. 6-9, 62.

Cb54 DICKERSON, Mary Jane. « Stephen King Reading William Faulkner : Memory, Desire, and Time in the Making of *IT* », dans *The Dark Descent* [Ca49], 1992.

Cb55 DICKERSON, Mary Jane. « The Masked Author Strikes Again' : Writing and Dying in *The Shining* », dans *The Shining Reader* [Ca49], 1990, p. 33-46.

Cb56 DISCH, Thomas. « The King and His Minions : Thoughts of a *Twilight Zone* Reviewer », dans *Reign of Fear* [Ca33], 1988, p. 79-91.

Cb57 DOHERTY, Thomas. « What Went Wrong with Stephen King ? », dans *Cinefantastique*, vol. 21, n° 4, février 1990, p. 32-33, 60.

Cb58 DOTY, Gene. « A Clockwork Will : Guilt and Coincidence in *The Monkey* », dans *The Dark Descent* [Ca49], 1992.

Cb59 DUFREIGNE, Jean-Pierre. « Stephen King, Serial Killer », dans *L'Express*, n° 2156, 6 novembre 1992, p. 62-64.

Cb60 EGAN, James. « Antidetection : Gothic and Detective Conventions in the Fiction of Stephen King », dans *Clues*, vol. 5, 1984, p. 131-146.

Cb61 EGAN, James. « Apocalypticism in the Fiction of Stephen King », dans *Extrapolation*, 25, 1984, p. 214-227.

Cb62 EGAN, James. « A Single Powerful Performance : Stephen King's Gothic Melodrama », dans *Extrapolation*, vol. 27, n° 1, printemps 1986, p. 62-76.

Cb63 EGAN, James. « *The Dark Tower* : Stephen King's Gothic Western », dans *Landscape of Nightmares* [Ca13], 1987, p. 101-117.

Cb64 EGAN, James. « Technohorror : The Dystopian Vision of Stephen King », dans *Extrapolation*, vol. 29, n° 2, été 1988, p. 140-152.

Cb65 EGAN, James. « Sacral Parody in the Fiction of Stephen King », dans *Journal of Popular Culture*, vol. 23, n° 3, 1990, p. 125-141.

Cb66 ELLER, Jackie. « Wendy Torrance, One of King's Women : A Typology of King's Female Characters », dans *The Shining Reader* [Ca49], 1990, p. 11-22.

Cb67 EPPEL, Naomi. « Stephen King », dans *Writers Dreaming*, New York, Carol Southern Books, 1993.

Cb68 EVANS, Christopher. « He Brings Life to Dead Issues », dans *Bare Bones* [Ca79], 1988, p. 104-106. Éd. or., dans *Minneapolis Star*, 8 septembre 1979.

Cb69 FERGUSON, Mary. « Strawberry Spring : Stephen King's Gothic Universe », dans *Footsteps*, 5, avril 1985, p. 3-8.

Cb70 FERREIRA, Patricia. « Jack's Nightmare at the Overlook : The American Dream Inverted », dans *The Shining Reader* [Ca49], 1990, p. 23-32.

Cb71 FLETCHER, Jo. « Stephen King : The Limits of Fear (interview) », dans *Reign of Fear* [Ca33], 1988, p. vii-xv.

Cb72 FREFF. « Dark Beyond the Dark : Walking (Nervously) into Stephen King's World », dans *Bare Bones* [Ca79], 1988, p. 158-164. Éd. or. dans *Tomb of Dracula*, n° 4 & 5.

Cb73 GALLAGHER, Bernard J. « Reading Between the Lines : Stephen King and Allegory », dans *Landscape of Nightmares* [Ca13], 1987.

Cb74 GALLAGHER, Bernard J. « Breaking Up Isn't Hard to Do : Stephen King, Christopher Lasch and Psychic Fragmentation », dans *Journal of American Culture*, vol. 10, n° 4, 1987, p. 59-67.

Cb75 GENTILHOMME, Serena. « Dick Halloran, du roman de Stephen King [1977] au film de Stanley Kubrick [1980] », dans *Les Cahiers du GERF*, n° 4, « L'étranger dans la littérature fantastique », 1993, p. 89-100.

Cb76 GIBBS, Kenneth. « Stephen King and the Tradition of American Gothic », dans *Gothic (New Series)*, 1, 1986, p. 6-14.

Cb77 GILBERT, John. « *The Stand... At Last* ! », dans *Fear*, n° 13, janvier 1990, p. 12-15.

Cb78 GODEFROID, Yvon. « Stephen King, l'enfant mort », dans *Les Dossiers de Phénix : Stephen King* [Ca3], p. 91-96

Cb79 GOLDBERG, Whoopi. « Digging It », dans *Reign of Fear* [Ca33], 1988, p. 5-9.

Cb80 GOLDSTEIN, Bill. « King of Horror », dans *Publishers Weekly*, vol. 238, n° 4, 1991, p. 6-9.

Cb81 GRANT, Charles L. « Stephen King : I Like to Go For the Jugular », dans *The Twilight Zone Magazine*, vol. 1, n° 1. avril 1981, p. 18-23. (Entrevue.)

Cb82 GRANT, Charles. « The Gray Arena », dans *Fear Itself* [Ca78], 1982, p. 141-151.

Cb83 GRANT, Charles L. « Interview with Stephen King », dans *Bare Bones* [Ca79], 1988, p. 92-102. Éd. or., dans *Monsterland*, mai et juin 1985.

Cb84 GREELEY, Andrew G. « Stephen King : Things That Go Bump in the Night », dans *God in Popular Culture* (Andrew Greeley), Chicago, Thomas More, 1989, p. 211-220.

Cb85 GRIXTI, Joseph. « Language, Modes of Seeing, and Magic : The Covenant of Stephen King », chapitre trois de *Terrors of Uncertainty : The Cultural Contexts of Horror Fiction*, Londres, Routledge, 1989.

Cb86 GUÉRIF, François. « Stephen King à l'écran », dans *L'Écran fantastique*, n° 78, mars 1987, p. 36-45.

Cb87 HALA, James. « Kubrick's *The Shining* : The Specters and the Critics », dans *The Shining Reader* [Ca49], 1990, p. 202-216.

Cb88 HANNEQUIN, Stéphane. « Richard King et Stephen Bachman », dans *Phénix*, n° 29, Bruxelles, décembre 1991, p. 65-72.

Cb89 HANSON, Clare. « Stephen King : Powers of Horror », dans *American Horror Fiction : From Brockden Brown to Stephen King*, (Brian Docherty, dir.), New York, St. Martin's Press, 1990, p. 135-154.

Cb90 HATLEN, Burton. « Stephen King and the American Dream : Alienation, Competition, and Community in *Rage* and *The Long Walk* », dans *Reign of Fear* [Ca33], 1988, p. 19-50.

Cb91 HATLEN, Burton. « Good and Evil in Stephen King's *The Shining* », dans *The Shining Reader* [Ca49], 1990, p. 81-104.

Cb92 HAYOT, Christophe. « Retour sur Richard Bachman », dans *Fenêtre secrète sur Stephen King*, n° 9 (vol. 3, n° 1), janvier 1997, p. 23-27.

Cb93 HELDRETH, Leonard G. « The Ultimate Horror : The Dead Child in Stephen King's Stories and Novels », dans *Discovering Stephen King* [Ca68], 1985, p. 141-152.

Cb94 HELDRETH, Leonard G. « Viewing the Body : Portrait of the Artist as Survivor », dans *Landscape of Nightmares* [Ca13], 1987.

Cb95 HELDRETH, Leonard G. « Rising Like Old Corpses : Stephen King and the Horrors of Time-Past », dans *Journal of the Fantastic in Arts*, vol. 2, n° 1, 1989, p. 5-14.

Cb96 HENDERSON, Randi. « Stephen King is Cashing In », dans *Bare Bones* [Ca79], 1988, p. 233-234. Éd. or. dans *The Baltimore Sun*, 26 août 1980.

Cb97 HERRON, Don. « The Biggest Horror Fan of Them All », dans *Discovering Stephen King* [Ca68], 1985, p. 26-40.

Cb98 HERRON, Don. « The Good, The Bad and the Academic », dans *Kingdom of Fear* [Ca79], 1986, p. 129-157.

Cb99 HEWITT, Tim. « Interview with Stephen King », dans *Bare Bones* [Ca79], 1988, p. 168-175. Éd. or. dans *Cinefantastique*, vol. 15, n° 2.

Cb100 HICKS, James E. « Stephen King's Creation of Horror in *Salem's Lot* : A Prolegomenon Towards a New Hermeneutic of the Gothic World », dans *Landscape of Nightmares* [Ca13], 1987.

Cb101 HOFFMAN, Barry. « An Interview About Stephen King with Stephen Spignesi », dans *Mystery Scene*, n° 27, octobre 1990, p. 94-98.

Cb102 HOHNE, Karen A. « The Power of the Word in the Works of Stephen King », dans *Journal of Popular Culture*, vol. 28, n° 2, automne 1994.

Cb103 HOLLAND-TOLL, Linda J. « Contemporary Tragedy : Stephen King's *Pet Sematary* », dans *Studies in Weird Fiction*, n° 16, West Warwick, Necronomicon Press, 1995.

Cb104 HYLES, Vernon. « The Grotesque as Metaphor in the Works of Stephen King », dans *Landscapes of Nightmares* [Ca13], 1987.

Cb105 HYLES,Vernon. « The Dark Side of Childhood : *The 500 Hats of Bartholomew Cubbins* and *The Shining* », dans *The Shining Reader* [Ca49], 1990, p. 169-178.

Cb106 INDICK, Ben P. « King and the Literary Tradition of Horror and the Supernatural », dans *Fear Itself* [Ca78], 1982, p. 153-167.

Cb107 INDICK, Ben. « Stephen King as Epic Writer », *Discovering Modern Horror Fiction*, Darrell Schweitzer, dir., Mercer Island, Starmont House, 1985, p. 56-67.

Cb108 INDICK, Ben. « What Makes Him So Scary », dans *Discovering Stephen King* [Ca68], 1985, p. 9-14.

Cb109 INDICK, Ben. « King as a Writer for Children », dans *Kingdom of Fear* [Ca79], 1986, p. 189-205.

Cb110 INDICK, Ben P. « Come Here and Take your Medecine : Stephen King and Drugs », dans *Reign of Fear* [Ca33], 1988, p. 149-175.

Cb111 JAMESON, Frederic. « *The Shining* » dans *Social Text*, n° 4, automne 1981, p. 114-125.

Cb112 JANECKSKO, Paul. « Interview with Stephen King », dans *Bare Bones* [Ca79], 1988, p. 88-92. Repris de *English Journal*, février 1980.

Cb113 JONES, Stephen. « Nightshifter », dans *Bare Bones* [Ca79], 1988, p. 135-137. Repris de *Fantasy Media*, mars 1979.

Cb114 JOSHI, S. T. « The King's New Clothes », dans *Million*, n° 13, janvier-février 1993, p. 27-37. (Article férocement anti-King !)

Cb115 KAUFMANN, Christophe. « Stephen King : de l'angoisse et de la peur », dans *Les Dossiers de Phénix : Stephen King* [Ca3], 1995, p. 117-196. Suivi de « Après Castle Rock... », p. 197-209.

Cb116 KEESEY, Douglas. « *The Face of Mr. Flip* : Homophobia in the Horror of Stephen King », dans *The Dark Descent* [Ca49], 1992.

Cb117 KELSO, Sylvia. « Take me For a Ride in Your Man-Eater : Gyno-phobia in Stephen King's *Christine* », dans *Para*Doxa*, vol. 2, n° 2, 1996, p. 263-275.

Cb118 KENT, Brian. « Canaries in a Gilded Cage : Mental and Marital Decline in *Mc Teague* and *The Shining* », dans *The Shining Reader* [Ca49], 1990, p. 139-154.

Cb119 KETCHUM, Marty. « Shine of the Time », dans *Bare Bones* [Ca79], 1988, p. 137-142. Repris de *Shayol*, été 1979.

Cb120 KETCHUM, Marty, Daniel J.H. LEVACK, Jeff LEVIN. « Stephen King : A Bibliography », dans *Fear Itself* [Ca78], 1982, p. 231-246.

Cb121 KILGORE, Michael. « Interview with Stephen King », dans *Bare Bones* [Ca79], 1988, p. 116-128.

Cb122 KLAVAN, Andrew. « The Pleasure of the Subtext : Stephen King's Id-Life Crisis » dans *Village Voice*, 3 mars 1987, p. 44-46.

Cb123 KNIGHT, Donald R. « Here Comes My Baby Singin' Like a Nightingale : Stephen King's *Christine* », dans *Studies in Weird Fiction*, n° 18, West Warwick, Necronomicon Press, 1995.

Cb124 LABBÉ, Denis. « L'eau chez King : une matrice de l'horreur », dans *Les Dossiers de Phénix : Stephen King* [Ca3], 1995, p. 97-104. Repris de *Phénix*, n° 29, Bruxelles, décembre 1991, p. 187-193.

Cb125 LABBÉ, Denis. « King en quelques pages », dans *Les Dossiers de Phénix : Stephen King* [Ca3], 1995, p. 211-217. Article sur les nouvelles...

Cb126 LACROIX, Steve. « Stephen King's *Thinner* », dans *Cinefantastique*, vol. 27, n° 9, 1er mai 1996.

Cb127 LARSON, Randall D. « *Cycle of the Werewolf* and the Moral Tradition of Horror », dans *Discovering Stephen King* [Ca68], 1985, p. 102-108.

Cb128 LE GUYADER, Serge F. « Stephen King : du jazz naissant dans l'écriture » dans *Dans l'ombre de Stephen King*, n° 1, Association Lueurs mortes, Dombasles-sur-Meurthe, 1995.

Cb129 LEIBER, Fritz. « Horror Hits a High » dans *Fear Itself* [Ca78], 1982, p. 85-103.

Cb130 LEVONIAN, Isabelle. « Stephen King et la peur », dans *Phénix*, n° 29, Bruxelles, décembre 1991, p. 195-199.

Cb131 LIDSTON, Robert. « *Dracula* and *Salem's Lot* : Why the Monsters Won't Die », dans *West Virginia University Philological Papers*, 28, 1982, p. 70-78.

Cb132 MADIGAN, Mark. « Orders From the House : Kubrick's *The Shining* and Kafka's *The Metamorphosis* », dans *The Shining Reader* [Ca49], 1990, p. 193-202.

Cb133 MAGISTRALE, Anthony. « Stephen King's Viet Nam Allegory : An Interpretation of *Children of The Corn* », dans *Cuyahoga Review*, 2, 1984, p. 61-66.

Cb134 MAGISTRALE, Anthony. « Crumbling Castles of Sand : The Social Landscape of Stephen King's Gothic Vision », dans *Journal of Popular Literature*, automne-hiver 1985, p. 45-59.

Cb135 MAGISTRALE, Anthony. « Inherited Haunts : Stephen King's Terrible Children », dans *Extrapolation*, 26, 1985, p. 43-49.

Cb136 MAGISTRALE, Anthony. « Stephen King's *Pet Sematary* : Hawthorne's Woods Revisited », dans *Landscape of Nightmares* [Ca13], 1987.

Cb137 MAGISTRALE, Anthony. « Native Sons : Regionalism in the Work of Nathaniel Hawthorne and Stephen King », dans *The Journal of the Fantastic in the Arts*, vol. 2, n° 1, 1989, p. 76-88.

Cb138 MAGISTRALE, Anthony. « Science, Politics, and the Epic Imagination : *The Talisman* », dans *The Dark Descent* [Ca49], 1992.

Cb139 MAGISTRALE, Anthony. « Shakespeare in 58 Chapters : *The Shining* as Classical Tragedy », dans *The Shining Reader* [Ca49], 1990, p. 155-168.

Cb140 MAGISTRALE, Tony. « Art Versus Madness in Stephen King's *Misery* », dans *The Celebration of the Fantastic*, Donald E. Morse, Marshall B. Tymn, Csilla Bertha, Westport, Greenwood Press, 1992, p. 271-278.

Cb141 MATTHEWS, Jack. « Novelist Loves His Nightmares », dans *Bare Bones* [Ca79], 1988, p. 254-255.

Cb142 McCARTHY, Heather K. « Stephen King : Valid Prose, Not Valid Pulp », dans *Maine Scholar*, vol. 1, n° 1 , automne 1988, p. 231-238.

Cb143 MC DOWELL, Michael. « The Unexpected and the Inevitable », dans *Kingdom of Fear* [Ca79], p. 165-204.

Cb144 MCGUIRE, Karen Elizabeth. « The Artist as Demon in Mary Shelley, Stevenson, Walpole, Stoker & King », dans *Gothic*, n° 1, nouvelle série, 1986, p. 1-5.

Cb145 MCGUIRE, Karen Elizabeth. « Of Artists, Vampires, and Creativity », dans *Studies in Weird Fiction*, n° 11, West Warwick, Necronomicon Press, 1992, p. 2-4. Comparaison entre *Dracula* et *Salem's Lot* [A2].

Cb146 MESCHLOW, Snaford Z., Darrell SCHWEITZER, Michael R. COLLINGS, Ben INDICK. « Synopses of King's Fiction », dans *Discovering Stephen King* [Ca68], 1985, p. 165-204.

Cb147 MILLEMAN, Jean. « Stephen King : l'œuvre au noir », dans *Dans l'ombre de Stephen King*, n° 1, Association Lueurs Mortes, Dombasle-sur-Meurthe, 1995.

Cb148 MILLEMAN, Jean. « Stephen King : Regard voyageur sur un exhibitionniste » dans *Show Effroi*, n° 1, Dombasle, mai-septembre 1996, p. 34-38.

Cb149 MILLER, Chuck. « Stephen King Goes to the Movies », dans *Kingdom of Fear* [Ca79], 1986, p. 161-186.

Cb150 MINIFIE, Don. « A Gift to Frighten : The Films of Stephen King », dans *Films and Filming*, n° 369, 1985, p. 13-15.

Cb151 MODDERNO, Craig. « Topic : Horrors ! », dans *Bare Bones* [Ca79], 1988, p. 164-168. Repris de *USA Today*, 10 mai 1985.

Cb152 MONTELEONE, Thomas F. « King's Characters : The Main(e) Heat », dans *Kingdom of Fear* [Ca79], 1986, p. 241-251.

Cb153 MORIN, Hugues. « King Goes to the Movie »(sic), dans *Horrifique*, n° 13, (vol. 2, n° 7), (Spécial Stephen King), Jonquière, octobre 1994, p. 26-42.

Cb154 MORIN, Hugues. « Évolution des idées et de leur traitement dans l'œuvre de Stephen King », dans *Horrifique*, n° 14, (vol. 2, n° 8) (Spécial Stephen King), Jonquière, novembre 1994, p. 5-12.

Cb155 MORIN, Hugues. « Les œuvres inconnues de Stephen King », dans *Horrifique*, n° 14, (vol. 2, n° 8) (Spécial Stephen King), novembre 1994, p. 28-34.

Cb156 MORIN, Hugues. « Œuvre : *Carrie* », dans *Fenêtre secrète sur Stephen King*, n° 1, (vol. 1, n° 1), janvier 1995, Saint-Hyacinthe, p. 11-19.

Cb157 MORIN, Hugues. « Œuvre : *Gerald's Game / Dolores Claiborne* », dans *Fenêtre secrète sur Stephen King*, n° 4 (vol. 1, n° 4), octobre 1995, p. 15-22.

Cb158 MORIN, Hugues. « Le collectionneur : *The Plant*. L'œuvre la plus rare de Stephen King », dans *Fenêtre secrète sur Stephen King*, n° 6 (vol. 2, n° 2), avril 1996, p. 16-18.

Cb159 MORIN, Hugues. « Grand et petit écran : le cas *Dolores Claiborne* », dans *Fenêtre secrète sur Stephen King*, n° 6 (vol. 2, n° 2), avril 1996, p. 19-29.

Cb160 MORIN, Hugues. « Oeuvre : *The Green Mile / La Ligne verte* » (1ʳᵉ partie), dans *Fenêtre secrète sur Stephen King*, n° 7 (vol. 2, n° 3), Saint-Hyacinthe, juillet 1996, p. 19-23. Partie 2, n° 8 (vol. 2, n° 4), octobre 1996, p. 25-28.

Cb161 MORIN, Hugues. « Oeuvre : *Eyes of the Dragon* », dans *Fenêtre secrète sur Stephen King*, n° 9 (vol. 3, n° 1), Saint-Hyacinthe, janvier 1997, p. 11-13.

Cb162 MORIN, Hugues. « Virus : Réalité et fiction dans *The Stand* de Stephen King », dans *Solaris*, n° 122, Roberval, été 1997.

Cb163 MORIN, Hugues & Éric BOURGUIGNON. « Dead Zone : L'Étrange cas de Johnny Smith », dans *Fenêtre secrète sur Stephen King*, n° 10 (vol. 3, n° 2), Roberval, avril 1997, p. 20-28.

Cb164 MOORE, Joyce L. D. « Interview with Stephen King », dans *Bare Bones* [Ca79], 1988, p. 79-87. Repris de *Mystery*, mars 1981.

Cb165 MUNARETTI, Pascal & Philippe LEMAY. « L'enfance dans l'œuvre de Stephen King », dans *Phénix*, n° 29, Bruxelles, décembre 1991, p. 181-186.

Cb166 MUSTAZZA, Leonard. « Fear and Pity : Tragic Horror in Stephen King's *Pet Sematary* », dans *The Dark Descent* [Ca49], 1992.

Cb167 MUSTAZZA, Leonard. « The Red Death's Sway : Setting and Character in Poe's *The Masque of the Red Death* and King's *The Shining* », dans *The Shining Reader* [Ca49], 1990, p. 105-120.

Cb168 NEWHOUSE, Tom. « A Blind Date with Disaster : Adolescent Revolt in the Fiction of Stephen King », dans *Landscape of Nightmares* [Ca13], 1987.

Cb169 NOLAN, William F. « The Good Fabric : Of Night Shifts and Skeleton Crews », dans *Kingdom of Fear* [Ca79], 1986, p. 99-106.

Cb170 NORDEN, Eric. « Playboy Interview : Stephen King », dans *Bare Bones* [Ca79], 1988, p. 27-64. Repris de *Playboy*, 1983.

Cb171 NOTKIN, Deborah L. « Stephen King : Horror and Humanity of Our Time », dans *Fear Itself* (Underwood-Miller), 1982, p. 131-142.

Cb172 PATROUCH, Joseph F. « Stephen King in Context », dans *Patterns of the Fantastic : Academic Program at Chicon IV*, Mercer Island, Starmont House, 1983, p. 5-10.

Cb173 PECK, Abe. « Stephen King's Court of Horror », dans *Bare Bones* [Ca79], 1988, p. 107-116.

Cb174 PELTIER, Sophie. « Stephen King : le livre-rêve », dans *Phénix*, n° 29, Bruxelles, décembre 1991, p. 37-43.

Cb175 PIERQUIN, Philippe. « Stephen King : le fantastique populaire », dans *Halloween*, n° 1, novembre 1985, p. 20-29.

Cb176 PHARR, Mary F. « A Dream of New Life : Stephen King's *Pet Sematary* as a Variant of *Frankenstein* » dans *Landscape of Nightmares* [Ca13], 1987.

Cb177 PHARR, Mary F. « Partners in the Dance : Women in Stephen King's Fiction », dans *The Dark Descent* [Ca49], 1992.

Cb178 PLATT, Charles. « Stephen King », dans *Dream Makers*, New York, Berkley Books, 1983, vol. 2, p. 273-284.

Cb179 POUNCY, Edwin. « Would You Buy a Haunted Car from this Man ? », dans *Bare Bones* [Ca79], 1988, 64-71. Repris de *Sound*, 21 mai 1979.

Cb180 PUNTER, David. « Stephen King : Problems of Recollection and Construction », dans *Literature, Interpretation, Theory*, vol. 5, n° 1, 1er juin 1994.

Cb181 RABAU, Sophie. « Une mauvaise rencontre : *Misery* ou la dévoration du lecteur », dans *Dramaxes (de la fiction policière, fantastique et d'aventures)*, Denis Mellier & Luc Ruiz, dirs., Fontenay/St Cloud, ENS Éditions (coll. Signes), 1995, p. 179-196.

Cb182 REESMAN, Jeanne C. « Riddle Game : Stephen King's Metafictive Dialogue », dans *The Dark Descent* [Ca49], 1992.

Cb183 REESMAN, Jeanne C. « Stephen King and the Tradition of American Naturalism in *The Shining* », dans *The Shining Reader* [Ca49], 1990, p. 121-138.

Cb184 REHBERGER, Dean. « Middle Class Nightmares and the Structure of Stephen King's *IT* », dans *Studies in Weird Fiction*, n° 19, West Warwick, Necronomicon Press, été 1996.

Cb185 RICKARD, Dennis. « Horror Without Limits : Looking into *The Mist* », dans *Reign of Fear* [Ca33], 1988, p. 177-192.

Cb186 ROBERTS, Gary G. « Of Mad Dogs and Firestarters : The Incomparable Stephen King », dans *Landscape of Nightmares* [Ca13], 1987.

Cb187 RYAN, Alan. « The Marston House in *Salem's Lot* », dans *Fear Itself* [Ca78], 1982, p. 169-180.

Cb188 SALISBURY, Mark. « Fanning the Flames of Psychosis », dans *Fear*, n° 29, mai 1991, p. 21-22.

Cb189 SCHAFFER, Mat. « Interview with Stephen King », dans *Bare Bones* [Ca79], 1988, p. 129-134.

Cb190 SCHROEDER, Natalie. « Oz the Gweat and Tewwible and the Other Side : The Theme of Death in *Pet Sematary* and Jitterburg Perfume », dans *Landscape of Nightmares* [Ca13], 1987.

Cb191 SCHUMAN, Samuel. « Taking Stephen King Seriously : Reflections on a Decade of Best-sellers », dans *Landscape of Nightmares* [Ca13], 1987.

Cb192 SCHUPP, Patrick. « Stephen King, grand maître de l'horreur », dans *Séquences*, n° 118, octobre 1984, p. 27-31.

Cb193 SCHWEITZER, Darrell. « Fear and the Future : Stephen King as Science Fiction Writer », dans *Reign of Fear* [Ca33], 1988, p. 193-207.

Cb194 SCOTT, Pete. « Stephen King : The Shadow Exploded », dans *Dark Horizon*, n° 25, 1982, p. 3-13.

Cb195 SENF, Carol A. « Blood, Eroticism and the Vampire in Twentieth Century Popular Culture », dans *Landscapes of Nightmares* [Ca13], 1987.

Cb196 SENF, Carol A. « Stephen King : A Modern Interpretation of the Frankenstein Myth », dans *Science Fiction*, vol. 8, n° 3, 1986, p. 65-73.

Cb197 SENF, Carol A. « Donna Trenton, Stephen King's Modern American Heroine », dans *Heroines of Popular Culture*, Pat Browne, dir., Bowling Green State University Popular Press, 1987, p. 91-100.

Cb198 SKAL, David. « The Dance of Dearth : Horror in the Eighties », dans *New York Review of Science Fiction*, 52, 1992, p. 10-16. [Sur les films.]

Cb199 SMITH, Guy N. « Snowbound in the Overlook Hotel », dans *Reign of Fear* [Ca78], 1988, p. 93-98.

Cb200 SMITH, James F. « Everybody Pays... Even for Things They Didn't Do : Stephen King's Pay-Out in the Bachman Novels », dans *The Dark Descent* [Ca49], 1992.

Cb201 SMITH, James F. « Kubrick's or King's : Whose Shining is It ? », dans *The Shining Reader* [Ca49], 1990, p. 181-192.

Cb202 SPEHNER, Laurine. « *The Dark Tower* : la Quête de Roland de Gilead », dans *Fenêtre secrète sur Stephen King*, n° 8 (vol. 2, n° 4), octobre 1996, p. 29-35. Un extrait de l'article de la même auteure publié dans le présent livre.

Cb203 SPEHNER, Norbert. « Écrits sur Stephen King : sélection bibliographique », dans *Horrifique*, n° 14, (vol. 2, n° 8) (Spécial Stephen King), novembre 1994, p. 53-55.

Cb204 SPIGNESI, Stephen. « The Unwritten King », dans *Midnight Graffiti*, n° 3, p. 32-33.

Cb205 SPIGNESI, Stephen. « *Misery* : Horror King, Stephen King », dans *Cinefantastique*, vol. 21, n° 4, février 1991, p. 18-19, 61.

Cb206 SPITZ, Bob. « Interview with Stephen King », dans *Bare Bones* [Ca79], 1988, p. 221-232.

Cb207 SPRAUEL, Alain. « Bibliographie des œuvres de Stephen King », dans *Les Dossiers de Phénix : Stephen King* [Ca3], 1995, p. 379-389.

Cb208 STANTON, Michael N. « Some Ways of reading *The Dead Zone* », dans *The Dark Descent* [Ca49], 1992.

Cb209 STANTON, Michael N. « Once out of Nature : The Topiary », dans *The Shining Reader* [Ca49], 1990, p. 3-10.

Cb210 STEWART, Bhob. « Flix », dans *Bare Bones* [Ca79], 1988, p. 145-158. Repris de *Heavy Metal*, janvier-mars 1982.

Cb211 STROBY, W. C. « Digging Up Stories With Stephen King », dans *Writer's Digest*, vol. 72, n° 3, mars 1992, p. 22-27.

Cb212 STUMP, Debra. « A Matter of Choice : King's *Cujo* and Malamud's *The Natural* », dans *Discovering Stephen King* [Ca68], 1985, p. 131-140.

Cb213 TESSLER, Thomas. « The Big Producer », dans *Reign of Fear* [Ca33], 1988, p. 69-77.

Cb214 THOMASES, Martha. « Interview with Stephen King », dans *Bare Bones* [Ca79], 1988, 240-254. Repris de *High Times*, janvier 1981.

Cb215 THOMPSON, Bill. « A Girl Named Carrie », dans *Kingdom of Fear* [Ca79], 1986, p. 29-33.

Cb216 TREE, L. C. « Terror Writing by the Formerly Terrified : A Look at Stephen King », dans *Psychoanalytic Study of the Child*, n° 44, 1989, p. 369-390.

Cb217 TREMAYNE, Peter. « By *Crouch End*, in the Isles », dans *Reign of Fear* [Ca33], 1988, p. 99-108.

Cb218 UNDERWOOD, Tim. « The Skull Beneath the Skin », dans *Kingdom of Fear* [Ca79], 1986, p. 255-267.

Cb219 VAN HERP, Jacques. « Qui est Stephen King ? », dans *Phénix*, n° 29, Bruxelles, décembre 1991, p. 45-53.

Cb220 VAN HERP, Jacques. « Le fantastique chez Stephen King », dans *Les Dossiers de Phénix : Stephen King* [Ca3], 1995, p. 105-116. Repris de *Phénix*, n° 29, Bruxelles, décembre 1991, p. 101-111.

Cb221 VAN HERP, Jacques. « Stephen King et son jumeau », dans *Les Dossiers de Phénix : Stephen King* [Ca3], 1995, p. 255-264. Repris de *Phénix*, n° 29, Bruxelles, décembre 1991, p. 73-81.

Cb222 VAN HERP, Jacques. « Maximum Overdrive », dans *Les Dossiers de Phénix : Stephen King* [Ca3], 1995, p. 291-297. Repris de *Phénix*, n° 29, Bruxelles, décembre 1991, p. 171-176.

Cb223 WARFA, Dominique. « Picaresque, quête et SF chez Stephen King : le cycle du Pistolero », dans *Les Dossiers de Phénix : Stephen King* [Ca3], 1995, p. 229-240. Repris de *Phénix*, n° 29, Bruxelles, décembre 1991, p. 113-122.

Cb224 WARREN, Alan. « Has Success Spoiled Stephen King ? », dans *Discovering Stephen King* [Ca68], 1985, p. 15-25.

Cb225 WARREN, Bill. « The Movies and Mr. King », dans *Fear Itself* [Ca78], 1982, p. 105-128.

Cb226 WARREN, Bill. « The Movies and Mr. King : part II », dans *Reign of Fear* [Ca33], 1988, p. 123-147.

Cb227 WELLER, Greg. « The Redrum of Time : A Meditation on Francisco Goya's Saturn Devouring His Children, and Stephen King's *The Shining* », dans *The Shining Reader* [Ca49], 1990, p. 61-78.

Cb228 WELLER, Greg. « The Masks of the Goddess : The Unfolding of the Female Archetype in Stephen King's *Carrie* » , dans *The Dark Descent* [Ca49], 1992.

Cb229 WHISSEN, Thomas Reed. « Stephen King : *The Stand* », dans *Classic Cult Fiction : A Companion to Popular Cult Literature*, Westport, Greenwood Press, 1992.

Cb230 WIATER, Stanley. « Reach Out and Touch Some Thing : Blurbs and Stephen King », dans *Reign of Fear* [Ca33], 1988, p. 109-122.

Cb231 WIATER, Stanley. « Interview at the 1979 World Fantasy Convention », dans *Bare Bones* [Ca79], 1988, p. 189-197.

Cb232 WIATER, Stanley. « Interview at the 1980 World Fantasy Convention », dans *Bare Bones* [Ca79], 1988, p. 198-209.

Cb233 WIATER, Stanley. « Interview at the 1984 World Fantasy Convention », dans *Bare Bones* [Ca79], 1988, p. 209-220.

Cb234 WIATER, Stanley. « Stephen Interview : The Maximum Overdrive Interview », dans *Bare Bones* [Ca79], 1988, p. 175-187. Repris de *Prevue*, mai-juillet 1986 & *Valley Advocate*, 21 juillet 1986.

Cb235 WIATER, Stanley. « Stephen King & Peter Straub », dans *Dark Dreamers : Conversations with the Masters of Horror*, NY, Avon, 1990, p. 83-100.

Cb236 WILLEFORD, Charles. « When Company Drops In », dans *Reign of Fear* [Ca33], 1988, p. 51-55.

Cb237 WILLIAMSON, Chet. « The Early Tales : Stephen King and *Startling Mystery Stories* », dans *Discovering Stephen King* [Ca68], 1985, p. 46-54.

Cb238 WILLIAMSON, J. N. « The Cycles (Tricycles and Hogs) of Horror », dans *Reign of Fear* [Ca33], 1988, p. 57-62.

Cb239 WINTER, Douglas. « The Night Journeys of Stephen King », dans *Fear Itself* [Ca78], 1982, p. 183-229.

Cb240 WINTER, Douglas. « Talking Terror : Interview with Stephen King », dans *The Twilight Zone Magazine*, vol. 5, n° 6, février 1986, p. 16-22.

Cb241 WINTER, Douglas. « Stephen King », dans *Faces of Fear : Encounters with the Creators of Modern Horror*, New York, Berkley Books, 1985, p. 235-257.

Cb242 WOLFMAN, Marv. « King of the Comics ? », dans *Reign of Fear* [Ca33], 1988, p. 11-14.

Cb243 WOOD, Gary L. « Stephen King and Hollywood », dans *Cinefantastique*, vol. 21, n° 4, février 1991, p. 24-51.

Cb244 WOOD, Michael. « Horror of Horrors », dans *New York Review of Books*, vol. XLII, n° 16, 19 octobre 1995, p. 54-58.

Cb245 WOOD, Michael. « Stephen King : le maître de l'horreur », dans *Esprit*, Paris, décembre 1995, p. 130-139.

Cb246 WOOD, Robin. « Cat and Dog : Lewis Teague's King Movies », dans *Gender, Language and Myth*, (Gleenwood Irons, dir.), Toronto, University of Toronto Press, 1992, p. 303-318. Parution originale dans *CineAction*, n° 2, automne 1985.

Cb247 YARBRO, Chelsea Quinn. « Cinderella's Revenge : Twists on Fairy Tale and Mythic Themes in the Work of Stephen King », dans *Fear Itself* [Ca78], 1982, p. 45-55.

19. RÉFÉRENCES DE NATURES DIVERSES

par
Hugues Morin

Notes : le présent document regroupe toutes les références dont il est question dans ce livre et qui n'entrent pas dans le cadre des autres documents. Les entrées présentées ici ne sont pas nécessairement exhaustives, entre autres pour ce qui est des articles écrits par King (autre section dont une recension complète pourrait faire l'objet d'un livre entier) et des adaptations audio.

D1 : Non-fictions diverses par Stephen King

D1a. *Mid-Life Confidential*, textes réunis par Dave Marsh, Viking 1994, 220 p.
- Livre publié par le groupe The Rock Bottom Remainders, dont fait partie Stephen King.

D1a1. ***The Neighborhood of The Beast***
- Article signé King dans le collectif.

D1a2. ***Rockin' With The Remainders***
- Titre de la première publication de l'article de King, dans *Playboy Magazine*, septembre 1994.

D1b. *Dave's Rag*
- Journal amateur publié par Stephen King et son frère David, alors qu'ils étaient encore enfants (voir illustration p. 22). Le journal (dont l'éditeur était Dave V. King et dans lequel Stephen E. King était mentionné à titre de reporter) publiait des articles sur la vie de tous les jours de ses collaborateurs. Il était vendu 7¢ l'exemplaire ! King y signait la plupart de ses chroniques (souvent des critiques d'émissions de télévision de SF) sous le nom de Steve King. L'anecdote concernant ce journal est

intéressante. Le journal était tapé avec la vieille machine à écrire de David King, laquelle était défectueuse : il lui manquait la lettre " n ". Les frères King devaient ensuite combler les espaces avec des " n " à la main. [Dans le roman *Misery* [A120], la machine fournie à Paul Sheldon par Annie Wilkes a la même défectuosité.]

D1c. *Head Down* [A154] *: The Sporting Scene [Little League], The New-Yorker* (16 avril 1990).

• Article sur le baseball mineur réédité par King dans le recueil *Nightmares and Dreamscapes* [A148]. Cet article n'a pas été traduit et inclus dans la version française du recueil, **Rêves et Cauchemars** [A148].

D2 : Œuvres non publiées

ROMANS

D2a. *The Aftermath*

• Court roman de 76 pages, écrit en 1963, à la même époque que la première version de **Rage** [A43] et *Getting It On* [D3d]. *The Aftermath* est un récit post-apocalyptique mettant en scène un survivant de dix-huit ans qui doit s'attaquer à l'organisation Sun Corps, laquelle dirige le nouveau monde. Son objectif est de détruire DRAC, l'ordinateur central. Mais des envahisseurs extraterrestres venus de Déneb se pointent. Cette histoire aborde plusieurs thèmes que King exploitera par la suite : désastres, technologie hors-contrôle, destruction de mondes, envahisseurs, etc. Ce roman est déposé dans la collection spéciale Stephen King à l'Université du Maine à Orono.

D2b. *Blaze*

• Roman dont la première version remonte à 1973. Il s'agit d'une imitation littéraire du roman de John Steinbeck *Des souris et des hommes*. Le roman a été soumis à Doubleday qui l'a refusé. Une seconde version de *Blaze* est demeurée inachevée. *Blaze* raconte l'histoire de deux criminels qui kidnappent un enfant pour demander une rançon. L'un d'eux, Claiborne Blaisdell (" Blaze "), tombe amoureux de l'enfant... Ce roman est déposé dans la collection spéciale Stephen King à l'Université du Maine à Orono.

D2c. *The Cannibals*

• Il s'agit d'un roman pratiquement complet, mais que King a abandonné. D'abord intitulé *Under the Dome* [D3m], au moment où il a été écrit en 1982, ce texte a été réécrit en 1986. King a fait 450 pages de ce roman qui raconte l'histoire d'un groupe de personnes prisonnières dans un immeuble, qui finissent par vouloir s'entre-dévorer pour survivre.

D2d. *The Corner*

- Roman inachevé écrit en 1976. Une année difficile pour King, qui a aussi abandonné un autre roman commencé cette année-là, **Welcome to Clearwater** [D2i].

D2e. *The Doors*

- On sait peu de choses de ce roman inachevé. Lors d'un encan bénéfice, King a donné un cahier de notes dans lequel figure un passage de ce roman, identifié comme " roman non publié, inachevé, imprévu et auparavant inconnu ".

D2f. *The Milkman*

- **The Milkman** est un roman inachevé. On sait peu de choses de lui. Par contre, deux passages ont été publiés en tant que nouvelles : **Livraisons matinales (laitier #1)** [A109] et **Grandes Roues : où l'on lave son linge sale en famille (laitier #2)** [A60]. Ces deux nouvelles figurent au sommaire du recueil **Brume** [A106].

D2g. *Sword in the Darkness*

- **Sword in the Darkness** est un roman complet de 485 pages. Aussi appelé **Babylon Here** [D3a], il a été terminé en 1970 et jugé *dead-on-arrival* (mort à l'arrivée) par l'auteur, qui ne l'a jamais publié. Le roman raconte l'histoire d'Arnie, qui tente de surmonter le suicide de sa sœur et la mort de sa mère (d'un cancer). Dans la petite ville d'Arnie, un activiste noir appelé Slade arrive, au grand désespoir des habitants. Un accident survient et la ville est littéralement mise à feu. Un roman typique de cette époque de King, avec adolescents et apocalypse finale. Ce roman est déposé dans la collection spéciale Stephen King à l'Université du Maine à Orono.

D2h. *Weeds*

- **Weeds** est d'abord un roman inachevé. King en a tiré une nouvelle [A35], publiée mais non traduite en français. Puis, il l'a adaptée en scénario pour le film **Creepshow** [B3a] sous le titre **The Lonesome Death of Jordy Verrill** [B3a3], film qui a été adapté par la suite en bande dessinée [A35b].

D2i. *Welcome to Clearwater*

- Autre roman inachevé dont on sait peu de choses. Commencé en 1976, la même année que **The Corner** [D2d], il n'a jamais été terminé.

D2j. Un *western* (sans titre)
- Roman inachevé et totalement inconnu. King en a glissé un mot lors d'une lecture publique, mentionnant qu'il avait écrit 160 pages d'un roman western, mais ne l'avait pas terminé. D'après lui, la seule scène valable était une scène où un type sur une ferme était dévoré par un porc (!).

DRAMATIQUES

D2k. *The Accident*
- Cette histoire est très particulière. On trouve deux mentions de **The Accident**, qui est une pièce de théâtre écrite par King en 1969. La première mention est le fait de Douglas Winter, dans une chronologie des écrits de King publiée dans son livre **Art of Darkness** [Ca86]. Il ne mentionne que le titre de cette pièce. Tyson Blue, dans **The Unseen King** [Ca8], en glisse un mot dans un chapitre, mentionnant seulement qu'il s'agit d'une pièce de théâtre. Ailleurs dans son livre, Winter affirme que la pièce a remporté un prix. Aucun autre livre sur King ne parle de cette histoire. Aucun critique ne semble donc l'avoir lue ! Même Stephen J. Spignesi n'en sait pas plus (et il n'en parle pas du tout dans sa pourtant très fouillée **Stephen King Encyclopedia** [Ca72]. Un cas très rare.

D2l. *An Evenin at God's*
- Il s'agit d'une courte pièce de théâtre, écrite au début de 1990 pour le bénéfice du *American Repertory Theater* et dont le manuscrit a été vendu à un encan bénéfice. La pièce met en scène Dieu, qui prend une bière en écoutant des comédies à la télé, alors que saint Pierre vient pour lui faire signer des papiers (des lettres d'affectation aux enfers !).

NOUVELLES

D2m. *Charlie*
- Cette nouvelle a été écrite par King en 1958. Cette histoire de science-fiction raconte les mésaventures d'un minier des astéroïdes qui découvre un cube rose. Une substance s'échappe du cube, remplissant de plus en plus vite son habitacle, bouchant les issues et les arrivées d'air, finissant par engloutir le minier lui-même. Cette nouvelle a été refusée par quelques magazines, dont *The Magazine of Fantasy and Science Fiction*, parce qu'il n'y avait pas réellement d'éléments science-fictifs dans l'histoire. D'après Douglas E. Winter [Ca86], le manuscrit de cette histoire existe toujours.

D2n. *Keyholes*

- Une version non terminée de cette histoire figure dans un cahier de notes offert par King lors d'un encan bébéfice. Offert en 1988, ce cahier identifie le passage par « le début d'une histoire non publiée et non terminée ». L'histoire est conçue un peu comme **Le Croque-Mitaine** [A26], avec un père qui vient raconter au médecin une histoire inusitée arrivée à son fils.

D2o. *Pinfall*

- Originalement écrite pour figurer au sommaire du film **Creepshow 2** [B3c], mais retirée par la suite, cette nouvelle est demeurée non publiée. Elle fait partie du projet de film **Creepshow 3** [B7d], dont la production n'est pas commencée. La nouvelle est un hommage aux E.C. Comics mélangeant horreur et humour noir, et se concentre sur quelques équipes locales de quilles. Une histoire de vengeance d'outre-tombe et de parties de quilles...

D2p. *Squad D*

- Cette nouvelle entièrement terminée est prévue au sommaire de l'anthologie de Harlan Ellison, *The Last Dangerous Visions*. L'anthologie n'est toujours pas publiée et ne le sera probablement jamais : elle était d'abord prévue pour la fin des années 70 ! Dans une interview, Ellison mentionne que la nouvelle aurait besoin d'être réécrite pour être publiée. Neuf des dix membres de " l'escouade D " ont été tués au Vietnam. Le seul survivant (un habitant de Castle Rock) était malade ce jour-là. Il a expédié une photo de l'escouade aux parents des victimes, photo sur laquelle il n'apparaissait pas. Onze ans et un jour plus tard, son portrait apparaît sur cette photo...

D2q. *Time in a Glass That Ran*

- D'abord intitulée ***The Last of Her*** [D3g], il s'agit d'une nouvelle de huit pages dont on ne connaît pas le résumé. Cette nouvelle est déposée dans la collection spéciale Stephen King à l'Université du Maine à Orono.

HISTOIRES NON ÉCRITES

D2r. *L'Index d'Andy Clutterbuck*

- Histoire non écrite qui s'inscrit dans le cadre des histoires de Castle Rock (Clutterbuck étant un adjoint du shérif). King en parle dans les notes sur Castle Rock précédant la novella **Le Molosse surgi du Soleil** [A139]. Clutterbuck perd l'index de sa main gauche (coupé par une pale de ventilateur) et le chien de la maison dévore l'index de son maître !

D2s. *Les Loups-Garous de la Nouvelle-Angleterre*
- Histoire non écrite dont a parlé King en interview. Un homme (journaliste ?) déprimé emménage dans une petite ville de Nouvelle-Angleterre pour refaire sa vie, occuper un nouvel emploi notamment, peut-être après la mort de sa femme. C'est au moment de son arrivée que les loups-garous arrivent. Il le sait, mais personne ne veut le croire et son éditeur au journal ne veut pas publier ce genre d'histoires.

D2t. *Le Manège pour enfants*
- Autre histoire non écrite, mais dont l'auteur parle en interview (sans en donner de titre). Il a imaginé une mère, dans un centre commercial, qui place son enfant dans un de ces petits manèges, insère une pièce de monnaie, attend que le manège ait accompli son cycle, distraitement, pour se rendre compte à la fin que l'enfant a disparu.

D2u. *La Mort de Mr. Todd*
- Histoire dont King parle dans l'introduction du **Molosse surgi du Soleil** [A139] et qui se situe dans son cycle d'histoires sur Castle Rock. Mr. Todd, qui est le mari d'Ophélia Todd (du **Raccourci de Mme Todd** [A97]), est tué par un moulin à vent *ambulant*.

D2v. *The Rats Are Loose on Flight 74*
- Stephen King n'a jamais écrit cette histoire. Il en parle pourtant dans une interview, mentionnant même son titre. Il voulait raconter une histoire se passant dans un avion de ligne, en plein vol, alors que des rats sortent de tous les endroits possibles et envahissent la cabine des passagers, créant une panique incroyable.

D2w. *La Salle de bains des dames de l'aéroport*
- Histoire dont King parle en interview. Un homme et une femme attendent à l'aéroport. La femme se lève et se rend à la salle de bains. L'homme l'attend devant la porte. Puis il attend, et attend toujours, en vain. Elle ne revient pas. D'autres femmes entrent et ne sortent jamais. Les hommes deviennent de plus en plus nombreux devant la porte. Ils alertent d'abord la sécurité, puis la police, puis le gouverneur, puis, ultimement, le président, afin de résoudre le mystère.

D3 : Titres de projets

Notes : dans les cas suivants, les titres envisagés par King pendant l'écriture d'un roman sont connus, pour différentes raisons. En voici donc une liste, mentionnant le titre du projet et le titre final de l'œuvre correspondante entre parenthèses.

D3a. *Babylone Here (Sword in the Darkness)* [D2g]

D3b. *Darkshine* (The Shine) [D3l]

D3c. *Derry* (**ÇA**) [A117]

D3d. *Getting It On* (**Rage**) [A43]

D3e. *Gypsie Pie* (**La Peau sur les os**) [A102]

D3f. *The House on Value Street* (**Le Fléau**) [A54/A134]

D3g. *The Last of Her (Time in a Glass That Ran)* [D2q]

D3h. *Machine's Way* (**La Part des ténèbres**) [A132]
   • *Machine's Way* était un projet de roman par Richard Bachman.

D3i. *The Napkins* (**Les Yeux du Dragon**) [A100]

D3j. *Pretty Pony* (**Mon joli poney**) [A131]
   • *Pretty Pony* était un projet de Bachman qui n'a jamais été terminé. Récupéré par King, en partie, pour sa novella.

D3k. *Second Coming* (**Salem**) [A34]

D3l. *The Shine* (**Shining**) [A42]

D3m. *Under the Dome (The Cannibals)* [D2c]

D3n. *Verona Beach* (**Le Talisman**) [A101]
   • *Verona Beach* était un projet de King seul, qui est devenu la base de sa collaboration avec Peter Straub.

D4 : Autres adaptations et matériel divers

ADAPTATIONS SCÉNIQUES

D4a. *Carrie – The Musical*
• Adapté du roman [A31] par la *Royal Shakespeare Company* et présenté en première américaine à Broadway le 12 mai 1988. (Il avait été présenté en première mondiale à Stratford-Upon-Avon le 18 février 1988). Les représentations cessèrent trois jours plus tard, soit le 15 mai 1988. *Carrie – The Musical* mettait en vedette Betty Buckley dans le rôle de Margaret White. Betty Buckley avait tenu le rôle de la prof de gym (Miss Collins) dans la version cinéma de De Palma [B1a]. Carrie était jouée par Linzi Hateley et les chorégraphies étaient signées Debbie Allen. Le scénariste était Lawrence D. Cohen, celui-là même qui avait signé le scénario du film de De Palma [B1a]. La musique était de Michael Gore.

D4b. *Rage*
• Adaptée du roman [A43] par Joan et Robert B. Parker et produite par *Blackburn Theater*, cette pièce a été présentée à Gloucester, aux États-Unis, le 30 mars 1989, puis à Los Angeles en 1990.

D4c. *Misery*
• Adapté du roman [A120] par Simon Moore et *The Sweet Circle Theatre Company* sur une mise en scène de Bryan Doubt, cette pièce a été produite par JMC Productions. Elle a été présentée en Angleterre en 1992, puis à Montréal (du 19 octobre au 11 novembre) en 1995. Deborah Lobban tenait le rôle de Annie Wilkes et Michael Rudder celui de Paul Sheldon.

D4d. *Le Corps*
• La pièce de théâtre **Le Corps**, adaptée de la novella [A87] a été présentée en France. La première a eu lieu le vendredi 24 mai 1996 à 20 h 30. Une tournée est envisagée pour cette pièce d'une durée de 1 h 40. Aucune représentation au Québec n'est actuellement prévue.

ADAPTATIONS AUDIO

D4e. *The Mist (in 3D)*, ZBS Production, 1984. Réalisée par Bill Raymond sur un scénario adapté par M. Fulton et une musique de Tim Clark. 90 minutes. (rééd.) *The Mist in 3D Sound*, Simon & Shuster, mai 1986.
• L'édition de ZBS est sur cassette. S & S offre une version sur cassette et une sur CD.

D4f. *The Monkey*, *The 1985 Halloween Broadcast for Unicef*, 31 octobre 1985.
- Émission comprenant trois autres adaptations radiophoniques : *The Night Man* (de Dennis Etchison), *The Children of Noah* (de Richard Matheson) et *The Party* (de William F. Nolan).

D4g. *The Dark Tower : The Gunslinger*, New Audio Library, 1988.
- Quatre cassettes, six heures d'enregistrement. Non abrégé. Lu par Stephen King lui-même !

D4h. *The Dark Tower II : The Drawing of the Three*, New Audio Library, 1988.
- Huit cassettes, douze heures d'enregistrement. Non abrégé. Lu également par King.

D4i. *The Dark Half*, Hodder & Stoughton, Londres, 1989.
- Une cassette de six minutes. Il s'agissait d'une promotion spéciale.

D4j. *The Dark Tower III : The Waste Lands*, Penguin-Highbridge, 1991.
- Douze cassettes, dix-huit heures d'enregistrement. Non abrégé.

D4k. *Needful Things*, New Audio Library, 1991.
- Dix-huit cassettes, vingt-sept heures d'enregistrement. Non abrégé.

D4l. *Nightmares and Dreamscapes*, Penguin-Highbridge, 1994.
- Vingt-quatre cassettes, vingt-huit heures d'enregistrement. On s'entend pour dire qu'il ne s'agit pas d'une version abrégée ?

D4m. *Pet Sematary*, BBC, Londres, 1997. En six épisodes radio débutant le 20 février 1997.
- La BBC prévoyait publier un coffret cassettes de cette dramatisation incluant des passages non diffusés à la radio, mais il semble que cette publication n'ait pas encore eu lieu au moment de terminer ce livre.

D4n. *Salem's Lot*, BBC, Londres, 1995. En sept épisodes radio.

MATÉRIEL VIDÉO

D4o. *An Evening with Stephen King*, 15 septembre 1995. Approx. 75 minutes.

D4p. *The Rock Bottom Remainders*, Rock Bottom Productions, 1992 (BMG Vidéo). 45 minutes.

D5 : Publications spécialisées

D5a. *Castle Rock : The Stephen King Newsletter*
- Éditeurs : Stephanie Spruce Leonard (1985-1988) et Christopher Spruce (1989). Cinquante-cinq numéros parus (dont quelques doubles) de janvier 1985 à décembre 1989. Format tabloïd (11 x 17) à l'exception des quatre premiers numéros. Tirage jusqu'à 5000 exemplaires. Une collection complète de cette publication est très rare.

D5b. *Castle Schlock : The Stephen King parody Newsletter*
- Publié par Ray Rexer de 1986 à 1989. Cinq numéros parus, le dernier étant une compilation des meilleurs gags du fanzine.

D5c. *Les Amis de Stephen King*
- Publié par Jacqueline Caron. Trente numéros parus. Format A4, feuillets recto-verso brochés, huit à dix pages par numéro. Adresse (historique ?) : B. P. 150, 75966 Paris, Cedex 20, France.

D5d. *Horror News*
- Publié par *KRAG : King Readers Association Germany*. (Co-)éditeurs : Peter Schmitz (n° 1 à n° 7) ; Christian Meissner (n° 3 à n° 7) ; Angelika Philippen et Dirk Rensmann (n° 8 à n° 11). Magazine apériodique, onze numéros parus entre 1991 et 1997. KRAG, a/s Nicole Fischer, Hindenburgstr. 70, 42853 Remscheid, Allemagne (courrier électronique : Nicole.und.Dirk@t-online.de).

D5e. *SKIN (Stephen King Information Network)*
- Publié par Lori Zuccaro. Dix-neuf numéros (numérotés de 1.1 à 1.12, puis de 2.1 à 2.7) parus en 1994 et 1995 au rythme de un par mois. D'abord publié électroniquement sur *America Online*, puis disponible en version papier (vert pâle, format 8 1/2 x 11). SKIN, a/s Lori Zuccaro, P.O. box 442, Port Neches, Texas, 77651, USA.

D5f. *Steve's Rag (The Stephen King Magazine)*
- Publié par le " Club Stephen King Lille ". Magazine apériodique de format A4, feuillets recto-verso, brochés. Douze numéros parus de 1994 à 1997. Distribution restreinte aux membres du club. Club SK Lille, a/s Lou Van Hille, 31, rue Jeanne D'Arc, 59000 Lille, France, ou encore au 19, rue de l'Avesnois, 59229, Uxem, France.

D5g. *Dans l'ombre de Stephen King*
- Publié par les Éditions Lueures Mortes, éditeur et rédacteur en chef : Daniel Conrad. Un seul numéro, format A5, plié, broché, 45 pages, 1995. Association Lueurs Mortes, B. P. 49, Hôtel de Ville, Place Suzanne Pierre, 54110 Dombasle-sur-Meurthe, France.

D5h. *Fenêtre secrète sur Stephen King*
- Publié par Ashem Fictions, éditeur et rédacteur en chef : Hugues Morin. Revue amateure trimestrielle de format 5 1/2 x 8 1/2, plié, broché, Quarante pages par numéro. Onze numéros parus depuis janvier 1995. Illustrations originales de Pierre Djada Lacroix et Laurine Spehner. Ashem Fictions, 1335, rang 1, Roberval, Québec, Canada, G8H 2M9 (courrier électronique : ashem@destination.ca).

D5i. *Phantasmagoria*
- Publié par GB Publishing Ink, éditeur et rédacteur en chef : George Beahm. Trois numéros par an. Quatre numéros parus depuis décembre 1995. Format 8 1/2 x 11 plié broché sur papier glacé. GB Ink, PO Box 3602, Williamsburg, VA, 23187, USA (courrier électronique : GeoBeahm @aol.com).

D5j. *Cleaver*
- Publié par Darrio Coccia et Adriano Milesi. Vingt pages par numéro, format A4, feuillets recto-verso brochés. Publié depuis 1995. Dario Coccia, Via A. Volta 4, 84092 Bellizzi (SA), Italie (courrier électronique : kingdom@int0828.it).

D5k. *Il giornale di Stephen King*
- Publié par Sperling & Kupfer (les éditeurs de King en Italie). Un feuillet recto-verso, format tabloïd.

D5l. *The Betts Bookstore Newsletter*
- Publié par Betts Bookstore. Éditeur et rédacteur : Stuart Tinker. Quatre numéros parus depuis 1996. Apériodique. Un feuillet format 8 1/2 x 11, plié (4 pages). Betts Bookstore, 26 Main Street, Bangor, Maine. 04401, USA (courrier électronique : Bettsbooks@aol.com).

D6 : Anthologies et revues françaises

D6a. *Fiction*
- Revue française de science-fiction et de fantastique qui a cessé sa publication au début des années 1990. (Voir entrées A44, A45, A58, A65, A67 et A69.)

D6b. *Histoires à lire*, France Loisirs, 1994, 188 p.
- Anthologie offerte en cadeau à certains clients et proposant des nouvelles d'auteurs tels John Irving, Mary Higgins-Clark et Stephen King. (Voir entrée A32.)

D6c. *Le Livre noir – Nouvelles légendes du mythe de Cthulhu*, anthologie par Ramsey Campbell, Pocket, 1991.
  • Anthologie-hommage à Howard P. Lovecraft. (Voir entrée A62.)

D6d. *Territoires de l'inquiétude*, Denoël, série d'anthologies dirigée par Alain Dolémieux.
  • Série d'anthologies de nouvelles fantastiques de provenance anglo-saxonne et francophone. (Voir entrées A22 et A119.)

D6e. *Thriller*
  • Revue française de fantastique et de science-fiction qui a cessé sa publication. (Voir entrées A60 et A61.)

D6f. *13 Histoires diaboliques*
  • Voir détails à l'entrée A123.

D6g. *22 Histoires de sexe et d'horreur* [US : *I Shudder at Your Touch*, New American Library, 1991],
  • Voir détails à l'entrée A99.

D7 : Pseudonymes utilisés par Stephen King : Références

D7a. RICHARD BACHMAN
  • Voir les entrées A43, A56, A73, A82, A102, A111 et A171.

D7b. GUY PILLSBURY
  • Pseudonyme envisagé pour la publication de ***Getting It On*** [D3d] chez New American Library. Abandonné pour cause de fuite. Le roman a changé de titre et a été publié sous le pseudonyme de Richard Bachman [D7a].

D7c. GORDON LACHANCE
  • Nom du personnage principal de la novella **Le Corps** [A87]. Cette novella est en grande partie autobiographique. Deux nouvelles y sont incorporées, nouvelles attribuées au personnage de Gordon Lachance mais publiées auparavant sous le nom de King, en revue.
  • A33. **La Revanche de Gros Lard Hogan [*The Revenge of Lard Ass Hogan*]**, publiée en français dans la nouvelle **Le Corps** [A87] et attribuée au personnage de Gordon Lachance. Il s'agit d'une nouvelle précédemment publiée par Stephen King dans *Cavalier*, en mars 1975.
  • A12. **Stud City [*Stud City*]**, publiée en français dans la nouvelle **Le Corps** [A87] et attribuée au personnage de Gordon Lachance. Il s'agit d'une nouvelle précédemment publiée par Stephen King dans *Ubris*, pendant l'automne 1969.

D7d. John Swithen
> • Pseudonyme n'ayant publié qu'un seul texte, **Le Cinquième Quart** [A23], dans le magazine *Cavalier*, en avril 1972 et réédité sous le nom de King dans le recueil **Rêves et Cauchemars** [A148].

D8 : Livres de Tabitha King

D8a. *Small World*, MacMillian Publishing, 1981.

D8b. *Caretakers*, MacMillian Publishing, 1983, 274 p.

D8c. *Traquée* (*The Trap*, 1985), Flammarion, 1994, 391 p.

D8d. *Chaleurs* (*Pearl*, 1988), Flammarion, 1994, 439 p.

D8e. *Contacts* (*One on One*, 1993), Flammarion, 1995, 565 p.

D8f. *L'Histoire de Reuben* (*The Book of Reuben*, 1994), Flammarion, 1995, 452 p.

D8g. *Playing like a girl*, (essai), Dentrite Corp, 1995, 44 p.

D8h. *Survivor*, 1997.

20. CONCLUSION : LE 5 AOÛT 1997...
STEPHEN KING SUR INTERNET

par
Hugues Morin

Voilà, il s'agit de la situation de la carrière et de l'œuvre de King le 5 août 1997. Trente ans cet automne que ***The Glass Floor***, nouvelle pour laquelle King aura touché ses premiers droits d'auteur, aura été publiée. C'est un bon moment pour s'arrêter et publier ce livre, puisque la dernière entrée officielle dans la bibliographie de l'auteur est ce fameux quatrième volume de la série **La Tour sombre.**

Avec les délais de publication normaux d'un livre comme celui-ci, il est inévitable que quelques références ne soient déjà plus à jour au moment où vous le lirez. C'est un phénomène inhérent à l'écriture d'un livre de référence sur un auteur relativement prolifique...

Alors, pour la suite (les trente prochaines années ?), je vous invite à consulter le site internet accompagnant **Stephen King : Trente ans de terreur**, consacré à la mise à jour des documents bibliographiques présentés dans ce livre.

Je vous propose aussi d'autres points de départ pour vos recherches et balades virtuelles dans le monde de King – notez cependant que ces adresses peuvent changer sans préavis ! Ces sites proposent à leur tour des liens avec plusieurs autres sites consacrés à King.

Site officiel de **Stephen King : Trente ans de terreur** :

http://www.alire.com

Sites officiels (anglais) :

- *The Green Mile* :
  http://www.greenmile.com
- *Desperation* :
  http://www.desperation.com
- *The Regulators* :
  http://www.regulators.com
- *Umney's Last Case* :
  http://www.eu.net/king/king1.html

Sites non officiels (français) :

- Fenêtre secrète sur Stephen King :
  http://www.Generation.NET/~imagene/fsking/
- L'Univers de Stephen King :
  http://www.emi.u-bordeaux.fr/~crego/King/king.cgi
- Page française de Stephen King :
  http://www.geocities.com/TheTropics/8446/sk.html
- À l'ombre de Castle Rock :
  http://www.geocities.com/SoHo/5809/kingref.html

Autres sites non officiels (anglais) :

- Stephen King Web Ring :
  http://www.cyberhighway.net/~ianr/sk/ring.html
- Stephen King Web Site (par James Pace) :
  http://www.pobox.com/~jepace/king.html
- King Page :
  http://www.cat.pdx.edu/~caseyh/horror/author/king.html

- Stephen King (par Ed Nomura) :
  http ://phrtayl0.uscd.edu/~ed/sk/
- McCalcin Page :
  http ://cat1.rfbr.ru/sk/
- Internet Movie Database (S.King) :
  http ://us.imdb.com/M/person-exact ?+King+Stephen

Sites en d'autres langues :

- Lars Jedinski's King Page (Allemand) :
      http ://members.aol.com/Larsj/index.htm
- KRAG Site (Allemand) :
      http ://members.aol.com/KRAGermany/index.htm

Groupe de discussion :

    alt.books.stephen-king

Sites de publications (anglais) :

- Penguin Books USA
      : http ://www.penguin.com/usa/catalogs/titles/king/index.html
- Donald M.Grant Publisher :
  http ://www.bluefin.net/~dmgrant/Stephen-King.html
- Stephen King Library :
  http ://www.stephenkinglibrary.com
- Betts Bookstore :
  http ://www.acadia.net/betts/w95020ab.html
- GB Publishing Ink :
  http ://www.widomaker.com/~gbpub/

NOTICE BIBLIOGRAPHIQUE

De nombreuses sources ont été consultées lors de la rédaction du présent ouvrage. Dans le cas des références directes, des notes renvoient aux sources consultées. Toutefois, pour plusieurs informations, il serait trop long de faire la liste de tous les documents utilisés. J'invite le lecteur à se référer à la section " Écrits sur Stephen King" qui contient toutes nos sources. Notez cependant que les livres suivants ont été les principaux ouvrages examinés :

The Stephen King Companion, par George Beahm [Ca5] ;
The Stephen King Story, par George Beahm [Ca7] ;
The Unseen King, par Tyson Blue [Ca8] ;
The Work of Stephen King : An Annotated Bibliography and Guide, par Michael R. Collings [Ca22] ;
The Complete Stephen King Encyclopedia (The Shape under the Sheet), par Stephen J. Spignesi [Ca72] ;
Feast of Fear : Conversations with Stephen King, dirigé par Tim Underwood et Chuck Miller [Ca78] ;
Stephen King : The Art of Darkness, par Douglas Winter [Ca86].

Hugues Morin

INDEX DES TITRES CITÉS

Photo : Luce Morin

HUGUES MORIN...

... est né à Roberval en 1966. Comptable agréé de formation, il travaille dans ce domaine depuis 1990, ce qui ne l'a pas empêché de publier, en moins de cinq ans, plus de soixante nouvelles dans l'ensemble de la francophonie, dont un premier recueil – *Le Marchand de rêves*, Octa (Belgique) – en 1994. Fondateur d'Ashem Fictions, une maison de microédition qui publie essentiellement des textes de fantastique, Hugues Morin a lancé, en 1995, la revue *Fenêtre secrète sur Stephen King*, l'une des principales publications spécialisées sur le maître de l'horreur. Depuis la fin de l'année 1996, il est coordonnateur de la revue *Solaris*.

EXTRAIT DU CATALOGUE

www.alire.com

QUAND LA LITTÉRATURE SE DONNE DU GENRE !

COLLECTION « ROMANS »

ESPIONNAGE

DEIGHTON, LEN
009 • *SS-GB*

PELLETIER, JEAN-JACQUES
001 • *Blunt – Les Treize Derniers Jours*

POLAR

MALACCI, ROBERT
008 • *Lames sœurs*

FANTASY

KAY, GUY GAVRIEL
(1998) • *Tigana*
(1998) • *Les Lions de Al-Rassan*

ROCHON, ESTHER
002 • *Aboli*
007 • *Ouverture*
(MARS 98) • *Le Rêveur dans la citadelle*

COLLECTION « RECUEILS »

COLLECTION « ESSAIS »